사례 중심

대상별 미술치료

김은영·양지원·이영희

창지사

머리말

미술치료 분야에서 오랜 시간 동안 학생들을 교육하고 다양한 내담자들을 만나 상담을 하면서 느낀 점은 미술치료는 아동, 장애인, 청소년, 성인, 노인, 부부, 가족 등 모든 대상자에게 기대 이상의 효과를 보여준다는 점이었다.

임상현장에서 만나는 수많은 어려움을 지닌 대다수의 내담자는 어린 시절 해결하지 못한 오래된 문제의 영향으로 현재 심리적으로 매우 힘든 상태임을 이야기하였다. 내담자들이 해결하지 못한 어린 시절의 문제들은 내담자들에게 마음속의 깊은 상처가 되어 심리적 위축, 대인관계의 어려움, 사회부적응 등으로 연결되고 개인뿐만이 아니라 사회적으로 부정적인 영향을 미치고 있었다. 중요한 것은 개인적인 문제가 나 하나만의 문제가 아닌 가족, 자녀들에게 전수되고 나아가 사회 전체적인 위험요인이 된다는 것이다. 사회적으로 큰 물의를 일으킨 다양한 범죄 사고들이 범죄자들의 어린 시절 성장배경과 연결되어 있다는 것은 많은 연구를 통해 밝혀진 사실이다. 내담자 중에는 자신의 무의식적 행동의 원인을 알고자 미술치료를 요청하는 분들이 있다. 왜 나는 늘 우울할까? 왜 자꾸 화가 나는 걸까? 사람들은 왜 나에게 함부로 하는 걸까? 등 자신의 내면으로부터 올라오는 무의식을 이해하지 못하고 이러한 행동이 일상에 영향을 미치는 건 아닌지 염려해 한다.

미술치료는 미술이라는 매체를 활용하여 내담자의 무의식적인 생각과 감정, 행동적 특성에 대해 미술을 매개로 자연스럽게 자신의 내면을 표현하는 것이다. 이 과정에서 내면에 억압되어 있던 부분을 스스로 발견하여 자신을 이해하고 통찰하는 과정을 통해 심리적인 성장을 이루는 분야이다. 미술의 창의적 활동은 내담자의 내면을 솔직하게 표현하게 하며 심리적 안정을 찾게 하는 장점이 있다. 이를 통해 수많은 내담자는 당면한 심리적인 문제들을 해결하고, 과거와 현재의 나를 이해하고 자신이 처한 상황에 더욱 잘 적응하게 되며 자신의 진정한 내면을 수용하여 긍정적, 미래지향적인 나를 찾아 행복한 삶을 영위할 수 있게 되는 것이다.

이 책은 미술치료 현장에서 저자들이 실제로 만난 다양한 내담자들을 대상으로 미술치료를 적용한 사례를 제시하였고, 미술치료를 하는 상담자들에게 실질적인 도움을 주기 위해 집필한 책이다. 상담자가 미술이라는 매체를 활용하여 내담자에게 미술치료 기법을 적용할 때 미술치료의 활용도서이면서 안내서가 될 수 있다.

상담자가 임상현장에서 만나는 내담자들은 다양한 연령층으로 각기 다른 삶의 배경과 특징을 가지고 있다. 상담자는 사례마다 수많은 미술 재료를 사용하여 내담자의 나이, 증상, 욕구에 맞는 가장 적절한 치료기법과 진단기법을 구상하여 프로그램을 계획해야 하는데, 이런 과정에서 상담자의 전문적 지식과 기술이 매우 중요하다. 그러므로 미술치료를 진행하는 초보 상담자와 상담자 모두 상담의 목표와 치료기법을 선택함에 있어서 많은 고민을 하게 된다. 이 책에서는 저자들이 진행한 아동, 장애아동, 청소년, 성인, 노인, 정신장애, 부부, 가족의 내담자 사례를 제시하였기에 상담자가 상담현장에서 내담자를 만났을 때 고민할 수 있는 상담의 목표와 치료기법을 선택하고 진행하는 데 길잡이가 될 수 있으며, 상담자 자신의 미술치료 스타일을 만들어 가는데 좋은 기반이 될 것이다.

이 책은 모두 10장으로 구성되어 있으며, 순서는 제1장 아동미술치료, 제2장 장애아동 미술치료, 제3장 청소년미술치료, 제4장 성인미술치료, 제5장 노인미술치료, 제6장 정신장애 미술치료, 제7장 부부미술치료, 제8장 가족미술치료, 제9장 미술치료의 단계별 치료기법, 제10장 임상사례보고 및 슈퍼비전으로 구성되어 있다. 제1장부터

8장까지는 대상별 미술치료의 이론에 대한 이해와 상담자의 역할, 실제 진행한 사례 분석, 실습, 활용할 수 있는 프로그램을 제시하여 임상현장에서 상담자들이 각 대상에게 적용할 수 있는 내용을 제공하였다. 9장은 미술치료의 단계별 치료기법을 기술하여 상담자들이 실제 상담현장에서 단계별로 미술치료를 진행할 때 적절한 치료기법을 적용하는 데 도움을 주고자 하였다. 10장은 임상사례보고 및 슈퍼비전을 제시하여 상담자들이 임상사례에 대한 슈퍼비전을 받기 위해 준비해야 할 사항과 임상사례보고서 양식 및 작성 방법에 관해 설명하였고, 상담자의 자기 성장에 도움이 되는 슈퍼비전의 의미에 대해서도 제시하였다.

이 책을 집필하며 무엇보다 삶의 어려움을 함께 나누며 용기 있는 변화를 보여주었던 내담자 모든 분에게 마음 깊이 감사드리며, 현장에서 내담자를 위해 열정적으로 상담을 하는 미술치료사, 미술치료의 목표를 잡지 못해 고민하는 초보 미술치료사, 미술치료 기법을 활용할 모든 상담자에게 이 책이 안내서가 되기를 진심으로 바란다.

2022년 2월
저자 일동

목차

제1장

아동미술치료

1 아동미술치료의 이해

1) 아동의 발달

아동기는 7~12세에 해당하는 연령으로 초등학교에 다니는 시기이다. 이 시기는 신체운동, 언어발달 적 측면에서 영유아기, 청년기에 비해 극적인 변화 없이 점진적 발달이 이루어지기 때문에 조용한 것처럼 느껴진다. 그러나 에릭슨(Erikson)과 피아제(Piaget)는 아동기시기에 나타나는 여러 가지 변화와 이루어야 할 주요 과업에 대해 설명하였다.

(1) 인지발달

피아제의 인지발달 단계

① 감각운동기(0~2세): 대상에 대한 외현적 활동을 통해 세계 이해. 대상영속성 개념 획득

② 전조작기(2~7세): 표상이 형성되며 문제해결 가능. 내재적 사고 가능하나 자기중심성, 비가역성 한계

- 자기중심성 시각조망 – 자신의 위치에서 사물이해. 타인의 위치에서 보이는 사물의 모습 추론 못함
- 자기중심성 언어 – 듣는 사람이 자신의 말을 이해할 수 있는가를 고려하지 않음

③ 구체적 조작기(7~12세): 체계적 논리적 사고 발달. 수, 길이, 양 보존개념 가능

④ 형식적 조작기(12세~성인): 보존개념(넓이, 부피) 형성, 분류와 관계적 추론 능력 획득

(2) 언어발달

① 6개월 정도 옹알이를 시작하며 보통은 첫돌 때 말을 시작한다(단어 뜻 보다는 몸짓이나 말의 억양으로 의미표현).

② 1년 6개월에는 단어와 단어를 조합하여 기본적인 문장의 형식으로 말을 시작한다.

③ 두 단어를 조합하여 말하기 시작 후 2~3개월 지나면 세 단어를 조합하여 말한다.

→ "엄마 물 줘": 행위자–대상–행위를 정확히 표현

(3) 사회·정서적 발달

에릭슨은 아동기를 자아성장의 결정적 시기로 인지적, 사회적 기술을 습득하고 가족에서 벗어나 사회적 기술을 배우고자 하는 시기로 보았다. 이 시기는 호기심과 성취감이 핵심으로 아동이 어떤 일을 할 때 칭찬과 격려가 주어지면 근면성과 성취감을 가지게 되나 실수나 실패를 거듭하게 되면 열등감을 갖게 되고 자신감을 상실하게 된다. 아동에게 책임감 형성의 기초를 마련하여 적절한 과제를 통해 성취감을 갖도록 도와주며 다른 아동과 비교 보다 스스로 장단점을 평가하여 자기발전의 기회가 되도록 한다.

또한 아동기 중요한 변화는 아동의 생활 중심이 가정에서 학교로 옮기며 또래와 사회적 관계를 형성하게 된다. 학교 및 또래와의 관계를 통해 자신이 속한 문화의 가치관과 행동 규범을 습득하며 사회가 요구하는 도덕적 성장과 발달에 힘쓴다.

(4) 도덕성 발달

도덕성 발달은 단순한 인지적 함수관계에 따라 이루어지는 것이 아니라 부모의 도덕 수준과 부모·아동 관계의 질이 크게 영향을 미친다. 이상적인 양심, 도덕성 발달에 필수적인 요소는 부모의 양심과 도덕 수준이 성숙되고 확고해야 하며 부모가 아동의 동일시 대상이 될 수 있어야 한다.

2) 아동미술의 의미

(1) 아동미술의 발달단계: 로웬펠드(Lowenfeld, 1947)

① 난화기(The Scribbling Stage: 2~4세)

그림그리기의 목적보다 긁적이는 낙서를 통해 그림을 표현한다. 자아표현의 시작으로 무질서한 직선, 곡선을 포함한 다양한 선을 마구 그린다. 근육운동지각 활동과 같은 움직임 자체를 즐긴다.

a. 마구그리기 난화(disordered scribbling)

종이가 아니더라도 담 벽, 유리창, 방바닥 등에 닥치는 대로 그리는 경우

b. 조절된 난화기(controlled scribbling)

자신의 동작과 종이 위에 나타나는 표현과의 관계를 발견하며 시각적으로 통제를 하는 단계이다.

c. 이름을 붙이는 난화기(naming scribbling)

움직임에 만족했던 아동이 주변과 자신의 움직임을 관련시키며 근육운동, 지각적 사고에서 시각에 의한 상상력이 풍부한 사고로 변한다.

난화기 지도방법

성인들의 강요에 의한 작업은 발달을 저해하므로 난화를 자유롭게 하도록 격려한다. 색채 지도는 자신의 표현과 도화지를 구별할 줄 알게 하는 것이 중요하다(강한 대비의 조합: 흰 종이에 검은색 크레용). 그러나 이 시기는 색채보다 선과 형태를 창조할 기회가 더 중요하며, 근육운동과 협응 능력을 발달시킨다. 미술 매체는 크레용, 찰흙, 분필, 펠트펜(마카, 유성매직), 포스터물감, 콜라주, 핑거페인팅, 종이 공작을 위한 색종이 등이 좋은 재료들이다. 이러한 재료를 이용하여 선이나 원그리기(2세), 색칠하기(3세), 찰흙으로 모양 만들기(2~3세), 종이 붙이기(3세), 종이 접기(4세), 집 만들기(5세) 등의 미술활동이 있다.

[그림 1-1] 조절된 난화 예

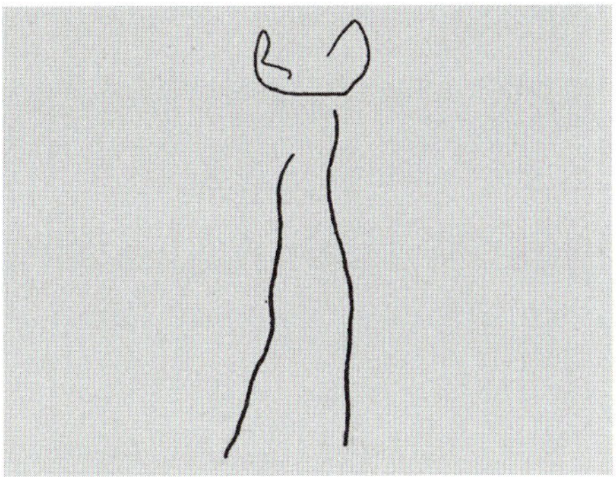

[그림 1-2] 이름을 붙이는 난화 예

출처: 최외선 외(2006). 마음을 나누는 미술치료. 재인용.

② **전도식기**(The Preschematic Stage: 4~7세)

단순한 미술적 행동이 자신과 주변 세계를 의식하며 어느 정도 상징성을 나타낸다. 무의식적 표현이 점차 의식적인 표현으로 옮겨가는 상징적 도식의 기초 단계이다. 대상에 대해 자신이 지닌 이미지 또는 감정을 상징적으로 묘사한다. 이 시기 아동작품을 보면 공간 표현을 볼 수 있는데 공간표현은 사실성과 관계없이 관계 중요도에 따라 배치되며 물체 크기도 주관적으로 느끼는 중요도에 따라 결정된다. 아동이 아직 객관성이라는 개념을 획득하지 못했으며 자기중심적 경향을 나타내고 있음을 알 수 있다. 이 시기는 난화기에 비해 형태 표현이 정확하지만 아직은 미숙한 수준으로 자신이 흥미 있는 그림을 반복적으로 그리며 한정된 개념의 발달을 보인다. 자신이 좋아하는 색을 선택하고 색상 자체보다 모양 그리기에 관심을 보인다. 전도식기는 자아와 타아가 혼합되는 자아중심적 단계로 아동화 발달의 전환 시기이다.

4세는 형태를 알아보기 힘든 불확실한 형태가 나타나며, 5~6세는 인간의 형태 표현은 제법 정확하나 유치한 상징도식으로 나타난다. 유아들은 보통 사람을 많이 그리는데 '두족인'(원을 중심으로 팔다리를 그림) 형태로 그리게 된다. 동그라미, 세모, 네모를 기본으로 선들과 연합하여 그린다.

전도식기 지도방법

전도식기는 아동에게 동기부여가 중요하다. 아동의 경험과 결부시켜 지도하는 것이 좋다. 신체 개념을 먼저 인식시킨 후 자신에게 직접 관련된 주제를 표현하게 한다(예: 우리 집, 나와 우리 가족 등의 주제). 너무 많은 재료를 한 번에 경험시키는 것은 좋지 않다. 흡수력 있는 종이, 거친 털이 있는 붓, 농도 짙은 물감 등 자유로운 표현 매체가 좋으며 색연필, 콜라주 재료, 색종이 등이 많이 사용된다.

[그림 1-3] 전도식기 난화의 예

출처: 최외선 외(2006). 마음을 나누는 미술치료. 재인용.

③ 도식기(The Schematic Stage: 7~9세)

도식기는 형태의 개념을 성취하는 단계로 사물에 대한 일정한 개념을 찾을 수 있는 판단이 생긴다. 자신만의 독자적인 표현이 나타나며 사물의 특징을 객관화시키려는 노력이 보인다. 인물이나 사물에 대한 개념이 부족해서 반복되는 경향이 있다. 이 시기 도식은 아동 경험에 따라 차이가 있고 자신만의 독자적인 표현방법이 나타난다. 중요한 부분이 강조되고 기타 중요하지 않은 부분은 생략화되어 표현된다. 이 시기 특성 중 투시법에 의한 비시각적 표현 방법인 X-ray식 표현은 공간적, 시간적 동시표현으로 아동이 외부보다 내부를 중요하게 생각할 때 표현하는 그림이다. 물체의 내부와 외부를 동시에 나타낸다. 이제 대상과 색채가 상호관계가 있음을 알게 되어 같은 대상에 같은 색을 반복해서 채색한다.

도식기 지도방법

도식기 미술 매체로 찰흙(전 발달단계에 좋음)은 가소성 때문에 개념발달을 필요로 하는 아동에게 적합한 재료로 평가된다(찰흙 표현 방법: 전체로부터 세부적으로 표현하는 분석적인 방법→개별적인 표현 상징들을 전체로 결합해 나가는 종합적인 방법). 미술 매체 중 포스터물감, 템페라 물감의 질감과 농도는 아동들이 형태, 공간, 색채 개념을 발견하고 반복을 통해 자기 도식을 개발하는데 좋은 재료이다. 종이는 큰 것을 사용하여 자유로움을 부여한다.

④ 또래집단기(The Gang Age: 9~11세)

도식적 표현에서 벗어나 객관적, 사실적으로 접근하는 시기이다. 주변 환경에 관심을 보이며 시각과 지각의 발달로 객관적으로 사물을 관찰한다. 환경에 대한 인식과 감수성 발달로 자기의식이 확대되고 작품에 자아의식 및 성(性)의 차이를 나타낸다. 또래집단 소속과 집단에서의 활동, 공동작업에 대한 의욕이 왕성하다. 객관적, 사실적인 표현(기저선 개념에서 벗어나 위에서 볼 줄 알고, 자기중심적 나열식 단조로움에서 벗어나 중복표현 나타남)과 색채 면에서 도식적인 색채와 대상관계로부터 벗어나 특징 있는 색채를 사용하여 표현하기 시작한다(예: 하늘과 물 파랑의 차이를 안다). 물감을 잘 사용할 수 있게 되어 농도를 조절하기도 하고 크레용의 옆면을 사용하기도 한다. 세부적인 면에 더욱 관심을 가져 거친 붓과 가는 붓을 함께 사용한다.

⑤ 의사실기(The Pseudo-Naturalistic Stage: 11~13세)

논리적인 사고가 증대하고 각자의 지성에 눈을 뜨며 넓은 세계와 미래에 관심을 확대해 간다. 표현과정보다 완성된 작품에 대한 중요도가 높아진다. 인물 표현은 성적인 특성을 과장해서 표현하기도 하며 3차원적 표현이 가능하다. 그림을 충분히 사실적으로 그릴 수 있기 때문에 그림에서 세밀함, 정교함이 증가한다. 재료나 기법에 있어서도 벽화, 도자기 제작, 목탄, 석고 등 다양해진다.

⑥ 결정기(The Period of Decision: 청소년기)

신체적·정신적으로 새로운 상황에 적응해 나가야 할 복잡한 위기를 형성하는 시기로 인간발달에 있어 중요하게 인식되는 때이다. 진정한 의미의 창조적인 그림을 그릴 수 있는 시기이나 외부에 대한 인지 기능, 표현 기능의 괴리로 표현이 침체되기도 한다. 표현은 시각형과 촉각형, 중간형으로 나타난다. 시각형은 사물의 외형에서부터 접근하는 것으로 대상 자체 모양과 구조의 특성을 분석하여 명암, 색상, 톤, 원근에 따라 결정되는 형태와 구조의 변화하는 효과에 관심을 갖는다. 근육운동 지각과 촉지각적 경험도 시각적 언어로 전환시키려 한다. 촉각형은 신체 그 자체와 근육감각, 근육운동 지각적인 경험, 촉감에 의한 인상, 그리고 외부에 대해 자신과 가치 있는 관계를 맺고 있는 모든 경험들이 중요한 매개이다. 중간형은 두 가지의 표현양식이 복합적으로 나타나는 것이다.

3) 아동미술작품의 이해

(1) 아동의 그림을 간단하게 설명하고 해석하는 것은 어려운 일이다.

아동들에게 미술활동은 무엇인가 새롭고, 자기만의 것, 유일한 것을 창조하는 많은 경험들을 결합시켜 주는 하나의 과정이다. 그림을 그리는 과정은 선, 모양, 색을 선택하고 변형하고 배열하기 위해 그림의 내용, 스타일, 형태와 구도 등의 다양한 구성요소들을 종합하여 아동으로 하여금 생각과 느낌, 사건 또는 관찰한 것을 전할 수 있게 한다. 아동의 그림 안에는 매우 다양한 여러 가지 요소와 경험이 결합되어 있다.

(2) 아동의 그림에는 기억, 상상력 그리고 현재의 삶이 담겨있다.

오랫동안 학대를 받았거나 심리적인 마비 상태가 올 정도로 심한 충격을 받은 아동은 종이 위에 아무것도 그리지 못할 수도 있다. 또 어떤 아동들은 지침이나 도움 없이 무엇인가 만들 때 잘못할 것 같은 두려움을 느낄 수 있다. 기억을 통해 그림을 그리는 것이 모든 아동(성인들)에게 쉬운 일이 아님을 알아야 한다.

(3) 그림에 대한 태도는 어린 시절에 형성된다.

예술적 표현은 매우 개인적인 창조적 노력이다. 어린 시절 선생님, 부모님 등에게 비난을 받으면 좌절되어 용기를 잃고 이러한 경험이 상처가 되어 그림의 내용, 스타일, 표현의 질, 미술활동에 대한 능력과 관심에 영향을 줄 수 있다.

(4) 그림은 아동의 잠재력을 반영해 준다.

잠재력은 아동의 강점과 회복력, 개성을 말한다. 아동이 그림을 어떻게 그렸으며, 무엇을 그렸으며, 왜 그렸는지에 영향을 미치는 요소들을 평가하는 것이 중요하다. 그림의 맥락을 고려하지 않은 해석은 '위험'으로 오인되거나 잘못 해석될 수 있다. 아이의 문제만큼 잠재력을 발견하고 키워야 한다.

(5) 그림에 대한 이야기가 중요하다.

그림과 그에 대한 언어적 묘사의 결합은 상담자가 아동을 이해하는 통합적인 수단을 가지게 되었음을 의미한다. 그림 그 자체는 아동의 이야기를 자연스럽게 드러낼 줄 뿐 만 아니라, 상담자가 이러한 시각적인 이야기를 이용해서 아동과 상호작용하고, 아동이 자신의 생각과 관심을 다른 사람과 이야기함으로서 정화를 느낄 수 있도록 한다. 그림과 이야기를 통해 아동이 자신의 생각이나 감정, 사건, 시각 등을 외현화 하도록 도우며, 아동이 경험한 사건과 환경에 대한 생각이나 감정, 느낌 등을 잘 이해해서 아동에게 최대한 이익이 되도록 협력한다.

(6) 그림 자체를 해석하는데 주목하기 보다는 그리는 과정, 상담자와 어떤 관계를 갖는지, 자신의 그림에 대해서 어떻게 반응하는지를 살피는 것이 중요하다.

(7) 그림과 관련된 관찰 항목

① 아동은 지시나 명령을 기다리는가, 충동적으로 그림을 그리거나 재료를 다루는가

→ 치료가 되고 있는지 알 수 있는 지표가 되기도 한다.

② 아동은 조용한가, 집중하고 있는가, 혹은 침착하지 못한가, 흥분하고 있는가, 활발한가, 뒤로 물러나 있는가, 산만한가 → 상동 행동 여부의 판단 필요

③ 이러한 변화가 세션이나 미술활동 혹은 특별한 개입이나 상호작용할 때 일어나는가

④ 아동은 지시에 따를 수가 있는가, 지시에 따르지 못하거나 쉽게 좌절하는가

⑤ 아동은 자신만만하게 그림을 그리는가, 실수할 것을 지나치게 두려워하는가

⑥ 그림을 그리는데 아동은 얼마만큼 생각하나, 도움이 필요한가

⑦ 그룹으로 그릴 때, 다른 아동과 미술재료를 나눠 쓰거나 자기의 영역을 잘 지키는가

→ 자기 것을 보호하면서 나누어 쓰는지 확인

⑧ 치료시간을 끝내는데 어려움이 있는가, 요청에 의해서 그리던 그림을 멈추어야 할 때 어떻게 반응하는가, 자신이 그림을 가지고 가는 것을 즐거워하는가, 자신의 그림을 상담자가 맡아줄 것을 특별히 요청하는가

⑨ 그림을 완성해 놓고 자랑스러워하는가, 평가절하하는가

⑩ 그림에 독특하게 표현된 심상이 나타나는가, 정형화된 이미지가 나타나는가

⑪ 그림에 대해서 물었을 때 아동은 어떻게 반응하는가

⑫ 그림에 그려진 이미지와 자신을 연관시키는가

⑬ 그림에 대해 은유적으로 혹은 자신과 관련시켜서 이야기할 수 있는가, 그림에 대해 이야기하거나 설명하는 것을 어려워하는가

⑭ 그림이 아동의 연령에 비추어 볼 때 발달적으로 적합한가

4) 아동미술의 정서

(1) 미술 작업을 통한 의사소통과 통제, 정서적 갈등 해소는 치료적 가치에 포함되는데 특히, 카타르시스와 같은 경험은 정서 문제나 긴장을 완화하도록 도우며 감정을 언어로 잘 표현하지 못하는 아동에게 상반된 감정이나 혼란스러움, 또는 말로 표현하기 힘든 감정을 정리하게 해준다.

(2) 색: 감정과 밀접한 관계가 있다.

- 그림에 한 가지 색만 사용하거나(단색 사용), 색을 특이하게 사용하거나, 다른 색에 비해 한 가지 색만 두드러지게 사용하는 것에 관심을 가진다(다른 색을 사용하도록 유도함).
- 발달적 기준을 고려하는 것이 중요하다. 발달초기 단계(4세까지: 손에 닿기 쉬운 것부터 잡는다. 3~6색을 주로 사용하며 방향을 돌려주어야 한다 → 4~6세: 주관적으로 색을 사용한다 → 6~9세: 색의 도식적 사용(갈색 줄기와 녹색 잎을 가진 나무)

(3) 크기: 인물화의 크기는 자아존중감, 개인 모습의 적절성을 나타낸다. 그러나 때로는 자신을 방해하는 성인들로부터 자신을 감추기 위해 작게 그리기도 한다(관계와 신뢰감이 형성되면 그림의 크기는 짧은 시간에 극적으로 변하기도 한다).

(4) 태도

- 미술활동 시 어떠한 행동을 보이는가 또는 그림을 그리라는 지시나 그림 작업에 대한 반응이 어떠한가를 잘 살펴야 한다.
- 최종 작품과 재료를 어떻게 사용하는가를 관찰한다(예: 폭력을 경험한 아동은 계속 경계하듯 행동하거나 이전에 경험한 외상적 사건이 재현될까봐 두려워한다).

5) 아동미술치료

(1) 아동미술치료의 정의

아동의 그림을 이해하기 위해서는 발달적, 정서적, 사회적 특성 등을 포함하여 다양한 각도에서 살펴보아야 한다. 아동이 그림을 그리는 창조적 경험에 중요 가치를 두고 미술활동에 몰입할 수 있도록 허용하고 격려해 주어야 한다. 미술활동은 재미와 자유로움을 주고 억압된 정서를 자연스럽게 표현하며 개방적인 만남을 통해 부적응적 행동을 이해하고 해결방법을 찾도록 한다. 주의집중시간이 짧고 결단력과 실천력이 부족한 아동에게 체험과 소속감을 가지게 하는 집단 미술치료 프로그램은 매우 유용한 상담기법으로 활용된다.

(2) 아동미술치료의 필요성

일상에서 아동이 발생시키는 비합리적인 행동과 생각을 그대로 방치하면 아동의 미래를 매우 힘들게 만들어 주변 여러 요소로부터 격리되는 현상을 초래하게 된다. 미술치료는 미술활동을 통해 문제 발생 원인을 파악하여 잘못된 요소를 바로잡고 아동의 사고력과 행동 양식을 변화시켜 좀 더 올바른 인간상을 만드는데 목적이 있다. 아동이 가지고 있는 바람직하지 않은 생각과 행동양식을 방치하면 그 원인으로부터 출발한 내용들이 삶을 힘겹게 만들게 된다는 점을 인식하여 성장기에 바로잡도록 유도하여야 한다. 일생을 통해 가꾸어가는 기본적인 가치관은 성장기에 형성된다는 점을 기억하여야한다.

(3) 아동임상미술치료의 효과

① 미술을 경험하면서 자기표현, 갈등 해소, 정서적 보상을 얻게 된다. 미술은 아동에게 시각적인 언어이자 의사소통에 발달적으로 적합하다.

② 아동이 경험하는 즉흥적이고 자발적이며 창조적 미술 과정은 본질적으로 치유적이며 정상화 과정이다.

③ 아동이 능동적으로 관여하는 치료이다(자르고, 풀칠하고, 정리하고). 이는 통제력의 부족감을 감소시키고, 자신의 건강관리에 능동적인 참여자가 되게 한다.
④ 질병에 대한 정보를 갖게 한다.
⑤ 의료적 중재에 대한 이해와 자신감, 성취감을 갖게 한다.
⑥ 입원과 심각한 질병으로 대체되는 일상생활의 부재를 보충한다.
⑦ 의사소통 수단이면서 시각적인 자기기록으로서 유용하다.
⑧ 그림 진단을 통해 아동의 심리 사회적 기능과 증상에 대한 정보 등을 얻을 수 있다.
⑨ 회복력과 관련된 심리적 자원을 지지하고 계발하는데 효과적이다.
⑩ 장기간의 신체적 무능력, 되풀이되는 질병이나 만성적 의료상태로부터 삶을 방해하는 범위를 제한할 수 있다.

(4) 아동미술치료사의 자세

첫째, 미술치료사는 미술적 창의성과 논리적 관찰력 간의 균형을 이루어야 한다.

둘째, 미술치료사는 심리학과 교육학을 통해서 인간에 대한 지식을 알고, 그것을 토대로 아동의 성장과 장애에 대해서 정확한 이해를 하고 있어야 한다,

셋째, 미술치료사는 치료실의 모든 제반 사항을 관리하고 치료시간, 치료횟수, 치료기간, 치료방법 등을 지정하는데 자신의 모든 지식을 총 동원하여야 한다.

넷째, 미술치료사는 치료실 내에서 아동과 객관적 관계를 유지해야 한다.

다섯째, 미술치료사는 항상 아동이 자율적인 활동을 할 수 있도록 지지해 주어야 한다.

(5) 아동미술치료 시 주의사항

미술치료란 치료를 받는 사람이 적극적으로 미술창작 활동을 하게 함으로써 미

술이 미술가들에게 줄 수 있는 모든 긍정적인 심리적 효과들을 정신치료 과정에 응용하는 것이다.

그런데 마치 점을 보듯이 진단을 그림 한 장으로 즉석에서 내려주길 기대한다면 그것은 치료가 아니라 심리 테스트이다. 치료란 진단과는 다른 것이다. 물론 병의 정확한 진단이 없이는 효과적인 치료의 방향 설정이 불가능하고 치료의 필요성조차 확인할 수 없지만, 교육에서도 IQ를 테스트하는 것과 한 아동을 참다운 사람이 되도록 가르치는 것이 별개의 것이듯 심리진단과 심리치료는 비록 밀접한 관계는 있어도 서로 다른 입장이다.

① 아동의 저항과 대처 방법

a. 과도한 언어화를 나타내는 경우

내담자의 과도한 언어화는 위협적인 재료, 특히 심상적인 형태로서의 자료에 대한 억압을 암시할 수 있다. 내담자가 불안할 경우에 나타날 수 있다.

b. 언어화의 결핍을 나타내는 경우

인물 사진을 오려낸 콜라주나 글이 적힌 풍선에 매달린 물체에 대한 심상을 그리게 하고 이러한 심상에 대한 언어적 인지요소를 결합함으로써 저항을 감소시킨다. 또는 떠오른 심상을 하나 선택 후 하나의 단어적 연상을 글로 적게 한다. 아동이 그 심상에 대한 명확한 명칭을 모르는 경우도 있을 수 있다.

c. 과도한 운동을 나타내는 경우

과도한 운동적 요소가 나타날 경우에는 바로 시각적 표현을 하지 말아야 한다. 시각적 표현은 과도한 정서적 또는 운동적 활동이 나타날 때는 삼가야 한다. 덜 극단적으로 나타날 경우 회기마다 구조적인 미술치료를 통하여 저항을 감소할 수 있다.

d. 저항이 일어나는 경우들

- 상담자가 미술활동을 불편해하는 경우

- 상담자가 열중하지 않거나 치료에 미술을 사용하는데 기술이 부족할 때
- 미술재료가 부실할 때
- 내담자가 너무 방어적이거나 공포에 질렸을 때
- 큰 종이와 많은 재료에 압도되거나 자신감을 갖지 못할 때
- 신뢰감과 안전감을 느끼도록 시간이 충분히 주어지지 않았을 때

② 상담자의 대처방법들

- 구체적으로 지시를 한다.
- 원하는 것을 상담자가 그려준다.
- 간단하고 쉬운 것을 아동에게 하도록 한 후 상담자가 완성한다.
- 손도장 찍기 등 간단하고 쉬운 것에 다른 표현을 덧붙여 간다.
- 다른 그림이나 이미지를 보여준다.
- 상담자가 서툰 그림을 그려서 아동의 그리기 욕구를 일으킨다.

③ 상담자의 주의점

a. 지나친 일반화는 곤란하다.

미술치료와 관련하여 '검정색을 많이 사용하면 공격적이고, 빨간색을 거칠게 쓰면 공격성이 있으며, 그림을 한 쪽으로 쏠리게 그린다거나 화면을 성기게 비워두면 대인관계에 문제가 있고 인물의 눈, 코, 입 등이 생략 되면 죄의식이 심하다' 라는 식의 등식이 성립되는 것처럼 말한다. 이러한 일반화는 복잡하고 신비로운 미술을 간단하게 해부해보려는 욕심에서 나온 것이다.

b. 병리학적 증거를 찾아 그림을 보는 것은 치료 자세가 아니다.

미술관에 걸려 있는 예술가들의 작품을 보면서 단순한 분석을 요구하지는 않는다. 예술가들의 작품은 눈에 보이는 것 이상의 어떠한 상징이 내포되어 있다고 잠정적으로 생각하기 때문이다. 그들의 작품은 여러 번 찾아가 보아야 하고, 오랜 시간을 두고 음미해야 하며, 천천히 그리고 신중히 이해하려고 노력해야 한다고

믿는다. 그런데 왜 정신병 환자들이나 일반인들의 그림에 대해서는 단순한 일반론을 도출해 내고 싶어 하는 걸까? 그림을 정신병 혹은 심리적 문제의 증후로만 읽으려고 하면 그 사람이 표현하려는 메시지를 보지 못한다. '그 사람이 문제가 있다'는 공허한 판단으로 끝날 뿐이지 그 사람의 고통을 함께 느낀다거나 어려움을 함께 헤쳐 나가려는 치료의 자세는 아니다. 문제가 무엇인지를 정확히 아는 것이 미술치료는 아니다.

(6) 아동미술치료의 구성

아동들은 대개 부모나 보호자에 의해 미술치료실을 찾게 된다. 그들 중에는 정상아동, 일탈아동, 장애아동이 포함되어 있다. 이러한 아동들은 치료 계획상 먼저 개인미술치료를 할 것인지 집단미술치료를 할 것인지가 결정되어야 한다.

① 개인미술치료

개인미술치료는 가장 기본적인 진행 방법으로 그룹에 소속되기 어려워하거나 그룹에 방해를 주는 등 신체적·정신적으로 불안정한 아동을 대상으로 한다. 개인미술치료에서 가장 먼저는 상담자와의 라포 형성으로 상담자와의 신뢰감과 친밀감이 형성된 후 아동 스스로 자신의 문제에 접근하여 상담자에게 스스럼없이 자신의 생각이나 의견을 언어와 미술활동으로 표현하게 된다. 다음으로 상담자는 아동의 문제에 좀 더 심도 있게 접근하여야 한다. 이러한 목표가 달성되었을 때 상황에 따라 개별에서 집단 활동으로 구성원 수를 점차적으로 늘여갈 수 있다.

② 집단 미술치료

집단미술치료는 2명 이상의 구성원으로 이루어지는 진행 방법으로 치료적 목표에 따라 구성원의 수를 조절할 수 있다. 주의할 점은 아동들의 성향이 너무 비슷하거나 너무 이질적이어서는 안 된다. 왜냐하면 구성원 모두가 비슷한 동질성 집단은 표면적인 관계 이상으로 발전하기 어려우며, 너무 이질적인 집단은 서로 간의 공통성이 없어서 비효율적이거나 스스로 소외감을 조장하여 문제를 일으킬 소지가 있다.

집단미술치료의 장점은 아동들이 학업부진, 비만, 부모의 이혼, 비행 등 일상생활에서 부딪치는 문제들을 좀 더 효과적으로 대처할 수 있는 능력을 기르는데 도움이 된다. 집단 구성원과 상호 관계를 목표로 각자의 내재된 감정을 자유롭게 드러냄과 동시에 또 다른 갈등을 경험하게 하여 자기인식과 수용과정에서 자기통찰 및 자발성을 향상시키고 사회성을 함양하는 것을 목적으로 한다.

(7) 아동미술치료 진행 과정

① 초기상담 및 진단

아동은 처음 부모나 아동이 속한 기관의 권유로 인해 치료 대상으로 결정된다. 그리고 치료가 진행되기 이전에 상담자는 부모나 주위 사람들과의 상담을 통해 아동에 관한 여러 가지 정보를 알아두어야 하며 이를 초기기록지에 기록하게 된다. 초기 상담 내용은 상담자와 보호자가 각각의 상담지에 내용을 기록하고 날짜를 적어서 보관해 두어야 한다. 아동상태, 장애 심각성 정도에 따라 부모와 상의하여 전문 진단기관에서 지능검사 및 인성검사, 사회생활 능력검사, 운동능력검사, 정신의학적 검사, 뇌파검사, 그림검사 등을 받아 보게 한다. 이러한 진단을 거친 후 참고하여 본격적인 미술치료 계획안을 작성한다.

② 치료목표 설정

목표는 일반, 분기, 회기별 목표로 나누어 설정한다. 일반목표는 초기 부모상담 후 설정하여 미술치료 종료까지 변하지 않고 지속되는 궁극적인 목표를 의미한다. 또한 미술치료 진행과정에서 일어나는 상황이나 아동 특성에 따라 일반 목표보다 더 구체적인 분기별 목표를 세운다. 분기를 나누어 프로그램을 계획하고 이에 따른 새로운 목표를 설정하되 일반 목표와 함께 진행한다. 회기별 목표는 회기별 프로그램에서 추구하는 목표로 가장 최소화하고 매우 구체적인 목적에 해당한다. 이는 각 프로그램의 개발과 밀접한 관계가 있다.

③ 치료계획

미술치료 진행과정 중 아동의 행동이나 그림에서 작은 변화를 발견할 수 있다. 이러한 작은 변화에 따르기 위해서는 상담자는 자신의 직감과 경험에 비추어 빠른 판단 하에 치료계획을 세워야 한다. 치료계획을 세우기위해서는 '치료적 과녁'을 설정해야 하는데 이것은 미술치료 진행 상황에 따라 달라질 수 있다. 치료계획은 새로운 프로그램을 필요로 하며 또 다른 자극을 유발한다.

④ 치료진행

미술치료 기간은 대상에 따라 차이가 있으나 적어도 6개월 이상이 소요되며 치료시간은 주 1회로 개인치료는 50분, 집단치료는 70분 정도가 적당하다. 이는 개인과 집단의 특성을 고려해서 융통성 있게 조절하며 치료시간에 맞추어 도입, 활동, 감상과 토론의 순서로 진행한다.

- 도입: 아동과 상담자가 서로 친밀해지면서 편안한 분위기를 조성하는 것이 중요하며 이를 위해 긴장 이완을 위한 호흡법이나 음악 또는 간단한 놀이를 하기도 한다.
- 활동: 아동이 적극적으로 작업에 들어가는 단계이기 때문에 상담자는 아동에게 불필요한 간섭, 잦은 질문 등으로 인한 아동의 작업 흐름을 끊지 않도록 한다.
- 감상: 아동의 작품을 함께 감상한다.
- 토론: 상호 작용이 일어난다. 무엇보다 상담자, 아동 간 신뢰와 안정이 우선될 때 작품 안에서 더 많은 정보와 느낌을 가질 수 있다.

⑤ 관찰과 기록

관찰을 통한 기록서는 미술치료 시에 나타나는 아동의 특이한 상황에 더욱더 잘 적용할 수 있도록 상담자가 그 내용을 수정하거나 덧붙여 아동 개인에게 맞는 내용으로 여러 번의 검토 작업을 거친 후 중점적으로 관찰해야 될 세부항목의 기준을 설정한다. 관찰일지는 임상평가를 위한 목적 외 회기 동안의 기억과 임상 감독과 내담자의 경계 방법, 총괄적인 요소 등을 기록하여 다음 회기를 준비하는 계기를 마련한다.

관찰기록서의 5가지 기능 원리

- 평가의 정확성
- 치료실에서 일어난 상황들의 상세한 기록
- 조직된 정보들의 관리 운영
- 즉흥적인 개입으로 소홀할 수 있는 치료 목표들에 대한 활동의 재중심 잡기
- 회기마다 상담자의 주의력을 집중시키는 동시에 자극을 준다.

관찰기록서의 내용

상담자는 관찰 기록서에서 각 회기에 대한 소개를 간단히 해야 한다. 먼저 상담자와 아동의 이름을 적고, 날짜와 시간을 적는다. 그리고 개인 미술치료인지 혹은 집단미술치료인지를 밝히고, 이에 따른 회기 진행 시간과 장소도 제시해 준다. 또 아동의 주의집중 시간과 장소도 제시해 준다. 아동의 주의집중 시간과 집단의 인원수, 치료의 목표 등을 고려하여 회기를 구성해야 한다.

⑥ 평가

평가는 회기 평가와 전체적 평가로 이어지며 논리적이어야 한다. 미술치료에서 나타나는 상황들과 연관된 관찰 세부항목들을 측정하여 비교·분석한다. 관찰 세부항목의 비교는 아동 발전의 질을 평가하며, 치료적 결과에 대한 객관성에 입각하여 평가되어야 한다.

(8) 미술재료의 선택과 사용

미술치료는 다양한 도구를 선택하여 사용할 수 있다. 발달적 놀이치료에서 놀잇감을 선택할 때와 같이 치료 목적을 염두해 두고 미술 매체를 선택하여야 한다. 로웬펠드의 그림 그리기 발달단계에 따라 아동의 운동기능과 인지 능력이 고려되어야 한다. 유아는 크레용이나 핑거 페인팅을 쓰면 재미를 느끼면서 창의적인 그림을 그릴 수 있다. 아동은 미술재료의 선택에 융통성이 더 많다 미술재료를 진열해 놓고 아동이 선택하게 한다든지 또는 미술재료 목록 표에 자신이 좋아하는 활동을 고르게 하여 주도적인 미술활동을 하도록 한다. 그러나 너무 많은 종류의 재료 선택은 아동에게 부담을 줄 수 있으므로 주의한다. 또한 같은 재료라도 다른 느낌을 줄 수 있으므로 상담자는 여러 가지 다른 재료가 각 아동에게 어떤 행동과 느낌을 불러일으키는지를 잘 알고 재료 선택을 해야 한다.

2 아동미술치료 사례분석

1) 사례

공격성 감소를 위한 아동 개별미술치료

2) 연구대상

연구대상 이○○는 맞벌이 가정의 외동딸로 경기도 K시 ○○초등학교 4학년에 재학 중이다. 부모님에 의해 ○○상담센터에 의뢰되었다. 이○○의 부모님은 맞벌이로 자녀 양육에 어려움이 있어 부모님 출퇴근 시간에 맞추어 유아기 때부터 현재까지 이모 집에서 지내다 집으로 귀가하는 형태로 지내고 있다. 프로그램 진행 전 아동의 심리상태 확인을 위한 한국 아동청소년 인성검사 KCYP(자기보고용)를 실시하였다.

◈ 한국 아동청소년 인성검사(KCYP) 결과

KCYP는 또래와의 발달 정도를 비교 분석할 수 있도록 만들어진 표준화된 검사로 아동 및 청소년의 성격, 정서, 행동발달과 심리 적응의 양상을 측정하기 위해 만들어졌다. 아동의 사회관계, 가족관계, 학습 및 중독 관련 적응상의 특징을 알 수 있다.

아동은 전반적으로 응답에 신뢰성 있게 반응하였으며, 평범한 반응을 보였다. 개인의 심리상태를 안정적으로 드러내고 있다. 친구관계가 잘 유지되고 갈등이 있어도 비교적 잘 조정할 능력을 갖추었으며, 가정 내 자기존재감이 있고 적절한 의존과 보호받고 있다는 느낌을 가지고 있는 것으로 나타났다.

KCYP 검사 결과 [그림 1-4]와 주 호소 문제와의 연결성을 볼 때 아동의 현재 문제는 아동의 성격적, 정서적, 행동발달상 문제에 기인하였다기보다 환경적 영향이 큰 것으로 판단된다. 아동의 부모양육태도(PAT) 검사 결과 부모의 지나친 간섭과 과잉기대, 적절치 못한 양육방법에 어려움이 있는 것으로 나타났다.

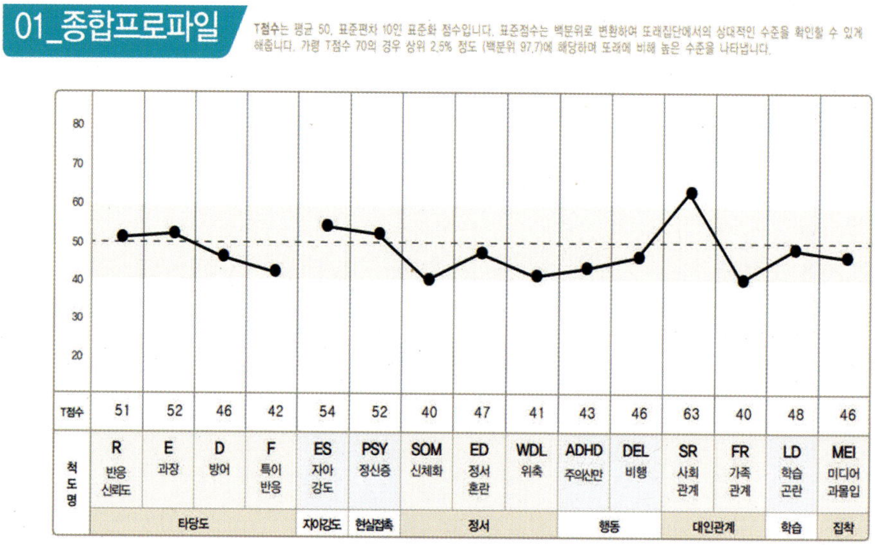

[그림 1-4] KCYP 검사 결과

3) 주 호소 문제

이○○는 기질이 강하고 공격적인 성향으로 화가 나면 화를 참지 못하여 주변 사람들을 힘들게 하는 경우가 많다. 부모님은 이○○이 참을성이 없고 자기 뜻대로 되지 않을 시 물건을 던지고 소리를 지르는 등 심각한 모습을 보인다고 하였다. 그러나 또래관계에서는 자기주장이 다소 부족하여 친구들의 의견을 따르는 편으로 자신감이 없고 주변을 많이 의식하는 행동을 보인다고 하였다.

4) 연구기간 및 장소

2021년 6월 2일~2021년 8월 31일까지 주 1회 60분씩 총 12회기 프로그램을 경기도 K시 00상담센터에서 진행하였다.

5) 연구프로그램 및 실시절차(〈표 1-1〉 참조)

초기 면접과 심리검사 실시 후 총 12회기 개인미술치료 프로그램을 진행하였다. 아동 1시간 미술치료 후 부모님 상담 15분으로 진행하였다. 사전 인성검사 및 그림투사. 척도검사를 통해 아동의 현재 심리상태를 확인하였으며 사후검사를 통해 미술치료 후 변화 정도를 확인하였다. 프로그램은 아동의 억제된 감정을 표출하고 내면의 부정적인 감정을 해소시키며 자신의 강점, 가능성을 인지하도록 격려하며 심리적 안정을 통해 현실적응에 도움이 되는 미술치료 프로그램을 고안하였다.

6) 연구도구

(1) 질적 검사

사례연구, 동적 집-나무-사람(KHTP) 검사, 동적 가족화(KFD)검사

(2) 양적 검사

자아존중감, 충동적 공격성 검사

7) 미술치료 프로그램

〈표 1-1〉 공격성 감소를 위한 아동 개인미술치료

단계	회기	프로그램명	목표	활동내용	준비물
초기	1	〈사전검사〉 – 질적 검사: KHTP, KFD – 양적 검사: 자아존중감, 공격성 척도 *KCYP인성검사	내면 탐색 가족 역동탐색	1. 아동의 특성, 내면 탐색을 위한 그림투사 진행 2. 양적 검사를 통해 자아존중감, 충동적 공격성 척도 확인 3. 아동의 인성 검사 실시. 현재 상황 파악 (미술치료 진행에 참고)	검사지, 척도지, 연필, 지우개
	2	동물가족화	가족의 특성 탐색	다양한 동물 그림 중 우리 가족 특성과 잘 맞는 동물 모양을 선택하여 도화지에 붙이고 채색하며 이야기 꾸미기	동물그림, 도화지, 풀, 가위, 색연필, 사인펜
	3	데칼코마니	나를 기쁘게, 슬프 게 하는 (긍정, 부정) 요인 탐색	주제에 맞는 그림을 도화지 한 면에 그린 후 접어 반대 면에 똑같은 그림이 나오게 한다. 두 가지 주제로 진행한다.	도화지 2장, 물감세트
	4	사포퍼즐(내가 원하는 것은?)	욕구탐색, 집중력, 성취감향상	진심으로 원하는 것은 무엇인지 생각하며 사포에 그림을 표현 후 퍼즐 모양으로 잘라 도화지에 붙인다.	사포, 크레파스, 풀, 가위
중기	5	핑거페인팅	감정의 이완, 내면 표출	도배풀 또는 쉐이빙 폼을 비닐 바닥에 펼치고 물감을 섞어 자유롭게 만지고 주무르며 감정의 이완을 경험한다.	도배풀 또는 쉐이빙 폼, 물감, 아세테이트비닐
	6	감정꾸러미	감정발산, 심리적안정	신문지를 찢고 던지며 자유롭게 감정을 발산한다. 이후 찢은 신문지 조각들을 모아 나만의 소중한 꾸러미를 만든다.	신문지, 한지, 가위, 테이프
	7	우드락 격파	억제된 부정 감소 표출, 긍정적 미래의식	우드락 판에 힘들었던 ,속상했던 경험이나 감정 등을 적거나 그림으로 그린다. 형식없이 자유롭게 부정 감정을 표현 후 우드락 판을 격파하듯 부순다. 부정 요인을 제거하며 긍정적 사고로 유도한다.	컬러우드락, 유성매직세트
후기	8	강점꾸미기	강점 및 가능성 발견	강점과 관련된 그림을 자유롭게 그리고 꾸민 후 그림 안에 자기 강점을 표현한다. 이후 내담자의 강점, 가능성에 대하여 이야기 나눈다.	색종이, 도화지, 풀, 색연필, 사인펜, 가위 외 꾸밈재료

단계	회기	프로그램명	목표	활동내용	준비물
후기	9	가면꾸미기	내면의 나 & 희망하는 나	다양한 종이 가면 중 원하는 가면을 선택하여 현재의 나와 희망하는 나를 생각하며 가면을 꾸미도록 한다.	다양한 종이가면, 컬러점토, 유성매직세트
	10	하트메시지 (부모님 함께)	마음속 진심 전하기	부모님, 아동 각각 하트 용지를 준비 후 하트 앞면은 상대방의 강점 이미지를 그리고 뒷면에는 상대에게 건네는 칭찬과 격려의 메시지를 적는다.	컬러A4 2장, 가위, 사인펜, 색연필
종결	11	색 소금 꽃병	긍정적 미래관 미래계획 세우기	다양한 컬러의 파스텔 가루와 소금을 섞어 투명 컵을 채운다. 이후 조화 꽃을 활용하여 마무리한다. 긍정적인 미래를 위해 필요한 것은 무엇인지 색소금 각각에 의미를 부여한다.	중간 굵기 소금, 투명병, 파스텔, 조화 꽃
	12	〈사후검사〉 – 질적 검사: KHTP, KFD – 양적 검사: 자아존중감, 공격 성 척도	사전 · 사후 변화정도 확인	사전검사에서 실시한 그림투사, 척도검사를 실시하며 변화의 정도를 확인한다.	척도지, 연필, 지우개

8) 연구결과

(1) 질적 검사

① 개인행동 변화

〈표 1–2〉 개인행동 사전 · 사후 변화

항목	사전	사후
자아 존중감	친구들과의 다소 위축된 관계, 빠른 포기와 같은 행동은 아동의 자신감, 자존감 부족에서 기인한 것으로 보았다(아동모: 자신감 없는 행동이 배려심으로 보일 수 있다고 함)	가족, 친구와의 관계에서 화와 같은 공격적 감정을 자연스럽게 표현하며(관계 나쁘지 않게) 특히 친구관계에서 위축되지 않고 자기 생각이나 감정 등을 솔직하게 전달하였다.
공격성	참는 듯하다 갑자기 화를 내거나 물건을 집어던지며 충동적인 과잉행동을 보임	부정적 감정을 언어로 표현하며 충동적인 과잉행동이 감소함.

② 그림투사 변화

〈표 1-3〉 그림투사 사전 · 사후 변화

항목	사전	사후
동적 집 나무 사람 (KHTP)	 **[그림 1-5]** 자신을 펜트하우스에 사는 부잣집 딸이라고 하며 자신은 롤스로이스 외제차를 타고 스테이크만 즐겨 먹는다고 하였다. 그러나 사실은 스테이크 보다 삼겹살과 매운 라면을 좋아하여 사람들 몰래 먹는다고 하였다. 부잣집에 대한 동경이 과하게 표현되었으나 실제 자신은 평범한 사람이고 픈 마음을 표현하였다.	 **[그림 1-6]** 자신이 사는 집은 빌라지만 깨끗하고 사람들이 좋은 곳으로 아직 공사 중이지만 공사가 끝나면 더욱 좋아질 것이라고 하였다. 친구를 기다리는 중인데 친구가 또 약속시간을 어겨 기분 나빴다. 마침 새가 똥을 친구 머리에 떨어뜨려 속으로 잘 됐다 생각하는 중이다. 고급 아파트가 빌라(현재상황)로 표현되며 살기 좋은 곳임을 강조하였고 친구들에 대한 속상함을 새똥에 맞는 모습으로 표현하였다.
동적 가족화 (KFD)	 **[그림 1-7]** 거실에 가족이 함께 있는 장면을 그렸다. 그러나 가족 모두 각각의 행동을 하며 가족이 함께하는 모습이 표현되지 않았다. 자신 역시 원래는 방에 주로 있으며 거실에 함께 있는 모습은 어쩌다 한 번일 것이라고 하였다.	 **[그림 1-8]** 우리 가족과 이모(아동 어릴 적부터 돌봐줌)가 함께 TV를 보며 치킨을 먹는 중이다. '나는 이때가 가장 좋다'라고 하였다.

(2) 양적 검사

〈표 1-4〉 양적 검사 사전 · 사후 변화

항목	사전	사후
자아존중감	24	34
공격성	8	3

자아존중감 검사는 총 10문항 4점 리커트 척도로 평가 범주는 10~40점으로 이루어져 있다. 아동의 자아존중감 사전점수는 24점이었으나 사후검사에는 10점이 향상되어 34점의 매우 높은 수치를 나타내었다. 충동적 공격성 검사는 총 5문항으로 평가 범주는 5~10점으로 이루어져 있다. 아동의 충동적 공격성 사전 점수는 8점으로 높은 편이었으나 사후검사에는 5점 감소한 3점으로 공격성이 많이 완화되었음을 확인할 수 있었다(〈표 1-4〉 참조).

9) 미술치료 작품사진

〈표 1-5〉 미술치료 작품사진

2회기	3회기	5회기
 [그림 1-9] 동물가족화	 [그림 1-10] 데칼코마니	 [그림 1-11] 핑거페인팅
7회기	**8회기**	**11회기**
 [그림 1-12] 우드락 격파	 [그림 1-13] 가면꾸미기	 [그림 1-14] 색소금 꽃병

3 아동미술치료 실습

1) 미술치료 기법: 사포퍼즐

사례에서 내담자와 진행한 '사포퍼즐화'를 소개하고자 한다(〈표 1-6〉 참조). 아래 실습 방법과 상담과정 적용, 응용을 바탕으로 상담과정 상황에 맞게 적절하게 사용할 수 있다.

〈표 1-6〉 미술치료 실습(사포퍼즐화)

미술 매체	크레파스, 가위, 풀, 사포, 8절 색도화지
방법	① 사포에 내가 진심으로 원하는 것은 무엇인지를 생각 후 그림으로 표현한다. ② 자유롭게 퍼즐 형태로 자른 후 조각들을 섞는다. ③ 도화지에 퍼즐 조각을 맞추어 그림을 완성한다. ④ 완성된 작품을 칭찬, 지지하며 아동이 진심으로 원하는 것은 어떠한 것들이 있는지에 대해 이야기 나눈다.
상담 과정 적용	① 사포의 재질과 사용방법에 대해 이야기한다(재료 탐색과 느낌 공유, 방법 습득을 통해 재료 접근에 대한 불안감 탈피) ② 상담자는 사물 그림을 자를 때 아동의 인지능력에 따라 조각의 수를 정하는 것이 좋다. 인지능력이 낮을수록 조각의 수를 적게 한다. ③ 채색작업에서도 아동의 특성에 따라 진하고 꼼꼼하게(산만하고 집중력이 어려운 내담자), 흐리고 스케치풍(완벽주의 성향, 강박적 성향)으로 융통성 있게 작업을 지도한다.
응용	① 집단 활동 시 인원수만큼 사포의 수를 정하여 뒷면에 번호를 적은 후 연결하여 만든 큰 사포에 치료사가 큰 형태를 그린다. 이후 사포 조각을 아동에게 제시하여 자유롭게 선택하도록 한다. ② 사포에 그려진 것을 보고 각자 떠오르는 이미지를 그린다. ③ 그림을 모아 연결하여 형태를 완성한다. ④ 작품을 감상하고 자신의 작품을 소개한다.

작품 사진

[그림 1-15] 사포퍼즐화

2) 치료 회기기록지

아래 치료 회기기록지 〈표 1-7〉은 상담과정의 핵심부분 위주로 작성하였기 때문에 미술치료를 진행하는 상담자에게 실제 적용 방법을 이해하고 습득하는데 도움이 된다.

〈표 1-7〉 사포퍼즐화 치료 회기기록지

치료 회기기록지 (4) 회

날 짜	2021년 6월 30일	소요시간	pm 14:30-15:30
내 담 자 명	이○○(초등 4학년)	상담자명	양○○
프로그램명	사포 퍼즐 맞추기		
목 표	욕구탐색 및 집중력, 성취감을 향상 시킨다.		
준 비 물	크레파스, 가위, 풀, 사포, 8절지 도화지		

	상담자의 언어 및 행동	내담자의 언어 및 행동
프로그램 전 분위기	(1) ○○야, 잘 지냈니? 오늘 기분이 많이 좋아 보이네. 무슨 일 있니? (2) 엄마가 가게를 쉬고 ○○랑 함께 있으니까 좋았구나. 엄마를 좋아하는 마음이 많이 느껴지네. 오늘은 사포 퍼즐 맞추기를 하려 해. 선생님이 설명해 줄게 우리 시작해보자	(1) 오늘 엄마 가게 쉬어서 엄마와 함께 있다가 왔어요. 제가 먼저 미술하고 있으면 엄마 상담할 때쯤 온다고 하셨어요. 그런데 오늘은 뭐해요? (2) 직접 퍼즐을 만든다고요? 나 퍼즐 맞추기 좋아하는데...
치료과정	(1) 먼저 ○○이가 가장 좋아하는 것은 어떤 것이 있을까를 생각해 보고 좋아하는 것을 사포에 크레파스로 그리고 색칠 후 퍼즐 조각처럼 가위로 오려야 해. 섞인 퍼즐 조각을 여기 옆 도화지에 맞추어 붙이면 완성되는 거야. 퍼즐조각은 ○○이가 맞추기 가능한 크기로 자르도록 해 (2) 먼저 ○○이가 가장 좋아하는 것은 무엇인지 생각하고 그림으로 표현해야 해 (3) ○○는 소소한 것들을 좋아하는구나. 에어컨, 선풍기, 이불까지 그린다니 놀라운데? (4) 자유롭게 하면 돼. 그림 다 완성되었으면 퍼즐 조각으로 잘라볼까? (5) 선생님 생각에는 더 작게 잘라도 ○○는 충분히 잘 맞출 수 있을 것 같아. 조금 더 작게 잘라 봐. 만약 맞추기 어려우면 선생님이 도와줄게. (6) 와우 잘 맞추는데? 선생님이 돕지 않아도 ○○이가 잘 하잖아. 잘할 줄 알았어. 도화지에 예쁘게 붙인 후 제목도 붙이자	(1) 신기한 미술활동이네요. 사포에 먼저 그림을 그리고 퍼즐 조각으로 잘라 도화지에 맞추어 붙이면 되는 거죠? (2) 내가 좋아하는 게 너무 많아서요.. 제일 좋은 건 TV보며 아이스크림 먹을 때 가장 좋아요. 아, 아이스크림과 TV를 그려야겠다. 선풍기, 에어컨도 중요하니까 그릴께요. 그리고 내가 좋아하는 캐러멜팝콘과 내 이불도 그릴래요. 엄마가 주는 용돈도요 (3) 내가 좋아하는 것들이니까요...엄마, 아빠는 당연히 좋아하니까 굳이 그리지 않을래요. 괜찮죠? (4) 너무 작으면 못 맞출 것 같은데 그냥 네 조각으로 자를까요? (5) 알았어요. 좀 더 작게 자를게요. 만약 못 맞추면 도와주세요 (6) 하니까 되는데요. 제목은 내가 좋아하는 것들을 그린거니까 '행복한 퍼즐'이라고 할래요. 그리고 이건 돈 주고 살 수 없을만큼 귀중한 것이니 내가 생각하는 값도 적을 거예요.
내담자 평가	이○○는 소소한 것에 행복을 느끼는 아이로 사전 그림투사 시 펜트하우스에 사는 자신을 표현하며 부유함을 중요하게 생각하던 아이가 아님을 알 수 있다.	
보호자 상담	○○엄마는 ○○이가 전과 다르게 스스로 '릴랙스 릴랙스' 하며 화를 참는 모습이 보인다며 의식적으로 조절하려 노력하는 모습이 대견스럽다고 칭찬하였다.	
다음 회기 계획	핑거페인팅	

4 아동미술치료 프로그램

아동미술치료 프로그램은 공격성 감소와 심리·정서적 안정, 긍정적 미래관을 필요로 하는 아동을 위한 프로그램으로 상황에 맞게 적절하게 활용할 수 있다.

1) 개인 미술치료 프로그램

2) 대상

공격성 감소, 심리·정서적 안정을 필요로 하는 아동

3) 회기별 미술치료 프로그램

〈표 1-8〉 공격성 감소를 위한 아동 개별미술치료 프로그램

회기	프로그램명	활동내용	기대효과
1	사전검사 -KHTP, KSD, KFD	도화지, 연필을 사용하여 동적 집나무사람 및 학교생활, 가족의 모습을 살펴본다.	욕구, 상호작용, 내면 탐색
2	동물가족도	동물 모형도에서 우리 가족의 특성과 유사한 동물들을 선택해 그림을 그리고 이야기를 꾸민다.	가족의 특성, 정서, 역동 탐색
3	데칼코마니	긍정적, 부정적 감정 각각을 물감을 짜서 모양을 만든 후 도화지를 반으로 접어 찍는다.	감정의 표현, 자기인식

회기	프로그램명	활동내용	기대효과
4	콜라주	잡지의 사진이나 그림, 글 등 마음에 드는 것을 잘라 종이에 붙인다	자기인식 및 심리 상황의 인식
5	핑거페인팅	도배풀 또는 남성 쉐이빙 크림을 아세테이트 비닐에 깔고 물감을 활용해 자유롭게 문지르거나 섞어본다.	정서적 안정과 이완, 긴장감, 저항감 감소
6	감정꾸러미	신문지를 찢어 던지고 밟으며 스트레스를 푼다. 평소의 감정을 생각하고 감정의 양만큼 종이를 모아 꾸러미를 만든다.	감정표출 및 발산스트레스 해소, 감정의 인식
7	우드락 격파	우드락 판에 자유롭게 낙서하듯 그림이나 글로 자신의 스트레스를 표출 후 격파하여 없앤다.	감정 표출 및 발산 스트레스 해소
8	손가락 장점꾸미기	오른손, 왼손 그림을 도화지에 그린 후 잘라 예쁘게 꾸민 후 색 도화지에 양손을 붙이고 각 손가락 위에 자신의 장점을 쓴다.	장점발견, 자신감 및 자존감 향상
9	선물 만들기	자신에게 주는 선물 만들기. 물질적인 것이 아닌 마음이 필요로 하는 것이 무엇인지 생각해 보도록 한다.	자기 위로 및 강화, 욕구의 재확인
10	가면 꾸미기	다양한 종이 가면 중 원하는 가면을 선택하여 희망하는 나의 긍정적인 모습을 꾸며본다.	미래적, 희망적인 긍정적 자아상구축
11	희망나무	우드락에 자신의 나무를 그리고 잎에는 장점을 꽃이나 열매에는 희망을 적어 붙인다.	긍정적 미래관, 미래 계획 설정, 자존감 향상
12	사후검사 -KHTP, KSD, KFD	사전 그림에서와 같은 동적 집, 나무, 사람 및 학교생활, 가족의 모습을 그리고 변화정도를 살펴본다.	사전 · 사후변화 정도 확인

제2장

장애아동 미술치료

1 장애아동 미술치료의 이해

1) 장애의 의미

(1) 장애인의 정의

우리나라는 장애인에 대한 정의를 「장애인복지법」과 「장애인 등에 대한 특수교육법」에서 설명하고 있다. 「장애인복지법」 제2조1항에서 장애인이란 신체적·정신적 장애로 오랫동안 일상생활이나 사회생활에서 상당한 제약을 받는 자를 말한다. 이 중 신체적 장애는 주요 외부 신체 기능의 장애와 내부기관의 장애 등을 말하며, 정신적 장애는 발달장애 또는 정신 질환으로 발생하는 장애를 말한다. 우리나라의 「장애인복지법」은 장애 발생 예방과 장애인의 의료, 교육, 직업 재활, 생활환경의 개선 전반을 다루는 것으로 장애인의 복지와 사회활동 참여 증진을 통하여 사회통합에 이바지하는 것을 목적으로 하는 법률이다. 「장애인 등에 대한 특수교육법」은 장애가 있는 영유아, 아동, 청소년, 성인의 생애 주기에 따라 장애 유형, 장애 정도의 특성을 고려한 교육을 시행하여 자아실현과 사회 통합에 이바지하는 것을 목적으로 한다.

(2) 장애의 유형

우리나라는 장애의 유형을 「장애인복지법」과 「장애인 등에 대한 특수교육법」에서 구분하고 있는데(〈표 2-1〉 참조), 「장애인복지법」에서 구분하는 장애 유형은 질병도 포함하고 있으므로 이 장에서는 「장애인 등에 대한 특수교육법」의 특수교육대상자 선정기준에 근거한 장애 유형을 기준으로 살펴보려 한다.

〈표 2-1〉 장애의 유형

법률	구분		유형
장애인복지법	신체적 장애	외부신체 기능 장애	지체장애인, 뇌병변장애인, 시각장애인, 청각장애인, 언어장애인, 안면장애인
		내부기관 장애	신장장애인, 심장장애인, 호흡기장애인, 간기능장애인, 장루요루장애인, 간질장애인
	정신적 장애		지적장애인, 정신장애인, 자폐성장애인
장애인 등에 대한 특수교육법			시각장애, 청각장애, 지적장애, 지체장애, 정서 · 행동장애, 자폐성장애, 의사소통장애, 학습장애, 건강장애, 발달지체

출처: 국가법령정보센터 홈페이지 2021년 9월 30일 검색. 「장애인복지법」,「장애인 등에 대한 특수교육법」. 재인용.

2) 장애아동 미술치료

「장애인 등에 대한 특수교육법」의 장애 유형을 기준으로 상담 현장에서 주로 많이 만나는 장애 유형 아동(정서·행동장애 아동, 지적장애 아동, 자폐성장애 아동, 학습장애 아동, 청각장애 아동, 의사소통장애 아동, 시각장애 아동, 지체장애 아동)을 중심으로 장애아동 미술치료에 대해서 알아보고자 한다.

(1) 정서·행동장애 아동과 미술치료

① 정서 · 행동장애 아동의 특성

정서·행동장애 아동은 장기간에 걸쳐 아래의 항목 중 어느 하나에 해당하며 특별한 교육적 조치가 필요한 아동을 말한다.

- 지적·감각적·건강상의 이유로 설명할 수 없는 학습상의 어려움을 지닌 아동
- 또래나 교사와의 대인관계에 어려움이 있어 학습에 어려움을 겪는 아동
- 일반적인 상황에서 부적절한 행동이나 감정을 나타내어 학습에 어려움이 있는 아동
- 전반적인 불행감이나 우울증을 나타내어 학습에 어려움이 있는 아동
- 학교나 개인 문제에 관련된 신체적인 통증이나 공포를 나타내어 학습에 어려움이 있는 아동

정서·행동장애 아동은 심리적인 요인에 의해 영향을 받으며 신체와 인지적 문제가 없음에도 불구하고 대인관계의 불편함, 일상적인 상황에 대한 어려움, 부적응적 정서, 다양한 갈등 문제로 인한 신체화 증상 등으로 학습에 어려움을 경험하고 있는 아동이다. 정서·행동장애 아동은 학교, 학원 등 집단생활에서 증상이 확연하게 나타나는 경우가 많다. 특히, 학업성적과 또래 관계에 큰 영향을 미치기 때문에 학교생활 적응에 어려움이 있다. 인지적 부분에서는 지능이 낮을 수도 있겠지만 일반적이지는 않으며 정상 지능의 일반 아동과 비교했을 때 학습능력의 차이는 지능지수 때문이 아니라 불안, 공포, 분노, 슬픔, 억울함 등의 정서적인 문제로 인한 주의집중력이 떨어지기 때문이다. 특히, 또래 관계에 어려움을 겪고 있는 아동은 학교폭력의 피해자가 될 수 있으며, 집단생활에서의 상처 되는 경험은 아동이 관계에서의 패배감, 위축, 낮은 자아존중감, 부정적 자아상을 갖게 될 수 있다. 이런 특성은 성인이 되었을 때 사회부적응 문제로 야기될 수 있다.

정서·행동장애 아동은 정서적인 문제가 원인인데 대표적으로 위축과 공격성을 볼 수 있다. 위축은 주로 대인관계에서 소심하고 자신감이 없는 아동에게 나타나는데 권위적이고 강압적인 사람 앞에서는 더 위축된 모습을 보일 수 있다. 또한, 충동적인 공격성을 가진 아동은 위축과 공격성이 동시에 나타나는 데 억울하고 화나는 상황에서 화나게 하는 상대 앞에서는 위축되어 있다가 엉뚱한 상대에게 공격성을 표출하는 것으로 위축과 공격성을 동시에 가지고 있는 경우이다. 공격

성이 있는 아동은 상황에 맞지 않게 맹목적인 공격성을 표출하는 데 이는 타인과의 관계에서 부정적인 영향을 미친다. 공격적인 아동은 타인에 대한 반응이 민감하며 타인에게 적대적인 반감을 품고 상대방의 의도를 적대적인 것으로 왜곡하게 해석할 수 있다. 때로는 나약하고 무능력한 자신을 보호하고 방어하기 위한 보상심리에서 기반한 행동일 수 있다. 이런 공격성을 프로이트는 아동이 자신과 타인을 분리하고 자신을 인식하기 위한 행동으로 보았다. 공격성에는 관심을 끌기 위한 일탈 행동도 포함되는 데 상대가 원하지 않는 행동을 함으로써 상대의 화를 돋우는데 상대가 반응을 보여 주면 공격성은 습관화가 될 수 있으므로 정확한 공격성의 원인과 유형을 파악해야 한다.

② 정서 · 행동장애 아동의 미술치료

정서·행동장애 아동을 치료하는 상담자는 수용적인 태도가 필요하다. 내담자는 상담자와의 관계에서 양보와 타협을 경험하고 훈련함으로써 자신의 공격성을 조절하여 자기조절력을 키우고 일상생활에 적용함으로써 타인과의 관계에서 배려와 이해심, 감정조절력을 향상하게 된다. 위축성 아동은 평소에 과다한 자기 통제로 자기표현에 어려움이 있으므로 늘 불안정한 모습이 보이며, 평소 자신의 감정을 표현하지 못하므로 엉뚱한 상황에서 감정을 폭발한다. 위축 아동의 그림은 화지 전체를 사용하지 못하고 규칙성이 과다하고 강박적인 성향도 나타나며 자기를 표현하는 그림은 잘 그리지 않는 특징이 있다. 위축 아동은 억압된 감정을 표출하는 발산 작업의 미술치료 기법을 사용하는 것이 필요한데 '우드락 부수기', '풍선 터트리기', '점토 던지기', '종이에 구멍 뚫기' 등이 있다. 위축 아동이 미술치료를 통해 갑자기 자기주장이 강해질 수 있는데 아동에 대해 오해하지 않도록 상담자는 아동의 보호자와 상담을 통해 아동의 변화되는 행동을 이해하고 버틸 수 있도록 지도해야 한다. 발산과정이 지나면 스스로 매체를 선택하고 미술활동 후 작품의 완성 과정을 통한 주도성을 갖게 하고 다양한 재료를 섞어서 사용해봄으로써 관계 및 사물에 대한 상호작용의 간접경험을 체험하여 선택과 결과에 대해서도 책임감과 자신감을 느끼게 해준다. 위축 아동은 대인관계에 어려움이 많으므로 개인치료 후 소규모 집단치료에 참여하는 것이 필요하다. 공격적인 아동의 미술치료 기법은 공격성을 표출하고 발산함으로써 공격 에너지를 해소하는 것이 필요한데 가장 좋은 매체는 점토이다. 점토의 종류는 묽은 점토부터 단단한 점토까지 다양하게 있는데 점토는 공격적인 아동이 두드리고 던지는 작업을 통해 에너지를 흡수하는데 효과적인 도움을 준다. 또한, 자신의 공격성을 직면하고 공격성의 원인을 파악하여 해결할 수 있는 '자아상', '나의 과거, 현재, 미래', '남이 보는 나 내가 보는 나' 등의 주제로 미술 작업을 해보는 것도 도움이 된다. 구체적인 정서·행동장애 아동의 증상은 주의력결핍과잉행동장애(Attention Deficit Hyperactivity Disorder), 틱(Tic Disorders), 배설장애(Elimination Disorders), 분리불안장애(Separation Anxiety Disdorder), 반응성 애착장애(Reactive Attachment Disorder), 부적응 행동으로 구분하여 미술치료 기법을 살펴보려 한다.

• 주의력결핍과잉행동장애(Attention Deficit Hyperactivity Disorder)

☞ 특징

주의력결핍과잉행동장애의 증상은 짧은 집중력과 주의 산만함, 부산하고 심한 움직임의 과다활동, 감정 변화가 많고 참을성이 적으며 충동적인 행동 특성이 있다. 가정 및 학교에서 지시 따르기가 안되는 아동으로 약속된 시간 내에 과업을 수행하지 못하여 가정과 학교에서 지속적인 갈등이 일어난다. 말이 많고 들떠 있으며 상대방의 말이 끝나기도 전에 끼어들며 무엇이든지 몰두하지 못하고 공격적이고 파괴적인 행동을 보인다. 자신의 해야 할 일을 제대로 하지 못하고 책임감이 없으며 타인에게 책임을 전가하기도 한다. 주변에서 상보다는 처벌을 많이 받아 자아존중감이 낮으며 타인과의 관계에서 상호작용에 어려움이 있어 사회성이 낮다.

☞ 미술치료

주의력결핍과잉행동장애 아동은 에너지를 표현하고 해소할 수 있는 동작 치료와 음악을 이용한 미술 작업이 좋으며 특히, 미술치료를 진행할 때 매회기 도입단계에서 사용하면 효과적이다. 아동이 좋아하는 매체와 기법을 면밀히 관찰하여 미술 활동에 적용하면 아동의 관심을 끌 수 있다. 자연물을 이용하여 편안함과 안정감을 경험하게 하고 감각을 자극하는 재료, 여러 색의 변화 통한 호기심 자극과 집중력 향상, 점토 활동을 통한 에너지 발산 등이 도움이 된다.

• 틱(Tic Disorders)

☞ 특징

틱은 엄마의 과잉통제와 보호자의 과도한 보호가 원인이 될 수 있다. 틱에는 운동 틱과 음성 틱이 있으며, 운동 틱과 음성 틱이 1년 이상 나타날 때 투렛 증후군(Tourette Syndrome)이라고 한다. 운동 틱은 머리를 끄떡이거나 흔들고, 목을 비틀고 팔과 손을 급히 흔들거나 손가락을 비틀기도 하며 이마를 찌푸리거나 눈을 깜빡거리고 코에 주름살을 짓거나 입술을 깨물거나 얼굴을 씰룩거린다. 음성 틱은 개 짖는 소리, 코를 킁킁거리는 소리, 무엇을 빨거나 입맛 다시는 소리, '음', '음'하며 혀를 차거나 말하면서 '끙끙거리거나', '악', '음' 등의 비명을 내기도 한다.

☞ 미술치료

틱은 아동의 불안이 심리적인 원인이므로 불안, 우울, 자신감 결여 등에 대한 심리 정서적인 문제를 해결해야 한다. 심리적으로 편안함과 안정감을 경험할 수 있는 습식매체를 활용한 이완 기법이 효과적이다. 불안 표출, 이완, 안정감, 자기 관찰, 자기 이해, 자기표현을 목표로 충분히 퇴행하고 이완할 수 있는 물감 뿌리기와 흘리기, 핑거페인팅, 색 물감 놀이, 젖은 종이에 그리기, 점토 작업 등을 음악과 동작을 활용하여 작업하면 효과적이다.

• **배설장애(Elimination Disorders)**

배설장애의 유형은 유분증(Encopresis)과 유뇨증(Enuresis)으로 구분되어 있다. 각 유형별 배설장애의 특징과 미술치료에 대한 설명은 다음의 표와 같다(〈표 2-2〉 참조).

〈표 2-2〉 배설장애의 특징과 미술치료

유형	특징	미술치료
유분증	주 양육자에 대한 분노와 적대적인 반항 장애의 일부일 수 있으며 보호자에 대한 아동의 고의성으로 나타나기도 한다. 주 양육자가 아동을 거부하고 처벌하면 아동은 이에 대한 적개심으로 배변 문제가 강화된다. 주 양육자와 아동 모두 강한 수치심과 고립감으로 사회관계에 거부감이 있으며 낮은 자아존중감을 느끼게 된다.	아동이 항문기를 재경험할 수 있도록 습식매체 위주로 핑거페인팅, 찰흙 놀이 등을 사용하는 것이 좋다. 불안과 공격성을 표현할 수 있는 매체와 기법이 필요하며 갈등 관계에 있는 주 양육자와 함께 진행할 수 있는 미술 작업으로 갈등과 긴장을 해소하여 가족 문제를 해결해야 한다.
유뇨증	유뇨증은 20%가 정신과적 문제가 나타나며, 유뇨증으로 우울감, 자신감 결여, 학교 부적응 등의 심리적인 문제가 동반되기도 한다. 자연적으로 호전되나 1% 정도는 성인기까지 지속하는 때도 있다.	유분증과 같은 기법을 사용하며 핑거페인팅, 찰흙 놀이, 물감 뿌리기, 물감을 이용한 색채 체험, 자신의 신체 그리기, 콜라주, 만다라 그리기 등과 불안과 우울감을 해소할 수 있는 놀이를 접목한 미술놀이 치료기법이 효과적이다.

• **분리불안장애(Separation Anxiety Disdorder)**

☞ **특징**

분리불안장애의 원인은 아동이 주 양육자와의 관계가 불안정 애착으로 형성되었기 때문이며 아동의 주 정서는 불안이다. 혼자 다른 장소나 학교에 가지 못하여 일상생활에서 적응 문제를 갖게 된다. 신체화 증상이 나타나며 심각한 경우 공황장애가 나타나기도 한다. 주 양육자가 갑작스럽게 사망할 수도 있다는 공포, 두려움으로 주 양육자에 대한 집착이 강하다. 어린이집과 학교에 대한 거부반응이 심각하며 유뇨증 증상이 나타나기도 한다. 보호받고 싶고 의지하고 싶은 욕구가 강하며 자아존중감이 낮고 자신감이 없다.

☞ 미술치료

분리불안장애 아동은 주 양육자와의 분리불안에 대한 두려움과 불안 및 신체화 증상을 제거해야 한다. 주 양육자 및 가족과의 미술치료도 효과적이며 미술치료 초기 단계에서는 불안에 대해 표현하는 것이 필요하다. 신체화 이미지에 불안 표현하기, 불안 감정 그리기, 가족공동화작업, 음악과 동작을 활용한 상상화 및 자유화 작업으로 내재한 무의식의 불안을 해소하여 주 양육자와의 관계에서 안정감을 경험하게 한다.

• 반응성 애착장애(Reactive Attachment Disorder)

☞ 특징

반응성 애착장애의 핵심 증상은 사회적 관계를 맺지 못하는 것이다. 5세 이전에 시작되고 병적인 보살핌(안락함, 자극, 애정에 대한 방치, 신체적 욕구 방치, 양육자의 잦은 교체)과 밀접한 관련이 있다. 일반적으로 매사에 무관심하고 표정이 멍하고, 웃지 않고, 두리번거리고, 식욕이 없고, 어떠한 자극에 반응이 느리다. 다른 경우는 관심 요구, 산만 행동, 애착 대상을 무분별하게 선택하는 애착대상 선택 능력 결여의 특징이 있다.

☞ 미술치료

반응성 애착장애 아동은 주 양육자와 안정되고 신뢰감 있는 안정 애착을 재형성하여 장애물을 해결하고 따뜻한 양육 관계를 만드는 것이 일차적인 과제이다. 재료를 모아두는 행위는 보살핌의 욕구에 대한 상징적인 대체물의 행동이다. 아동은 상담자와 중간대상물을 통한 접촉으로 안정감을 경험해야 하는데, 중간대상물을 표현할 수 있는 적절한 매체사용이 필요하다.

• 부적응 행동

부적응 행동에는 공격성, 과도불안, 거짓말하기, 손톱 물어뜯기, 등교 거부 등이 있으며, 각 부적응 행동의 유형별 특징과 미술치료에 대한 설명은 다음의 표와 같다(〈표 2-3〉 참조).

〈표 2-3〉 부적응 행동의 특징과 미술치료

유형	특징	미술치료
공격성	공격성의 원인은 가정에서의 잘못된 교육, 자아실현의 결여, 불안과 좌절, 불만족한 생활환경, 대중매체의 폭력 사례, 사회적 가치관, 본능적 충동 등이 있다. 공격의 유형에는 신체적 공격과 언어적 공격, 숨겨진 공격과 개방된 공격, 도구를 이용한 공격, 자기 공격과 타인 공격, 감정을 동반한 공격 등이 있다.	미술치료 기법에는 공격 에너지를 발산하여 해소할 수 있는 점토 활동(밀기, 반죽하기, 주무르기, 던지기, 찢기 등), 물감 뿌리기, 핑거페인팅, 종이 찢기(휴지, 신문지 등)와 종이죽, 석고 부수기, 우드락 부수기, 단단한 미술 재료로 하는 조형 작업 등이 있다.
과도불안	과도 불안의 원인은 주 양육자와의 불안정 애착, 불안정한 환경 등이다. 불안의 유형에는 실존 불안(죽음 불안, 질병 불안, 상해 불안, 자연재해 불안 등), 사회적 불안(과도한 수줍음, 대중 불안 등), 능력 불안(학교 불안, 직업 불안, 시험 불안, 성 불안 등)이 있으며 행동은 무능력감과 열등감으로 인한 지나친 욕구와 자기발전을 위한 노력 감소, 실제 행동의 결여 등이 있다.	행동 치료를 기반으로 한 미술치료 기법으로 점토 작업(점토는 사람의 피부와 같은 역할을 함), 사랑이 담긴 보호자의 스킨십, 불안 그려보기, 불안과 관련된 감정 표현하기, 불안 상황 미리 알려주기, 신체에 불안 표시하기, 만다라 그리기, 신체(발, 등, 손) 마사지하기, 천과 솜을 이용한 불안 대처 인형 만들기, 음악과 동작을 이용한 신체조절 연습하기 등이 있다.
거짓말하기	거짓말하기의 원인은 애정 결핍, 어른들의 이해심과 인내심 부족, 양육자의 잦은 교체, 체벌에 대한 두려움, 상상과 실제 사실의 혼동, 시간과 공간 개념의 부족 등이 있으며 도벽의 원인과 비슷하다. 거짓말의 유형에는 공격 상황에서 한 거짓말, 이타적 거짓말, 예의범절형 거짓말, 편리성 거짓말, 위급 상황 거짓말, 농담 및 장난 거짓말, 꾀병, 눈물 흘리기, 위장, 작은 속임수 등이 있다.	인형이나 탈을 만들어 거짓말 상황을 재연하는 역할극, 가족 미술치료, 점토 작업, 신체 그리기, 상상화, 핑거페인팅, 만다라 그리기, 자유화, 함께 그리기 등이 있다.

유형	특징	미술치료
손톱 물어뜯기	손톱 물어뜯기의 원인은 타인과의 관계 및 상황에서 받는 심리적 억압과 긴장과 흥분, 공격성의 다른 표현으로 나타나며, 가정에서의 과도한 윤리적이고 권위적인 교육, 과도한 모범 행동 요구, 불안, 열등감, 자신감 결여, 애정 결핍 등이 있다.	내재해 있는 억압된 공격적 충동을 표출하도록 하는 점토 작업, 젖은 종이에 그리기, 난화기법, 핑거페인팅, 물감 뿌리기, 만다라 그리기, 상상화, 그림 이야기 만들기, 신문지 찢기와 종이 죽을 이용한 입체작업 등이 있다.
등교 거부	등교 거부의 원인은 가정의 갈등, 학교생활의 부적응, 학업성취에 대한 부모의 높은 기대, 분리불안, 주변 상황과의 다양한 문제들이 있다. 행동은 모든 면에서 동기유발 결여, 무책임한 행동, 등교 거부, 학교생활 태만, 신체화 증상(설사, 두통, 인후염, 복통 등)이 있으며 주로 등교하기 전에 나타난다.	인형과 동물 만들어 역할극을 통해 등교 거부 상황을 재연하여 원인과 해결책 찾음, 점토 작업, 함께 그리기, 집단화, 만다라 기법, 음악과 동작을 활용한 미술치료, 신체 그리기, 조형 작업, 상상여행 등이 있다.

(2) 지적장애 아동과 미술치료

① 지적장애 아동의 특성

지적장애 아동은 지적 기능과 적응 행동상의 어려움이 함께 존재하여 교육적 성취에 어려움이 있는 아동을 의미한다. 지적장애 아동은 일반 아동과 발달단계가 같으나 일반 아동보다 1~2단계 느리게 발달하기 때문에 조기 치료와 특수교육이 필요하며 지연된 발달 성장을 도와주어야 한다. 일반 아동과 같이 호기심도 있고 자극에 반응하며 내재한 표현의 욕구가 있으므로 미술 활동이 도움이 된다. 하지만 인지기능과 소근육의 활성화가 원활하지 않아 정상적인 발달단계의 표현과 내재한 욕구를 기술적이고 정확하게 표현하지 못해 빨리 흥미를 잃기도 한다. 인물화 표현에서 특징을 보이는데 탈락, 과소, 과대, 기하학적 표현이 나타나고 정확한 묘사에 어려움을 보인다. 지적장애아의 그리기 발달 상태는 5~6세까지는 동물학적 성장이기 때문에 일반아동과 큰 차이가 없다. 그러나 더는 발달하지 않고 인지적 기능에 따라 만 1~8세에 머물러 있어 일반아동의 인지발달과 큰 차이가 생기게 된다. 그뿐만 아니라 정서, 행동, 사회성의 모든 발달단계 지연으로 자기표현 및 사회성 기술이 부족하여 학교폭력으로 인한 외상을 경험하기도 한다.

지적장애 등급의 장애 등급과 장애 정도에 대한 설명은 다음의 표와 같다(〈표 2-4〉 참조).

〈표 2-4〉 지적장애 등급

장애 등급	장애 정도
1급	– 지능지수와 사회성숙지수가 34 이하인 사람으로 일상생활과 사회생활의 적응이 현저하게 곤란하여 일생 타인의 보호가 필요한 사람, 보통 만 6세~8세 지능 수준
2급	– 지능지수와 사회성숙지수가 35 이상 49 이하인 사람으로 일상생활의 단순한 행동을 훈련할 수 있고, 어느 정도의 감독과 도움을 받으면 복잡하지 아니하고 특수기술을 필요로 하지 아니하는 직업을 가질 수 있는 사람, 보통 만 4~5세 지능 수준
3급	– 지능지수와 사회성숙지수가 50 이상 70 이하인 사람으로 교육을 통한 사회적 · 직업적 재활이 가능한 사람, 보통 만 1~3세 지능 수준

출처: 국가법령정보센터 홈페이지 2021년 9월 30일 검색.「장애인복지법」. 재인용.

② 지적장애 아동의 미술치료

지적장애 아동의 미술치료는 장애등급에 맞게 기능할 수 있는 미술 활동을 면밀하게 관찰하여 매체의 선택과 미술치료 기법을 적절하게 사용해야 한다. 지적장애 아동의 미술 표현은 성장발달의 속도는 느리지만, 일반 아동과 같은 성장이 패턴을 보여 준다. 원시적이고 단조롭지만, 손의 운동기능도 일반 아동의 기능과 비슷한 모습을 보인다. 형태에서 반복적인 표현이 되며 지각 활동에서 적절한 연상과 조절 및 공간구성에는 어려움이 있어 공간의 여백이 보인다. 공간과 위치는 개념 인식이 어려워 인물화 표현에서 과대, 과소, 탈락이 나타나기 때문에 인지발달 치료를 목표로 촉각 훈련과 소근육 활동화를 위한 미술 활동을 해야 한다. 여러 사물을 보고 그리고, 만들기 하여 지각 능력을 도와주어야 한다. 점토로 다양한 만들기 작업을 통해 소근육 운동과 신체 지각 능력을 기를 수 있게 하고, 모방화, 색종이 접기, 색종이 찢어 붙이기 등을 통해 손과 눈의 협응력을 키워준다. 그뿐만 아니라 심리적으로 지친 보호자 및 비장애 형제를 위한 미술치료 접근도 필요하다.

(3) 자폐성장애 아동과 미술치료

① 자폐성장애 아동의 특성

자폐성장애 아동은 사회적 상호작용과 의사소통에 결함이 있고, 제한적이고 반복적인 관심과 활동을 보임으로써 교육적 성취 및 일상생활 적응에 도움이 필요한 아동을 의미한다. 자폐성장애 아동은 특정 대상에 대한 지나친 집착을 보이기도 하며 대상관계에 어려움이 있어 애착 행동이 이루어지지 않는다. 언어장애와 강박장애가 있으며 사회성의 결여로 상대방과 눈을 마주치지 않고 시선을 피하거나 짧게 눈을 마주친다. 또한, 환경의 적응력이 부족하여 새로운 환경에 접하면 당황하고 변화에 저항하는 행동이 나타난다. 자폐성장애는 완벽한 치료가 이루어지지 못하며 최대한 정상화를 위한 노력이 최선이다. 상담자는 자폐성장애 아동을 치료하기 위해 이들의 세상에 들어가는 것에 허락을 받아야 한다. 또한, 초기 유아기적 애착 시기에 미해결된 문제들도 살펴주어야 발달장애(자폐증) 등급 및 능력장애 판정 기준의 장애 등급과 장애 정도에 대한 설명은 다음의 표와 같다(〈표 2-5〉 참조).

〈표 2-5〉 발달장애(자폐증) 등급 및 능력장애 판정 기준

장애 등급	장애 정도
1급	- ICD-10(International Classification of Diseases, 10th Version)의 진단 기준에 의한 전반성발달장애(자폐증)로 정상 발달의 단계가 나타나지 않고, 지능지수가 70이하이며, 기능 및 능력장애로 인하여 주위의 전적인 도움이 없이는 일상생활을 해나가는 것이 거의 불가능한 사람 - 기능 및 능력장애로 인하여 능력장애 측정 기준 20항목 중 12항목 이상에 해당하거나 GAS 척도 점수가 20 이하인 사람
2급	- ICD-10의 진단 기준에 의한 전반성발달장애(자폐증)로 정상 발달의 단계가 나타나지 않고, 지능지수가 70 이하이며, 기능 및 능력장애로 인하여 주위의 많은 도움이 없으면 일상생활을 영위하기 어려운 사람 - 기능 및 능력장애로 인하여 능력장애 측정 기준 20항목 중 8항목 이상에 해당하거나 GAS 척도 점수가 21~40인 사람
3급	- 2급과 같은 특징을 가지고 있으나 지능지수가 71 이상이며, 기능 및 능력장애로 인하여 일상생활 혹은 사회생활을 영위하기 위하여 간헐적으로 도움이 필요한 사람 - 기능 및 능력장애로 인하여 능력장애 측정 기준 20항목 중 4항목 이상에 해당하거나 GAS 척도 점수가 41~50인 사람

출처: 국가법령정보센터 홈페이지 2021년 9월 30일 검색. 「장애인복지법」. 재인용.

② 자폐성장애 아동의 미술치료

자폐성장애 아동의 미술표현은 자신이 좋아하고 관심 있는 매체에 집착하고 그림 표현에서도 관심 있는 부분에 대해 세부적인 묘사와 반복 표현하는 경향을 보인다. 특정 미술 재료나 도구에 집착을 보이며 흰 도화지에 집착을 보이는 경우가 많고 창작보다는 모방을 많이 하여 대중매체에서 본 장면을 외워 그리는 경우가 많다. 대부분의 자폐성장애 아동들의 그림은 비슷한 경향을 보이며 도심이나 번화가는 그리나 사람은 그리지 않는 등의 패턴도 나타난다. 미술치료를 통해 다양한 매체를 사용해 봄으로써 변화에 대처하고 적응할 수 있는 훈련을 경험하게 된다. 이러한 미술치료는 자폐성장애 아동이 사회성을 향상하는 데 도움을 준다. 언어가 결핍되고 대상관계 애착이 부족한 자폐성장애 아동은 묽은 점토 사용이 도움이 되며, 정서적 불안과 내면에 억제된 감정을 해소하는 작업으로 핑거페인팅이 효과적이다. 그림 그리기를 부담스러워하는 자폐성장애 아동에게는 콜라주 작업이 도움이 된다. 개인 작업 후 소그룹에 참여하여 전지 돌려 그리기, 주변 환경 그리기를 통해 타인과의 상호작용을 경험하면 사회성 발달에 효과적이다. 미술치료의 여러 가지 프로그램에 참여함으로써 다양성을 수용하고 변화에 대한 저항감과 두려움을 감소시킨다. 인지능력이 양호하여 문자는 읽고 쓰는데, 그림을 전혀 그리지 못하거나 지시 따르기가 안되고 고집스럽게 자신이 원하는 것만 그리는 자폐성장애 아동에게는 점토로 사물을 만들고, 보고 그리기를 하는 것이 필요하며 사물 구성, 공간 구성, 인물 구성(얼굴, 몸통), 주제화 등으로 확장하는 것이 필요하다.

(4) 학습장애 아동과 미술치료

① 학습장애 아동의 특성

학습장애 아동은 개인의 내적 요인으로 인하여 듣기, 말하기, 주의집중, 지각(知覺), 기억, 문제해결 등의 학습 기능이나 읽기, 쓰기, 수학 등 학업성취 영역에서 현저히 어려움이 있는 아동을 의미한다. 학습장애 아동은 정보처리 과정이나 자기표현의 기능이 필요한 의사전달에 문제가 있다. 이러한 문제들로 잦은 실패와 좌절감을 경험하고 위축과 낮은 자아존중감으로 부정적 자아상을 갖게 된다. 학습장애 아동의 수준에 맞는 단계별 미술치료 프로그램을 적용하여 만족감과 성취감을 갖게 하고 학습에 대한 두려움을 감소하여 자신감을 회복할 수 있게 한다.

② 학습장애 아동의 미술치료

학습장애 아동의 기능과 상황에 맞는 미술치료 프로그램을 진행해야 한다. 과제 학습을 신속하게 처리하지 못하는 정보처리 능력의 부족으로 생긴 낮은 자아존중감과 위축, 대인관계의 어려움을 학습장애 아동이 충분히 받아들일 수 있는 매체를 선택하여 미술치료를 진행해 봄으로써 자신감을 느끼게 한다. 감각 인지가 부족한 지각장애가 있는 경우 소근육 감각을 촉진할 수 있는 촉각 작업을 하는 것이 좋다. 점토 작업, 종이 찢어 붙이기, 보고 그리기 등이 좋으며 개인 작업이 적절하며 집단 작업일 경우 학습장애 아동의 기능을 고려하여 진행해야 한다.

(5) 청각장애 아동과 미술치료

① 청각장애 아동의 특성

청각장애 아동은 청력손실이 심하여 보청기를 착용해도 청각을 통한 의사소통이 불가능하거나 곤란한 상태이며 청력이 남아 있어도 보청기를 착용해야 청각을 통한 의사소통이 가능해 청각에 의한 교육적 성취가 어려운 아동을 의미한다. 청각장애 아동은 언어상의 문제로 대인관계에서 의사 표현이 원활하지 않아 사회성에 결함을 가져올 수 있다. 다른 장애 아동보다 청각장애 아동은 일반 아동과 가장 비슷한 생활을 할 수 있으며 난청일 경우 보청기 등을 착용하나 보이는 모습으로는 정상인과 비슷하다. 이런 이유로 일반인과 교류할 기회가 많지만, 소통의 어려움으로 타인과의 관계에서 불안과 위축을 경험할 수 있다.

청각장애 등급의 장애 정도와 장애 상태에 대한 설명은 다음의 표와 같다(〈표 2-6〉 참조).

〈표 2-6〉 청각장애 등급

장애 정도	장애 상태
장애의 정도가 심한 장애인	1. 두 귀의 청력손실이 각각 90㏈ 이상인 사람 2. 두 귀의 청력손실이 각각 80㏈ 이상인 사람
장애의 정도가 심하지 않은 장애인	1. 두 귀의 청력손실이 각각 70㏈ 이상인 사람 2. 두 귀에 들리는 보통 말소리의 최대의 명료도가 50% 이하인 사람 3. 두 귀의 청력손실이 각각 60㏈ 이상인 사람 4. 한 귀의 청력손실이 80㏈ 이상, 다른 귀의 청력손실이 40㏈ 이상인 사람

출처: 국가법령정보센터 홈페이지 2021년 9월 30일 검색. 「장애인복지법」. 재인용.

② 청각장애 아동의 미술치료

청각장애 아동은 청각의 문제로 인한 언어 결함으로 자기표현이 원활하지 못해 타인과의 관계에 어려움을 경험한다. 언어로 표현하고 싶은 부분, 언어로 표현할 수 있는 부분에 대해서 미술 작업(평면, 조형 등)을 통해 표현하고 발산해 봄으로써 억압된 부정적 감정을 해소하여 심리·정서적으로 편안하고 안정감 있는 일상생활을 하는 데 도움을 준다. 청각장애 아동의 특징 중 농아벽(deafism)이 있는데 특정한 몇 가지의 경험만을 성급히 일반화를 시켜 계속 같은 그림만을 그리는 행동을 의미한다. 이러한 패턴을 다양한 미술치료 경험을 통해 적절하고 도움이 되는 인지능력으로 키워주는 게 필요하다.

(6) 의사소통장애 아동과 미술치료

① 의사소통장애 아동의 특성

의사소통장애 아동은 아래의 항목 중 어느 하나에 해당하여 특별한 교육적 조치가 필요한 아동을 말한다.

- 언어의 수용 및 표현 능력이 인지능력보다 현저하게 부족한 아동
- 조음 능력이 현저히 부족하여 의사소통이 어려운 아동
- 말 유창성이 현저히 부족하여 의사소통이 어려운 아동
- 기능적 음성 장애가 있어 의사소통이 어려운 아동

위와 같은 특성을 가진 의사소통 장애 아동은 심리적으로 항상 위축되어 있고 특히 대인관계에서 어려움을 호소한다. 특히, 유아의 언어발달 지체는 사회성 결여를 가져올 수 있으며 전반적인 발달에도 영향을 미친다(이근매, 1995). 아동에 따라 신체발달은 문제가 없는데 언어 발달만 지연이 되는 예도 있는데 이는 주 양육자, 가정환경의 문제가 아이의 정서에 영향을 미치기 때문이다. 이런 경우 아동의 언어발달 지체는 사회성 결여까지 올 수 있으므로 언어치료 및 다양한 심리치료로 언어발달을 촉진하는 게 필요하다(국미경, 1994).

언어장애 등급의 장애 정도와 장애 상태에 대한 설명은 다음의 표와 같다(〈표 2-7〉 참조).

〈표 2-7〉 언어장애 등급

장애 정도	장애 상태	
중증	1호	발성이 불가능하거나 특수한 방법(식도발성, 인공후두기)으로 간단한 대화가 가능한 음성장애
	2호	말의 흐름이 97% 이상 방해를 받는 말더듬
	3호	자음 정확도가 30% 미만인 조음 장애
	4호	의미 있는 말을 거의 못 하는 표현언어지수가 25% 미만인 경우로서 지적장애 또는 발달장애(자폐증)로 판정되지 아니하는 경우
	5호	간단한 말이나 질문도 거의 이해하지 못하는 수용언어지수가 25% 미만인 경우로서 지적장애 또는 발달장애(자폐증)로 판정되지 아니하는 경우
경증	1호	발성(음도, 강도, 음질)이 부분적으로 가능한 음성장애
	2호	말의 흐름이 방해받는 말더듬(아동 41~96%, 성인 24~96%)
	3호	자음 정확도 30~75% 정도의 부정확한 말을 사용하는 조음장애
	4호	매우 제한된 표현만을 할 수 있는 표현언어지수가 25~65%인 경우로서 지적장애 또는 발달장애(자폐증)로 판정되지 아니하는 경우
	5호	매우 제한된 이해만을 할 수 있는 수용언어지수가 2~65%인 경우로서 지적장애 또는 발달장애(자폐증)로 판정되지 아니하는 경우

출처: 국가법령정보센터 홈페이지 2021년 9월 30일 검색. 「장애인복지법」. 재인용.

② 의사소통장애 아동의 미술치료

의사소통장애 아동은 조기 치료와 특수교육이 가장 효과적이다. 의사소통장애 아동은 먼저 언어치료가 시행되어야 한다. 그뿐만 아니라 의사소통장애로 인한 심리적인 어려움을 해결할 수 있는 심리치료도 병행하는 것이 효과적이다. 의사소통장애 아동의 미술치료는 이러한 상황을 고려하여 언어치료와 함께 진행되어야 하며 대인관계에서 경험한 위축과 낮은 자아존중감을 회복할 수 있는 접근이 필요하다. 부적절한 환경 속에서 그동안 쌓여 있었던 억압된 감정과 욕구불만을 표출하고 해소하는 것과 적절한 환경요인을 찾게 하는 것이 효과적이다. 미술치료의 다양한 기법은 앞에서 제시한 정서·행동장애 아동의 미술치료와 같은 방법으로 진행하면 된다.

(7) 시각장애 아동과 미술치료

① 시각장애 아동의 특성

시각장애 아동은 시각계의 손상이 심하여 시각 기능을 전혀 이용하지 못하거나 보조공학기기의 지원을 받아야 시각적 과제를 수행할 수 있는 사람으로서 시각에 의한 학습이 곤란하여 특정의 광학기구·학습 매체 등을 통하여 학습하거나 촉각 또는 청각을 학습의 주요 수단으로 사용하는 아동을 의미한다. 시각장애 아동은 시각 기능이 전혀 없는 전맹과 시력이 조금이나마 남아 있는 약시로 구분된다. 특히 전맹일 경우에는 감상이 전혀 이루어질 수 없는데 선천적인 시각장애와 후천적인 시각장애로 구분된다. 선천적인 시각장애 아동은 일반 아동과 욕구, 관심, 생각하는 것 등이 같으므로 일반 아동의 심리적 특성을 적용하여 프로그램을 활용하는 것이 필요하다. 후천적인 시각장애 아동은 좌절감과 실패감을 경험하기 때문에 시각장애로 인한 외상을 치료해야 한다.

시각장애 등급의 장애 등급과 장애 정도에 대한 설명은 다음의 표와 같다(〈표 2-8〉 참조).

〈표 2-8〉 시각장애 등급

장애 등급	장애 정도
1급 1호	– 좋은 눈의 시력이 0.02 이하인 사람
2급 1호	– 좋은 눈의 시력이 0.04 이하인 사람
3급 1호	– 좋은 눈의 시력이 0.08 이하인 사람
3급 2호	– 두 눈의 시야가 각각 주시점에서 5도 이하로 남은 사람
4급 1호	– 좋은 눈의 시력이 0.1 이하인 사람
4급 2호	– 두 눈의 시야가 각각 주시점에서 10도 이하로 남은 사람
5급 1호	– 좋은 눈의 시력이 0.2 이하인 사람
5급 2호	– 두 눈에 의한 시야의 2분의 1 이상을 잃은 사람
6급	– 나쁜 눈의 시력이 0.02 이하인 사람

출처: 국가법령정보센터 홈페이지 2021년 9월 30일 검색. 「장애인복지법」. 재인용.

② 시각장애 아동의 미술치료

시각장애 아동의 미술치료는 전맹과 약시 아동에 대한 특성을 잘 파악하여 접근해야 한다. 또한, 선천적 시각장애 아동과 후천적 시각장애 아동에 따라 미술치료 기법을 다르게 해야 한다. 시각 기능이 상실된 시각장애 아동이 미술 활동을 한다는 것은 많은 제약이 따를 수 있다. 하지만 상담자는 시각장애 아동에 대한 선입견을 품지 말고 감각기능(촉각, 청각, 후각, 시각)을 자극할 수 있는 색채와 형태 등을 활용한 매체와 기법을 선택하여 진행할 수 있다. 촉각을 자극하는 핑거페인팅과 콜라주 작업, 향으로 후각을 자극하는 작업과 점토 등을 활용한 부조 작업 등의 입체작업을 하는 것도 도움이 된다.

(8) 지체장애 아동과 미술치료

① 지체장애 아동의 특성

지체장애 아동은 기능·형태상 장애를 가지고 있거나 몸통을 지탱하거나 팔다리의 움직임 등에 어려움을 겪는 신체적 조건이나 상태로 인해 교육적 성취에 어려움이 있는 아동을 의미한다. 지체장애로 인하여 아동은 일상생활에 어려움이 있으며 학교생활에서도 또래와 함께 운동하거나 같은 활동이 힘들어 좌절감과 위축감이 생긴다. 이러한 부적응적인 경험은 낮은 자아존중감을 일으키며 대인관계에서도 부정적인 자아상과 우울감을 경험하게 된다.

② 지체장애 아동의 미술치료

지체장애 아동의 미술치료는 움직임이 편안하고 안정적일 수 있게 미술 작업 환경을 고려하는 것이 제일 중요하다. 또한, 지체장애 아동의 기능에 맞게 미술 매체를 선택하고 작업해야 한다. 심각한 운동장애가 있는 경우 운동장애를 고려한 도구와 재료 선택은 필수적이다. 미술 작업 중 지체장애 아동이 부담을 느끼지 않게 하려고 팔이 없는 아동은 입과 발로 그림을 그릴 수 있는지, 의족과 의수를 사용하는지에 따라 접근 방법이 다르다. 또한, 몸을 움직일 수 없는 경우 발과 입으로 그림을 그릴 수 있게 엎드려 그리는 등의 환경을 만들어 주어야 한다. 지체장애 아동에게 미술은 도전과 성취감을 통해 삶에서의 즐거움을 경험하게 하는 것이 필요하다.

2 장애아동 미술치료 사례분석

1) 사례

학교부적응 초3 남아의 자아존중감 향상 및 부주의 감소 위한 미술치료 프로그램

2) 연구대상

내담자는 초등 3학년에 재학 중인 한 부모 가정의 남아로 모, 여동생과 함께 생활하고 있다. 학교생활은 부주의하여 물건을 자주 잃어버리고 집중력도 떨어져 학업성취력이 또래에 비해 낮은 편이다. 과제 수행도 제시간 안에 하지 못하기 때문에 담임선생님에게 자주 지적을 받아 위축되어 있고 자신감이 없다. 수업 중 옆 친구와 자주 떠들어 학업에 집중하지 못하고 산만한 모습을 보인다. 학교생활에서 위축되어 있어 또래 관계에서도 적절하게 의사 표현을 하지 못한다.

3) 주 호소 문제

(1) 내담자의 주 호소 문제

수업시간에 집중하지 못하고 물건을 자주 잃어버린다.

(2) 보호자의 주 호소 문제

모든 행동이 부주의하나 특히 학업 수행 시 더 집중력이 떨어져 학업성적이 또래에 비해 낮다.

(3) 상담자의 주 호소 문제

불안정한 환경으로 산만하여 공부에 대한 집중력이 떨어지며 반복된 체벌로 위축과 낮은 자아존중감이 나타났다.

4) 연구기간 및 장소

2018년 4월 5일~2018년 6월 28일까지 주 1회 50분씩 총 13회기 프로그램을 ○○상담센터에서 진행하였다.

5) 연구프로그램 및 실시절차(〈표 2-9〉 참조)

(1) 초기 단계는 상담자에 대한 친밀감 형성과 가족의 역동성을 파악하고 긴장을 이완시킨다.
(2) 중기 단계는 내 감정에 대해 이해, 표현, 표출, 발산하고 집중력과 자아존중감을 향상시킨다.
(3) 후기 단계는 집중력과 자아존중감의 향상과 안정감과 편안함을 경험하여 변화된 나를 인식시킨다.
(4) 종결 단계는 긍정적 자아상을 갖게 되어 자아존중감을 향상시킨다.

6) 연구도구

(1) 질적 검사

사례연구, 동적 집-나무-사람(KHTP)검사, 동적 학교생활화(KSD)검사

(2) 양적 검사

자아존중감 검사, 부주의 검사

7) 미술치료 프로그램

〈표 2-9〉 학교부적응 초3 남아의 자아존중감 향상 및 부주의 감소 위한 미술치료 프로그램

단계	회기	프로그램명	목표	활동내용	매체
초기	1	① 프로그램과 지도자 소개, 규칙 이해 ② 사전검사 (질적 검사, 양적 검사) ③ 내 얼굴 꾸미기	① 프로그램 이해 ② 현재 증상 파악 ③ 나 소개하기	① 프로그램 서약서 작성하기 ② KHTP & KSD검사, 자아존중감 & 부주의 검사 ③ 자신의 얼굴을 상징하는 가면을 선택하여 채색하고 꾸민 후 발표하기	서약서, 설문지, A4용지, 4B연필, 지우개, 다양한 모양의 가면, 칼, 색연필, 사인펜, 다양한 모양 스티커, 크레파스, 스카치테이프, 가위, 양면테이프
	2	물고기 가족화	가족의 역동성 파악	가족을 상징하는 물고기를 오려 붙이고 채색한 후 호칭을 적고 관계를 표시하고 발표하기	물고기 그림, 표정차트, 색연필, 사인펜, 연필, 지우개, 4B연필, 8절지 켄트지, 가위, 딱풀, 자
	3	핑거페인팅 (비눗방울, 거품 놀이)	긴장 이완	비눗방울을 투명 컵에 담아 빨대로 불거나 도구 사용하여 비눗방울 불기 면도크림에 다양한 물감을 섞어 손에 묻히고 모양 만들고 작업 후 느낀 점 발표하기	비눗방울, 투명컵, 빨대, 비눗방울 부는 도구, 물감, 두루마리 휴지, 물티슈 큰 것, 면도크림, 4절지 켄트지, 아세테이트지, 스카치테이프, 가위, 칼
중기	4	데칼코마니 (좋은 기분, 나쁜 기분, 자유 기분)	내 감정 이해	좋은 기분, 나쁜 기분 하면 떠오르는 색으로 데칼코마니 작업하기 현재의 기분에 맞는 색 선택하여 데칼코마니 작업하기 평소 어떤 경우에 위 세 가지 기분을 느끼는지 발표하기	8절지 켄트지, 물감, 물티슈, 휴지, 사인펜, 4절 켄트지, 4B연필, 지우개
	5	감정꾸러미	내 감정 표현	나의 부정적 감정에는 무엇이 있는지 생각해 보고 감정을 다양한 종이에 담아 찢은 후 종이를 모아 감정꾸러미를 만들고 한지로 감싼 후 꾸미고 발표하기	종이 많이(신문지, 잡지, 등), 색 한지, 종이테이프, 노끈, 가위, 모루, 사인펜, 물티슈, 휴지, 칼, 스카치테이프

단계	회기	프로그램명	목표	활동내용	매체
중기	6	풍선 터트리기, 우드락 부수기	내 감정 발산	풍선에 자신이 싫어하는 대상, 사물, 상황 그리거나 글로 적어 터트린 후 발표하기 우드락에 자신이 싫어하는 대상, 사물을 그리거나 글로 적어 부순 후 발표하기	풍선, 지점토, 이쑤시개, 스카치테이프, 유성 매직 검은색, 우드락, 크레파스, 사인펜, 휴지, 물티슈
	7	퍼즐 게임	집중력 향상	치료사는 내담자가 좋아하는 형태를 사포에 그린 후 조각을 내고 내담자는 채색한 뒤 사포 퍼즐을 켄트지에 맞추어 붙인 후 발표하기	사포, 우드락, 딱풀, 칼, 크레파스, 물티슈, 휴지, 가위, 청테이프
	8	석고 손 본뜨기	자아존중감 향상	2명이 한 팀이 되어 서로의 손에 석고 붕대를 붙여주고 꾸민 후 발표하기	석고 붕대, 신문지, 물티슈, 휴지, 종이컵, 가위, 로션, 사인펜, 크레파스, 물감, 붓
후기	9	색 모래 장·단점	집중력 · 자아존중감 향상	자신의 장·단점에 대해 고민해 본 후 소금으로 장·단점의 색 모래를 만들어 컵 안에 담고 꾸민 후 발표하기	테이크아웃 컵, 굵은소금, 스카치테이프, 파스텔, 8절지, 조각칼, 종이컵, 물티슈, 휴지
	10	나의 안전한 공간 꾸미기	안정감과 편안함 경험	나에게 편안하고 안정적인 공간은 어떤 곳인지 생각 후 우산에 나만의 공간을 꾸미고 발표하기	투명우산, 유성 매직, 퀼트 스티커, 리본, 가위, 스카치테이프, 양면테이프, 휴지, 물티슈
	11	꿈나무 만들기	변화된 나 인식	자신이 원하는 모양의 꿈나무를 오려 붙이고 세운 후 구체적인 꿈을 열매에 적어 붙이고 발표하기	머메이드지 4절, 스카치테이프, 4B연필, 지우개, 포스트잇, 스티커, 사인펜
종결	12	내가 나에게 주는 선물	긍정적인 자아상	평소 갖고 싶었던 것을 떠올려 보고 나에게 주는 선물을 점토로 만든 후 발표하기	폼클레이, 조각 도구, 지퍼백
	13	① 새로 태어난 나 ② 사후검사 (질적 검사, 양적 검사)	① 자아존중감 향상 ② 변화된 부분 확인	① 케이크를 만들어 새롭게 태어난 나를 축하하고 치료사가 내담자에게 작품을 전달하기 ② KHTP & KSD검사, 자아존중감 & 부주의 검사	아이클레이, 조각 도구, 지퍼백, 쇼핑백, 초, 4B연필, 지우개, A4용지, 설문지, 평가지

8) 연구결과

(1) 질적 검사

① 개인행동 변화

〈표 2-10〉 개인행동 사전 · 사후 변화

항목	사전	사후
자아 존중감	학교생활에서 선생님으로부터 잦은 지적을 받아 위축되어 있어 선생님이나 친구에게 자신의 의견을 제대로 말하지 못함. 학업 수행 시 자신감이 없으며 또래보다 수행 능력이 떨어짐.	선생님과 친구들에게 자신의 감정과 생각을 말로 표현함. 학업 수행 시 자신감 있게 시작하며 수행 능력도 향상을 보임.
부주의	물건을 자주 잃어버리고 수업 중 선생님 말씀에 집중하지 못하고 과제 수행을 시간 안에 마치지 못함. 수업 중 옆 친구와 지속해서 떠들어 학업에 집중하지 못함.	물건 잃어버리는 행동이 소거되었으며 수업 중 선생님 말씀에 집중하고 과제 수행을 시간 안에 마치는 모습 보임. 수업 중 옆 친구와의 대화를 자제하는 모습 보임.

② 그림투사 변화

〈표 2-11〉 그림투사 사전 · 사후 변화

항목	사전	사후
동적 집 나무 사람 (KHTP)	 [그림 2-1] 집-나무-사람 순서로 그림을 그림. 집 안에 졸라맨 같은 사람, 큰 나무를 그렸으며 위치는 오른쪽에 치우쳐져 그렸고 왼쪽에 작은 집을 그림.	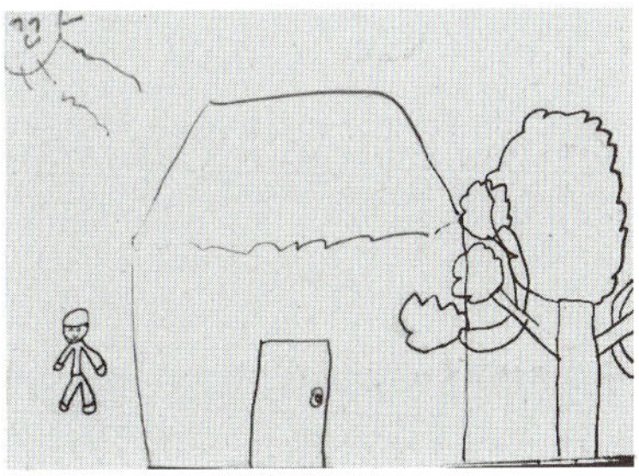 [그림 2-2] 나무-집-사람 순서로 그림을 그렸으며 집의 크기가 커졌으며 가운데 크게 그렸고 나무의 크기가 적절하게 조절되었으며 사람 형태의 전신상을 그림.

항목	사전	사후
동적 집 나무 사람 (KHTP)	가정에서 정서적 불안정이 보이며 남성성과 충동성이 보이며 무의식의 자기 상은 강하고 크나 현실에서는 나약하고 위축된 모습이 나타남.	성장의 욕구가 보이며 조절력과 집중력이 생겼으며 가정 안에서도 안정감을 경험하며 자아존중감이 향상된 모습이 나타남.
동적 학교생활화 (KSD)	 [그림 2-3] 검사에 집중하지 못하고 산만한 모습을 보임. 친구와 선생님이 그림에 나타나지 않았으며 왼쪽 위에 치우쳐진 그림으로 책상으로 포위한 모습을 그림. 내담자는 학교생활에서 불안정하고 위축되어 있으며 타인과의 교류에 어려움이 보이며 학업 수행에 집중하지 못하고 자신감 없는 모습을 보임.	 [그림 2-4] 검사에 집중하는 모습을 보임. 화지 기준 가운데 크게 그림을 그렸으며 자신과 선생님 사이에 책상을 크게 그렸고 그린 후 발표 중 친구에 관해 이야기도 함. 내담자는 학교생활에서 안정감 경험과 자아존중감의 향상이 보이며 선생님과 친구의 등장으로 타인과의 교류가 생겼고 학업 수행에도 자신감이 생겨 집중하는 변화된 모습이 보임.

(2) 양적 검사

〈표 2-12〉 양적 검사 사전 · 사후 변화

항목	사전	사후
자아존중감	40점	79점
부주의	38점	16

자아존중감 검사는 최저 32점에서 최고 160점으로 점수가 높을수록 자아존중감 수준이 높다는 것을 의미한다. 내담자의 자아존중감은 사전검사에서는 40점, 사후검사에서는 79점으로 총 39점이 향상되었다. 부주의 검사는 최저 13점에서 최고 52점으로 점수가 낮을수록 부주의 수준이 낮음을 의미한다. 부주의는 사전검사에서는 38점, 사후검사에서는 16점으로 총 22점이 감소하였다(〈표 2-12〉 참조). 미술치료를 통해 내담자의 자아존중감과 부주의 모든 영역에서 긍정적인 변화가 나타났음을 알 수 있다.

9) 미술치료 작품사진

〈표 2-13〉 미술치료 작품사진

1회기	2회기	4회기
 **[그림 2-5]** 내 얼굴 꾸미기	 **[그림 2-6]** 물고기 가족화	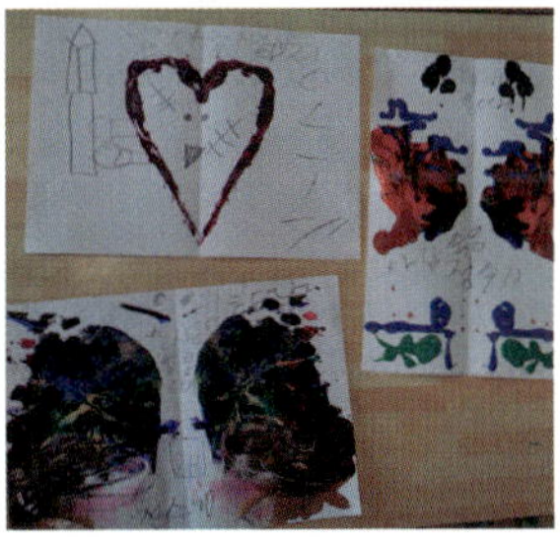 **[그림 2-7]** 데칼코마니
5회기	**6회기**	**7회기**
 **[그림 2-8]** 감정꾸러미	 **[그림 2-9]** 풍선 터트리기	 **[그림 2-10]** 퍼즐 게임

8회기	9회기	10회기

[그림 2-11] 석고 손 본뜨기	**[그림 2-12]** 색 모래 장 · 단점	**[그림 2-13]** 나의 안전공간 꾸미기
11회기	12회기	13회기
	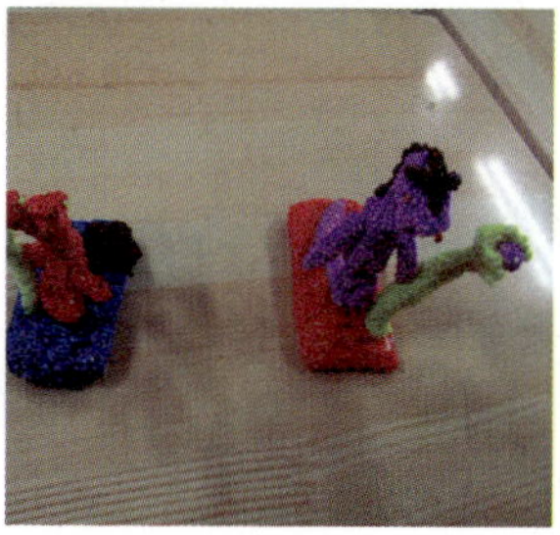	
[그림 2-14] 꿈나무 만들기	**[그림 2-15]** 내가 나에게 주는 선물	**[그림 2-16]** 새로 태어난 나

3 장애아동 미술치료 실습

1) 미술치료 기법: 핑거페인팅

앞 사례에서 내담자와 진행한 '핑거페인팅' 기법을 실습 작업으로 소개하고자 한다(〈표 2-14〉 참조). 아래 실습 방법과 상담 과정 적용, 응용을 바탕으로 내담자의 증상과 상황에 맞게 적절하게 사용할 수 있다.

〈표 2-14〉 미술치료 실습(핑거페이팅)

미술 매체	비눗방울, 빨대, 투명 컵, 아세테이트지, 면도크림, 문방풀, 물티슈, 휴지, 수채화 물감, 4절지, 8절지 켄트지
방법	① 치료사는 내담자에게 자유롭게 할 수 있는 매체인 비눗방울을 권유하거나 내담자가 스스로 선택하게 한다. ② 놀이 장면 안에서 비눗방울의 사용방법을 치료사가 내담자에게 자연스럽게 알려 주거나 내담자가 스스로 발견하도록 도와준다. (내담자의 인지능력에 따라 치료사의 모델링 필요) ③ 창밖으로 불기, 비눗방울끼리 붙여보기, 조각 도구 및 손 사용해 비눗방울 불기, 비눗방울 손가락 및 손바닥으로 터트리기 등 다양한 방법을 숙지한다. ④ 투명 컵에 담아 빨대를 이용해 숨을 내쉬면서 거품이 컵 밖으로 나와 책상 및 바닥에 흘러넘치도록 자연스럽게 유도한다. ⑤ 비눗방울에 수채화 물감을 섞어 작업하면 다양한 비눗방울 색을 연출할 수 있다. ⑥ 면도크림(거품 타입: 좋은 향기)을 많이 흔들어 거품을 아세테이트 지(투명 또는 색 아크릴판, 닦을 수 있는 책상 대체 가능)가 넓게 깔린 곳에 짜준다. 내담자의 인지능력과 손의 힘에 따라 치료사가 도와줄 수도 있고 내담자 혼자 작업해 볼 수도 있다. ⑦ 거품의 보드랍고 향기로운 느낌을 손으로 느껴보고 손가락이나 다양한 도구(이쑤시개, 막대)를 사용해 그림을 그릴 수도 있고 거품으로 형태를 만들 수도 있다. 내담자의 욕구에 따라 수채화 물감을 사용해도 되고 문방풀을 함께 섞어도 된다. 문방풀을 섞었을 때의 질감을 느껴본다. ⑧ 손에 묻은 상태에서 내담자의 성향에 따라 종이의 크기를 맞추어 찍기 놀이로 확장한다. (A4~전지까지) ⑨ 작품을 감상하고 자신의 작품을 소개한다.

상담 과정 적용	① 치료사는 내담자와 거품 놀이 사용방법에 관해 이야기한다. (재료의 탐색과 느낌 공유 및 방법 습득 통해 재료 접근과 사용법에 대한 불안감 탈피) ② 치료사는 비눗방울 및 면도크림 사용 시 내담자의 인지능력에 따라 방법을 조율해야 한다. 인지능력이 낮을수록 치료사의 모델링이 필요하거나 함께 작업해야 한다. ③ 치료사는 내담자의 성향에 따라 비지시적인 방법과 지시적인 방법을 적절하게 사용하여 내담자가 자연스럽고 안정감 있게 놀이에 참여하도록 독려한다. ④ 긴장감을 풀어주는 작업이므로 강박적 성향의 내담자에게는 처음부터 많이 묻히는 작업보다는 자연스럽게 편안함을 느끼며 점점 범위를 넓혀 묻혀갈 수 있도록 유도해야 한다. (손가락→손바닥→손등→팔→발 등)
응용	① 비눗방울 터트리기 놀이를 지적장애 아동과 활동할 때 손가락 터트리기, 손바닥 터트리기, 발 터트리기 등으로 활용할 수 있다. ② 집단미술치료에서 거품 놀이를 공동작업으로 할 수 있으며 자연스러운 스킨십 활용 놀이가 되어 대인관계 기술 향상에 도움을 준다. ③ 면도크림에 문방풀을 섞어서 무게감을 느끼게 하고 던지기 작업으로 진행하면 발산 작업에 효과적이다.
작품 사진	 [그림 2-17] 비눗방울  [그림 2-18] 면도크림

출처: 김은영(2013). 대상별 미술치료 & 임상사례분석.

2) 치료 회기기록지

앞 사례에서 실제로 진행했던 '핑거페인팅' 기법을 작성한 치료 회기기록지이다(〈표 2-15〉 참조). 상담 과정에서 상담자가 내담자에게 '핑거페인팅' 기법을 어떻게 진행하는지 핵심 부분 위주로 작성되었기 때문에 미술치료를 진행하는 상담자가 실제 적용 방법을 이해하고 습득하는 데 도움이 된다.

〈표 2-15〉 핑거페인팅(거품 놀이) 치료 회기기록지

치료 회기기록지 (3) 회

<table>
<tr><td>날 짜</td><td>2018년 4월 19일</td><td>소요시간</td><td>pm 3:00–3:50</td></tr>
<tr><td>내담자명</td><td>김○○</td><td>상담자명</td><td>김○○</td></tr>
<tr><td>프로그램명</td><td colspan="3">핑거페인팅: 거품 놀이</td></tr>
<tr><td>목 표</td><td colspan="3">편안함과 자유로운 경험을 통해 긴장감을 해소한다.</td></tr>
<tr><td>준 비 물</td><td colspan="3">비눗방울, 빨대, 투명 컵, 아세테이트지, 면도크림, 문방풀, 물티슈, 휴지, 수채화 물감, 4절지, 8절지 켄트지</td></tr>
<tr><td></td><td colspan="2">상담자의 언어 및 행동</td><td>내담자의 언어 및 행동</td></tr>
<tr><td>프로그램 전 분위기</td><td colspan="2">(1) ○○아 반갑구나.
(3) 기분이 안 좋아 보이는구나 무슨 일이 있었니?
(4) 그냥 그렇구나! 그럴 수도 있지~.
(6) ○○이가 좋아할 거 같은데 미술 재료 볼까?
(8) 그렇지, 비눗방울 부는 놀이야.</td><td>(2) 그런데요.
(4) 왜요 그냥 그래요.
(5) 오늘은 뭐해요? 내가 좋아하는 거 있어요?
(7) 비눗방울이네요.
(9) 좋아요</td></tr>
<tr><td>치료과정</td><td colspan="2">(1) 비눗방울을 ○○이가하고 싶은 만큼 투명 컵에 담아서 놀이해 보렴.
(3) 괜찮아 나중에 끝날 때 정리 시간에 닦으면 되니.
(6) 이렇게 하면 되니? (톡톡 터트리며)
(8) 그럼, 흰색 거품이 나오는 건데 이거 해볼까? 생크림 같아...
(10) 그럼, 방법을 가르쳐 줄까?
(13) 아빠들 면도할 때 사용하는 크림이야, 해보고 싶으면 해보렴. 거울 가져다줄 테니
(15) 먹으면 선생님이 119에 연락해서 병원에 가야 하는데 ○○이가 정말 먹고 싶다면 먹어 보렴.
(17) ○○이가 좋아하는 물감을 짜서 섞어봐도 되는데 해볼래?
(20) ○○이는 거품이 묻었으니 선생님이 짜줄 게 ○○이가 좋아하는 색을 말하렴</td><td>(2) 이렇게요? (비눗방울 붓다가 엎질러짐)
(4) 네.. 그래요.
(5) 이거 터트려 보세요.
(7) 아, 이제 재미없다.
(9) 정말요? 제가 해볼래요.
(11) 네. 와, 냄새도 좋다(짜면서).
(12) 이거 뭐예요? 그럼, 얼굴에 해도 돼요?
(14) 먹어봐도 돼요?
(16) 싫어요.
(18) 네~.
(19) 빨강요 난 빨강이 좋아요. 와~ 피같다.
(21) 네! 좋아요. (빨강, 파랑, 보라, 검정색 섞으며 전지 위에 손으로 마음껏 찍기 놀이)
(23) 네 좋아요. (신나게 전지 2장 작업 후)</td></tr>
</table>

<table>
<tr><th></th><th>상담자의 언어 및 행동</th><th>내담자의 언어 및 행동</th></tr>
<tr><td>치료과정</td><td>(22) 전지 줄 테니 손도 마음껏 찍어 볼래?
(24) 한 장 더 깔아 줄까?
(26) 그래 잠깐만 선생님이 문 열어 줄 테니 화장실까지는 ○○이가 양손에 물감과 거품이 묻었으니 손을 들고 가렴.
(28) 그럼, 닦여져 걱정하지 않아도 돼. 하지만 물감이 진해서 물감은 자국이 좀 남을 것도 같구나.</td><td>(25) 이제 손 씻을래요.
(27) 이거 닦여져요.
(29) 정말요?
(30) (자국 남은 손) 다음에 또 할래요.</td></tr>
<tr><td>내담자 평가</td><td colspan="2">○○이는 산만함으로 주변에서 자주 혼나 늘 위축되고 스트레스가 많은 상태였으며 손에 묻히는 작업을 싫어하였으나, 핑거페인팅 작업을 통해 긴장감과 부정적인 감정을 해소하는 경험을 하게 됨.</td></tr>
<tr><td>보호자 상담</td><td colspan="2">○○이는 학교생활에서 산만하고 주의 집중력이 떨어져 학업수행 능력이 또래보다 떨어짐. 가정에서는 동생과의 갈등으로 모에게 지속해서 혼나는 경험을 함. ○○이는 학교 및 가정에서의 체벌로 위축되고 불안정한 정서 상태를 보이며, 이는 ○○의 부주의함을 더 초래하는 결과를 낳게 된다는 것을 모에게 설명해 드림. ○○이와의 안정적인 관계 형성 방법과 격려를 통한 학습지도 방법에 대해 설명해 드림.</td></tr>
<tr><td>다음 회기 계획</td><td colspan="2">데칼코마니(좋은 기분, 나쁜 기분, 자유 기분)</td></tr>
</table>

출처: 김은영(2013). 대상별 미술치료 & 임상사례분석.

4 장애아동 미술치료 프로그램

장애아동 미술치료 프로그램은 상담자가 현장에서 만날 수 있는 여러 장애아동 중 사물인지 습득이 필요한 장애아동에게 활용할 수 있는 프로그램으로 내담자의 장애 정도에 맞게 적절하게 활용할 수 있다.

1) 개인 미술치료 프로그램

2) 대상

사물인지 습득이 필요한 지적장애 아동, 청각장애 아동, 의사소통 장애아동

3) 회기별 미술치료 프로그램

(1) 사물 그리기 절차 및 언어지도

〈표 2-16〉 사물 인지 습득을 위한 하위수행절차

단계	하 위 수 행 절 차
1단계 모방하여 그리기	① 연구자가 선택된 사물(예: 사과)을 점토로 만드는 것을 모델링 한다. ② 대상 아동이 ①의 사물을 보고 점토로 만들기를 실시한다. ③ 언어지시(예: 사과 만들어 보세요)에 따라 만들기를 실시한다.
2단계 보고 그리기	① 연구자의 지시(예: 사과 보고 그려보세요)에 의해서, 아동이 1단계 ②에서 자신이 만든 것을 보고 그리기를 실시한다.

단계	하 위 수 행 절 차
3단계 연상하여 그리기	① 점토로 만든 사물을 책상에서 제거한다. ② 아동에게 만든 사물을 연상하여 그리도록 언어 지시(예: 사과 그려보세요)를 한다. ③ 다음 회기에 3단계 ②를 다시 실시하여 정확히 인식하였는지 테스트한다.
4단계 그린 사물 이름 쓰고 읽기	① 그리거나 만든 사물의 이름을 모델링을 통해 쓰기 한다. ② 사물과 대상 아동이 쓴 글자를 보고 치료사의 발음을 듣고 따라 읽는다. ③ 쓰기와 색칠하기 숙제를 내주어 다음 회기에 정확히 인식하였는지 듣고 쓰기와 말하기를 테스트한다.

출처: 김은영(2013). 대상별 미술치료 & 임상사례분석.

(2) 사물 인지 습득을 위한 미술치료 프로그램

〈표 2-17〉 사물 인지 습득을 위한 개인 미술치료 프로그램

회기	미 술 활 동	사물인지
1	사전검사(HTP), 점토 자유 놀이	
2	사과, 포도 지점토 만들어 채색하기	과일
3	딸기, 바나나 과일 보고 그리기	
4	점선 위 사람 그리기, 사람 지점토로 만들기	사람
5	색종이 붙여 나무 표현하기	나무
6	꽃과 꽃병 만들기	꽃
7	과일, 사람, 나무, 꽃 형태 안에 색 모래 붙이기	복습(과일, 사람, 나무, 꽃)
8	수수깡으로 집 만들기	집
9	색종이 오려 거북이, 말 만들기	동물
10	과일, 사람, 나무, 꽃 파스넷 그리기(공간 개념)	복습(과일, 사람, 나무, 꽃)
11	토끼 지점토 만들기	동물
12	기린 지점토 만들기, 형태 위에 스티커 붙이기	
13	개 지점토 만들어 채색하기	
14	고양이 셀로판지 그리기	
15	토끼, 기린, 개, 고양이 형태 위 색연필 채색하기	

회기	미 술 활 동	사물인지
16	색종이 접어 물고기 만들기	물속에 사는 것
17	물고기, 문어, 오징어 지점토 만들어 채색하기	
18	어항 만들기	복습(물고기, 문어, 오징어)
19	자동차, 트럭, 버스 형태 채색 오려 붙이기	타는 것
20	기차, 병원차 형태 만들어 '자동차 놀이'	
21	기차, 병원차, 버스, 자동차, 트럭 오려 붙여 공책 만들기	복습(기차, 병원차, 버스, 자동차, 트럭)
22	'ㄱ'단어 형태 안에 채색 및 쓰기(가위~그네)	숙제(쓰기)
23	'ㄱ'단어 형태 안에 채색 및 쓰기(거미~고릴라)	'ㄱ'복습(듣고 쓰기 테스트)
24	'ㄴ'단어 형태 안에 채색 및 쓰기(노래~바구니)	
25	'ㄷ'단어 형태 안에 채색 및 쓰기(두부~도넛)	'ㄴ'복습(듣고 쓰기 테스트)
26	'ㄷ'단어 형태 안에 채색 및 쓰기(두부~도넛), 풍선 놀이	'ㄷ'복습(듣고 쓰기 테스트)
27	ㄹ'단어 형태 안에 채색 및 쓰기(다리~빗자루)셀로판지	'ㄹ'복습(듣고 쓰기 테스트)
28	'ㅁ'단어 형태 안에 채색 및 쓰기(하마~무지개)	'ㄱ~ㄹ'복습 테스트
29	'ㅂ'단어 형태 안에 채색 및 쓰기(부엉이~바이올린)	'ㅁ'(듣고 쓰기 테스트)
30	사후검사(HTP)	'ㅂ'(듣고 쓰기 테스트)

출처: 김은영(2013). 대상별 미술치료 & 임상사례분석.

제3장

청소년미술치료

1 청소년미술치료의 이해

1) 청소년의 이해

(1) 청소년의 정의

청소년은 인간의 생애 주기에서 아동기를 마치고 성인기에 도달하지 않은 연령의 사람을 의미한다. 따라서 청소년기는 아동기와 성인기의 중간 단계다. 청소년을 지칭하는 영어의 'adolescence'는 라틴어로 '어른으로 성장하다'의 뜻을 가진 '아직 미성숙한', '불안정한'의 의미며, 신체적·생리적인 관점에서도 청소년기는 제2차 성징이 나타나는 사춘기에 시작하여 신체적 성숙이 끝나는 성인기의 전 과정이다(이용교, 2004 재인용).

(2) 청소년의 발달 특성

① 신체적 특성

남성과 여성의 뚜렷한 구분은 12세 전후부터 생기는 급격한 성적 발달로 이루어진다. 13~15세의 청소년 전기에는 신체적 발달 속도가 빠르며 2차 성 특징이 뚜렷이 나타나게 된다. 16~18세의 청소년 중기에는 감각기관과 운동의 조절이 발달되고 자신에 대한 자신감이 생긴다. 19세 이후 청소년 후기에는 육체적으로 완전한 성인의 단계로 성숙하게 된다. 이렇게 청소년기를 시기별로 나눌 수 있다.

② 심리사회적 특성

청소년기는 신체적, 정서적 그리고 심리적으로 많은 변화가 있는 시기이다. 따라서 정서적으로 불안하여 갑자기 행동이 과격하기도 하고 때로는 극단으로 흐르기도 쉽다.

청소년 전기에는 친구와의 집단생활을 좋아하며, 자기 집단에 대한 충성심이 강해져 독립심과 의존심의 갈등상태를 겪기도 한다. 또한 이성에 대한 접촉에 갈등을 느끼고 사회생활에 대한 불안을 느끼며 성인과 같이 행동을 시도하기도 한다. 청소년 중기에는 정서적으로 여러가지 변화가 많으며 자기 집단에 강한 유대를 가지게 된다. 여자가 남자보다 좀더 정서적으로나 사회적으로 조숙한 면이 발달하고 자기 인격에 대하여 존중을 받고자하며 존경할 대상을 찾기도 한다. 청소년 후기에는 자신에 대하여 독립심과 자율성이 더욱 확대된다. 인생의 목적과 존재에 대하여 고뇌와 다양한 탐색을 하기도 하며, 현실세계의 사회관계 속에서 소외와 고독을 느끼고 현실사회에 대한 비판의식을 가지기도 한다. 또한 부정적인 정서적 측면도 나타나기도 하지만 자아성취의 원동력이 될 수 있는 긍정적 측면도 지니고 있다. 이런 다양한 상황을 경험하면서 청소년들은 자신의 성숙된 자아 발전에 큰 도움을 가져올 수 있다.

③ 인지적 특성

청소년기에는 새로운 지식을 많이 접하는 시기이며, 다양한 영역의 지식을 이해하고 이용하는 방법이 달라지는 것을 알게된다. 피아제(Piaget)가 말하는 인지발달의 제4단계인 형식적 조작기에 접어들게 된다. 이 시기의 청소년들은 사물과 상황을 이해할 때 언어적으로 논리적 추리를 할 수 있게 되며, 사물에 대한 구체적인 분류 능력이 생겨난다. 인지능력의 발달로 청소년은 자신에 대한 내성과 자아분석의 경향이 증가하며 자신의 주장이나 의견을 구분하여 분석하게 된다. 그러나 청소년들은 가상 속에서의 청중을 만들어서 대부분의 생활 장면에서 자신이 주인공이고 다른 사람들이 청중이라고 생각하는 상상 속의 청중에 집중하면서 자신이 타인의 관심을 받는다고 생각한다. 이러한 자아 중심적 상상은 타인의 시선을 현실적으로 의식하지 못하게 만들기도 하고 그들을 위해 많은 에너지를 쓰기도 한다. 뿐만 아니라 이러한 사고는 자칫 잘못 청소년기의 사고의 왜곡화를 만드는 원인이 되기도 한다. 청소년들은 약 15~16세경이 되어야 그러한 사고가 사라지고 사실을 좀 더 현실적이고 성숙한 수준에서 이해할 수 있게 된다.

④ 청소년기의 가치관

청소년들은 이 시기에 현실세대에 대해서 새롭고 다양한 창의력과 적응력을 가지고 여러가지 변화를 시도하는 역동적인 시기이다. 청소년들이 이러한 시기를 겪으면서 사회의 다양한 변화가 자연스럽게 이루어질 수 있는 하나의 기제가 마련된다고 할 수 있다. 그러나 이 시기에 청소년들이 겪는 혼란, 격변과 불안 등 신체적, 정서적, 사회심리적인 특징은 자아 성장을 위한 강한 원동력이 되는 반면에, 많은 고민과 갈등이 유발되어서 가치관의 심한 혼란을 불러일으킬 수도 있다. 청소년들은 그들의 혼란스러운 시기를 잘 지나갈 수 있게 도와주는 정신적 지주가 없고 올바른 가치관이 확립되지 않으면, 소중한 생의 욕구가 좌절되기도 하며 심지어 자살행동까지 시도할 수도 있다. 그러므로 이 시기에 청소년들은 참되고 올바른 가치관을 정립 하는 것이 중요한 문제라고 할 수 있다.

⑤ 자아정체성

청소년의 자아정체성은 인간이 반드시 획득해야만 할 과제며 생애 교육의 내용으로서 이러한 과제를 습득하는 데 결정적인 시기(critical period)가 청소년기다. 이를 제대로 획득하지 못했을 때 그 단계에서의 발달장애는 물론 다음 단계의 과업을 획득하는 데 어려움이 있을 수 있다. 정체성 성취는 가장 건강하고 적응적인 발달 상태로서 정체성 성취 상태의 청소년은 자아존중감이 높고 열등감이 낮으며, 반대로 정체성 형성에 도달하지 못하는 경우 청소년은 우울하고 자신감이 낮으며 그 상태가 지속되면 무감각해지고 미래에 대해서도 무력감을 표현한다고 한다(이재화, 2003 재인용). 그러므로 청소년들이 발달단계별 발달과업을 잘 성취함으로써 다음 단계의 발달과업을 자연스럽게 획득할 수 있고 건강하고 올바른 자기 성숙을 가져올 수 있기에, 건강한 삶을 살아가는데 건강한 정체성 형성이야말로 매우 중요하다고 할 것이다.

(3) 청소년 문제

① 청소년의 비행문제

a. 가출

가출 청소년이란 부모나 보호자의 동의 없이 집을 떠나서 적어도 24시간 동안 집에 들어가지 않은 청소년을 말한다. 가출한 청소년들은 같은 상황에 놓여있는 가출 청소년들과 어울리는 경우 더 안 좋은 상황이 발생할 수 있다. 따라서 가출이라는 행위는 개인의 부도덕적이고 나쁜 비행의 원인이 될 뿐만 아니라 가족과 사회에 문제를 초래할 수도 있다.

b. 폭력

좁은 의미의 폭력은 자기나 타인에게 해를 입히기 위하여 물리적인 힘을 사용하는 것을 의미한다. 넓은 의미의 폭력은 폭행, 협박, 욕설, 금품갈취, 성희롱, 집단 따돌림 등의 다양한 방법을 사용하여 자기나 타인에게 심리적 혹은 육체적 피해를 주는 행위를 말한다.

c. 약물

약물 남용은 자신의 행동, 인식적 감정을 인위적으로 변화시키기 위해서 지각, 감정, 기분 등 정신적 상태를 변화시키는 향정신적 물질을 불법적, 비의학적으로 사용하는 것을 말한다. 약물을 복용하면 잠시나마 현실을 잊고 육체적 쾌락을 느끼지만 한번 사용하게 되면 습관성과 의존성이 강하여 이를 중단하기는 매우 힘들다.

d. 도벽

도벽이란 어떤 사물이 자신의 것이 아닌데도 습관적으로 그것을 훔쳐 가는 행위를 말한다. 단순한 절도 이상을 의미하며 이런 비행행위가 중독적으로 일어남을 말한다. 훔치고 싶은 충동을 억제하지 못한다고 할 수 있으며, 정신의학적으로 '충동조절장애'의 일종이다.

e. 성 비행

청소년 성 비행이란 성추행, 성폭력 등의 비행과 포르노물 접촉, 성관계 등 학교나 사회에서 금지하는 성과 관련된 비행을 뜻한다. 성 비행은 범위가 넓고 성과 관련된 포괄적인 비행을 모두 의미하며 특히, 청소년 시기의 성폭력은 사회적으로 가해자나 피해자 모두에게 더 큰 문제가 될 수 있다.

f. 인터넷, 스마트폰 과의존 및 중독

- 낮은 자아존중감과 우울: 인터넷과 스마트폰에 과몰입하는 사람들이 그렇지 않은 사람들보다 더 우울하고 충동적이다. 사회생활에 잘 적응하지 못하거나 실생활에서 자존감이 낮은 사람들이 인터넷상에서는 자신의 실제 모습을 숨기고 자신이 되고자 하는 이상적인 모습을 가질 수 있기에 중독의 대상이 되기도 한다.
- 대인관계 능력 부족: 현실 세계에서 충족되지 못한 사회적 욕구를 대체하는 수단으로 인터넷, 스마트폰을 과사용하는 것이다.
- 스트레스 대처 능력 부족: 다양한 압력과 스트레스를 적절히 표출할 줄 모르는 청소년들은 인터넷과 스마트폰의 몰입을 통해 스트레스를 해결하려고 한다.
- 문제의식의 부재: 인터넷, 스마트폰 중독은 물질 장애와는 달리 인터넷 자체가 가지고 있는 긍정적인 혜택들로 인해 인터넷, 스마트폰 사용으로 인한 문제의식을 갖기는 쉽지 않다. 실제로 인터넷, 스마트폰 중독 경향의 청소년들은 대부분이 자신의 상태를 심각하게 생각하지않고 있다.

② 청소년의 정서문제

a. 우울

청소년기 우울은 전문적 개입이 필요한 심각한 문제로 자살 가능성이 높은 것으로 보고되고 있다. 우울증상이 있는 청소년은 감정의 변화, 심한 귀찮음, 무력감, 낮은 자존감, 활동에 대한 관심의 상실, 위축감, 자기비난, 죄책감, 자살에 대한 생각과 행동, 관심과 집중력, 기억력의 저하, 학업이나 행동의 문제, 동기 상실 등의 다양한 증상을 나타낸다.

b. 불안

청소년들이 느끼는 불안은 타인으로 하여금 자신에게 집중되는 상황이거나 시험과 같은 자신이 평가받는 상황 등에서 긴장감과 두려움 등을 동반하여 불안을 느낀다. 심한 경우에는 우울, 심한 불안, 두통, 불면증, 식욕부진, 기억력장애 등 정서문제가 나타난다. 극단적인 경우에는 심한 불안을 동반한 다른 정신 병리로 발전되거나 학교 거부, 가출, 비행, 약물, 자살 등의 원인이 되기도 한다.

c. 자살

자살은 14세 이전에는 극히 드물다가 사춘기부터 크게 증가하여 15~24세 연령층에서 집중적으로 나타나고 있다. 평소에 잘 기능하던 정상적인 청소년도 갑작스러운 스트레스나 어려움을 회피하려는 충동적인 욕구 혹은 남을 조종하려는 의도, 자신에게 부당하게 대했다고 지각하는 가족이나 친구에 대한 보복이 자살의 중요한 결정요인이 될 수 있다는 점이다.

d. 정신병

청소년기는 성인 정신병의 시작이 될 수 있으므로 미리 예방하는 것이 바람직하다. 또한 정신이상증상이 있을 때는 조기치료가 매우 중요하다. 특히, 청소년기는 정신분열증, 양극성장애의 발병 시기이기도 하다.

2) 청소년미술치료

(1) 청소년미술치료의 의미

미술치료는 혼란스러운 청소년기를 보내고있는 청소년들에게 건강하고 올바른 주체성을 확립하도록 도와주고, 불안한 감정과 긴장을 완화시켜 주는 역할을 한다. 심상을 다루는 미술치료는 청소년기의 민감한 감정과 감각에 접근할 수 있으며, 추상적이고 모호하게 자신을 알아가는 것이 아니라 직접적인 내면을 객관적이고 시각적으로 표현하는 것이며, 또한 외부에서 얻는 자료의 습득이 아닌 자기 스스로의 인식을 돕는다. 이러한 점에서 질풍노도의 시기를 지나고 있는데 예민한 청소년이 자신에 대해 탐색하고 인식해 가며 자아정체감을 형성하는 미술치료는 효과적일 것이다.

릴레이(Riley)는 그림 그리기가 청소년이 받아들일 수 있는 의사소통 방법이며, 미술치료가 청소년에게 주는 가장 큰 장점은 미술 표현이 절망적이고 무기력한 청소년에게 다가갈 수 있다는 것이며, 다음과 같은 이유 때문에 성공적이라고 하였다. 자신이 통제력을 가지며, 창작활동의 즐거움, 새로운 시도, 자신의 작품을 통해 자신의 생각을 이야기하므로 거부감을 줄여 주고, 그들의 작품세계에서 무엇이든 다 할 수 있는 기회가 생겨 그들이 이상적인 견해를 나타내 볼 수 있고, 자신의 문제를 구체화시킴으로써 제3자의 눈으로 자신의 문제를 해결할 수 있고, 변화를 시도할 때 작품을 통해 미리 연습해 볼 수 있기 때문이다(박혜경, 2005 재인용).

이처럼 미술치료는 청소년들이 다양하고 창의적인 미술 표현을 통하여 자아를 강화시켜 자신의 인식의 폭을 넓히고 심리적 긴장, 불안과 갈등을 완화시키며 미술활동을 통하여 승화시킬 수 있다. 미술은 청소년들에게 치유적인 효과를 경험하는 기회를 마련할 수 있다.

(2) 청소년 집단미술치료의 접근

집단미술치료는 집단구성원의 복합적이고 역동적인 상호작용 과정에서 나타나는 사건이나 역동을 중심으로 진행되는 집단 상담에 개인의 갈등을 조정하고 자기표현과 승화작용을 통해 자아성장을 촉진할 수 있는 미술치료가 결합된 것이다. 이러한 집단 미술치료를 통해 여러 사람이 집단에 참여하게 되므로 하나의 대인관계가 형성되어 개인 치료에서는 기대할 수 없었던 새로운 잠재적 치료 효과를 거둘 수 있다(박혜경, 2005 재인용).

청소년기는 부모로부터 심리적인 독립이 일어나는 시기로 가족보다는 교우관계가 중요한 대인관계로 자리 잡게 되며 친구의 영향력이 증대된다. 로웬펠드(Lowenfeld)는 청소년 시기의 다양한 미술활동은 결과물에 대하여 자유롭게 토론할 수 있는 기회를 제공한다고 하였다.

집단미술치료는 청소년들의 특성에 잘 어울리는 집단치료와 창의적이고 창조적인 활동인 미술활동을 통한 내면의 감정 표현으로 잠재적 긴장이나 불안을 완화시켜 준다. 또한 집단에 참여하는 청소년들은 다른 친구들과 함께 집단활동에 참여함으로써 자기를 지나치게 의식하지 않는 분위기 속에서 자연스럽게 자신을 표현할 수 있다. 또한 청소년들은 언어적으로 자신을 표현하는 것보다 미술활동을 통해 자신의 객관화, 자기 통합화, 동일시가 더욱 용이하다, 상담자의 지나친 개입을 최소화하고, 문제를 가진 청소년들의 자연스러운 자기표현을 존중함으로써 청소년들이 자신의 불안과 어려움을 투사하여 자신을 표현할 수 있도록 도와준다.

(3) 청소년 문제 예방적 차원의 미술치료

청소년 문제 예방적 차원의 미술치료는 청소년이 당면할 수 있는 여러 문제를 예방하고, 문제가 발생하더라도 능동적으로 문제를 해결할 수 있는 건강한 마음을 기르기 위함이다. 즉, 잠재적 위험과 위기를 가지고 있는 청소년들에게 미술치료를 경험함으로써 그들의 상황을 인식하고 내적으로 지닌 문제와 직면하도록 하는 다양한 기회를 경험하도록 하여, 청소년들의 건강한 자기애의 발달로 자아정체성을 찾아가도록 돕는 것이다. 미술치료는 청소년들의 불안한 감정을 안전하게 표출하고, 청소년들이 자기 자신을 자유롭게 표현하면서 자기 확장을 할 수 있다. 청소년 문제 예방적 차원의 미술치료는 초·중·고등학교의 학습도움 프로그램, 대인관계기술 향상 프로그램, 성교육 프로그램, 자아정체감 향상 프로그램, 진로탐색 프로그램, 또래상담자 프로그램, 금연, 약물 예방 프로 그램, 인터넷, 스마트폰 과의존 예방 프로그램 등에 활용되고 있다.

(4) 청소년미술치료의 과정(옥금자, 2005 재인용)

① 초기면담

ⓐ 상담에 적절한 공간과 도구들은 준비되었나?

ⓑ 내담자의 주호소 내용은 무엇인가?

ⓒ 내담자가 느끼는 주관적 사고와 가족이나 주변 환경이 생각하는 청소년의 모습은 어떤가?

ⓓ 내담자의 개인력에서 의미 있는 사건은 무엇인가?

ⓔ 상담 시 비밀 보장에 대하여 언급하였나?

② 목표설정

ⓐ 목표는 내담자가 원하는 결과와 관련이 있어야 한다.

ⓑ 상담에 비자발적인 내담자의 경우에는 먼저 그들의 욕구를 해소한 후, 목표설정을 함께 하는 것이 바람직하다.

ⓒ 목표는 명료하고 측정 가능한 조건이어야 한다.

ⓓ 목표는 현재 성취가 가능한 것이어야 한다.

③ 치료계획

ⓐ 결정된 문제가 내담자에게 어떤 의미와 어려움이 있는지를 정의한다.

ⓑ 주변에 있는 필요한 자원을 확인한다.

ⓒ 단기 계획과 장기 계획으로 목표를 구성한다.

ⓓ 상담개입방법을 구체화한다.

④ 치료개입

ⓐ 비밀 보장에 대해 언급하였나?

ⓑ 내담자의 관심사가 무엇인가?

ⓒ 내담자의 외부 스트레스 요인은 무엇인가?

ⓓ 상담자가 내담자의 미술표현을 이해하였나?

ⓔ 내담자의 미술표현에 상담자가 침범하지 않고 거리두기를 하였나?

ⓕ 적절한 매체를 사용하였나?

ⓖ 상담자는 내담자의 표현 중 힘든 부분에서 충분히 홀딩하고 있는가?

ⓗ 내담자의 미술 표현에서 간과된 메시지는 없었는가?

⑤ 평가와 종결

a. 평가

평가는 다음 단계의 효과적인 치료계획을 세우고 진행되는 치료과정을 확인하며, 상담자의 책임성을 강화시켜주는 중요한 의미를 포함하고 있다. 평가는 치료의 마지막 단계뿐만 아니라, 모든 치료과정에 필요한 과정이다. 평가의 과정은 초기 면접의 정보 수집 과정에서부터 내담자와 가족의 반응, 상담자에 대한 반응, 작품의 결과에 대한 반응 등을 살펴볼 수 있다.

b. 종결

상담을 종결하는 경우에는 종결의 목적과 이유가 확실하여야 한다. 사전에 동의되어진 기간에 종결하는지, 치료목표가 충분히 성취되었는지, 치료 과정의 불만족으로 종결이 되었는지, 개인적인 상황에 의한 종결인지에 따라서 종결을 위한 준비를 한다. 또한, 사후관리에 대한 언급도 하도록 한다.

(5) 청소년미술치료의 실제

① 재료 선정 방법

청소년의 특성상 익숙한 기본 재료가 준비되어 있으면 안정감을 느낄 수 있으며, 발달 단계별 관심의 특성을 고려하여 매체를 준비한다. 다루기 쉽고 아름다운 색상, 질 좋은 재료는 청소년의 창작 욕구와 자존감의 향상에 도움이 된다. 상담자는 자신이 경험해 본 매체를 사용하여 그 느낌을 알 수 있도록 한다. 또한 청소년의 개별성이 존중된 재료 선택도 고려한다.

② 청소년미술치료사의 자질

- 상담자는 스스로가 내담자로서의 미술치료 과정을 경험하도록 한다.
- 상담자 스스로가 독창성을 가져야 하며, 각 개인의 개별화된 창조성을 인정한다.
- 적절한 매체 사용과 접근 방법을 사용할 수 있어야 한다.
- 내담자의 작품이 그의 심리적 증상과 발달과정에 어떤 관련과 의미가 있는

지 평가할 수 있는 지식을 갖고 있어야 한다.

- 미술치료사는 마음의 안정감을 가져야 하며, 교육감독과 분석 및 자기 수련이 필요하다.

③ 청소년미술치료의 주제

청소년미술치료를 진행할 때 청소년들의 다양한 증상에 맞는 적절한 주제를 선택하는 것은 매우 중요하다. 주제를 선택할 때는 청소년의 증상 뿐만 아니라 청소년들이 관심과 흥미를 갖고 창의적으로 활동할 수 있는 프로그램으로 구성하는 것이 필요하다. 청소년미술치료의 주제를 선택하기 위해서는 먼저, 청소년기의 목표를 선정해야 하는데 대표적인 청소년기의 목표로는 자기인식, 현실인지, 사회성 향상이 있다. 각 목표에 적절한 청소년미술치료의 주제는 다음과 같다. 첫번째는 자기인식의 목표에 사용되는 주제로 별칭으로 나 표현하기, 신체 본뜨기, 내가 원하는 것, 나의 감정, 나의 가면 등이 있으며, 두번째는 현실인지의 목표에 사용되는 주제로 창문 속의 풍경 표현하기, 4계절 표현하기, 우리동네 지도 꾸미기, 상상의 정원 꾸미기, 만다라 채색하기 등이 있다. 마지막으로 세번째는 사회성 향상의 목표에 사용되는 주제로 나의 친구 소개하기, 남이 보는 나 내가 보는 나, 학교 풍경, 나의 역할 등이 있다.

2 청소년미술치료 사례분석

1) 사례

인터넷, 스마트폰 과사용으로 인한 모와의 부정적 관계의 변화와 스트레스 감소를 위한 미술치료 프로그램

2) 연구대상

게임, SNS, 동영상 등 인터넷, 스마트폰의 과사용으로 인하여 모와 지속적으로 불편한 관계를 유지하고 있으며, 가족들에게도 공격적이고 부정적인 행동을 하며, 학교 성적의 저하와 친밀한 친구관계의 부족으로 일상생활에서의 스트레스가 많아 상담을 오게 된 14세 김 군이다.

3) 주 호소 문제

비대면 수업으로 인하여 학교와 학원에 가는 시간이 현저히 줄고 가정에 머무는 시간에 많아짐에 따라 김 군은 자신의 방에서 컴퓨터와 스마트폰 사용을 하루 종일 하고 있으며, 방에서도 잘 나오지 않고 밥도 컴퓨터 앞에서 먹으며, 가족과 대화도 하지 않고, 친구를 만나러 나가지도 않고 있다. 모의 잔소리에 공격적일 때도 있으며, 동생에게도 폭력적일 때가 있다.

4) 연구기간 및 장소

2021년 4월 8일~2021년 6월 24일까지 주 1회 50분씩 총 12회기 프로그램을 ○○심리상담센터에서 진행하였다.

5) 연구프로그램 및 실시절차(〈표 3-1〉 참조)

(1) 초기 단계는 상담자와 내담자에 대한 친밀감 형성과 자기탐색을 유도한다.
(2) 중기 단계는 내담자의 억제된 감정을 표출하고 내면의 부정적인 감정을 해소시킨 후, 심리적인 안정을 경험한다. 현재 자신의 생활패턴을 인식한다.
(3) 종결 단계는 긍정적인 자아존중감을 향상시키고, 자신의 긍정적인 미래를 계획하도록 미술치료 프로그램을 구성하였다.

6) 연구도구

(1) 질적 검사

빗속의 사람 그림검사(PITR)

(2) 양적 검사

자아존중감 검사, 청소년 인터넷 이용습관 진단조사(K척도)/청소년 스마트폰 이용습관 진단조사(S척도)

7) 미술치료 프로그램

〈표 3-1〉 인터넷, 스마트폰 과사용으로 인한 부모와의 부정적 관계의 변화와 스트레스 감소를 위한 미술치료 프로그램

단계	회기	프로그램명	목표	활동내용	매체
초기	1	① 사전검사 (질적 검사: PITR, 양적 검사: 자존감검사, K척도, S척도검사) ② 이름으로 나 소개	① 스트레스 정도파악 ② 라포형성	① 그림검사와 설문지 검사 실시 ② 도화지에 자신의 이름을 크게 쓰고 꾸민 후, 자기소개	① A4용지, 연필, 지우개, 검사지 ② 도화지, 색연필, 크레파스
	2	찰흙(아이클레이) 활동	자유스럽고 편안하게 활동하여 긴장이완	찰흙(아이클레이)을 사용하여 원하는대로 자유롭게 표현	찰흙 또는 다양한 색의 아이클레이
	3	현재의 나	있는 그대로의 내 모습 바라보기	요즘 많이 생각하고 있는 것 탐색과 자신의 얼굴표정 선택 후 표현	얼굴표정 차트, 도화지, 색연필, 크레파스, 가위
중기	4	데칼코마니	희노애락의 내 감정 표현	감정에 따라 선택한 그림물감으로 데칼코마니 찍기	도화지, 그림물감, 스카치테이프
	5	화산폭발 활동	화나는 감정을 안전하게 표출	찰흙을 주무르고 만진 후 요구르트병에 찰흙을 붙여 화산 만든후, 병 속에 베이킹소다와 식초를 조금씩 붓기	흙찰흙, 빈요구르트병, 접시, 그림물감, 베이킹소다, 식초, 종이컵, 요플레수저
	6	나의 인터넷, 스마트폰 이야기	인터넷, 스마트폰에 대한 생각하는 이미지 표현, 하루스케줄 인식	자신이 생각하는 스마트폰에 대한 생각과 이미지를 표현, 주로 하는 앱 표현	A4용지, 색연필, 유성매지,
	7	① When & Why? ② 빙고게임	① 사용 욕구와 감정 탐색, 인식 ② 인터넷, 스마트폰 사용의 단점 인식	① 언제, 왜 사용하는지 구체적으로 탐색 ② 빙고판(4×4)을 만든 후 자신이 생각하는 단점 적고 함께 게임하기	① 우드락, 유성매직, 색연필 ② A4용지, 연필, 색연필

단계	회기	프로그램명	목표	활동내용	매체
중기	8	콜라주	좋아하는 것, 가지고 싶은 것, 되고 싶은 것 탐색	잡지에서 자신이 좋아하는 것 등을 찾아서 도화지에 붙이기	헌 잡지, 도화지, 가위, 풀, 색연필, 유성매직
후기	9	인터넷,스마트폰 가이드라인	사용조절 후 대안활동 탐색, 실천의지 인식	사용시간을 줄이고 할 수 있는 자신을 위한 대안활동을 탐색 후 그림으로 표현	도화지, 색연필, 유성매직
	10	내 인생그래프	현재,미래의 긍정적/부정적 부분 인식, 계획	도화지에 현재, 미래의 그래프를 그린 후 행복지수 표현하기	색도화지, 스티커, 색연필, 유성매직, 자,
종결	11	소망나무(스크래치페이퍼)	미래의 불안감 해소 및 긍정적인 미래 계획 후 인식	스크래치페이퍼나무본 사용/나무에 다양한 모양의 열매를 만들어 열매에 소망적기	스크래치페이퍼나무/색켄트지, 가위, 모양 포스트잇(사과, 하트, 별), 스카치테이프, 색연필, 유성매직
	12	① 상장수여 ② 사후검사(질적 검사: PITR, 양적 검사 :자존감검사,K척도,S척도검사)	① 스스로에게 주는 상장을 만들어 만족감과 성취감 경험 ② 스트레스 변화확인	① 상장도화지에 스스로 상장이름과 문구를 적은 후 상장을 스스로에게 줌. ② 그림검사와 설문지 검사 실시	① 상장그려진 도화지(A4크기), 유성매직, 스트커 ② A4용지, 연필, 지우개, 검사지

8) 연구결과

(1) 질적 검사

① 개인행동 변화

〈표 3-2〉 개인행동 사전 · 사후 변화

항목	사전	사후
스트레스 정도	인터넷, 스마트폰 사용이 심하였고, 가족관계도 부정적, 공격적이었음. 스트레스를 풀려고 했으나, 인터넷, 스마트폰 사용으로 스트레스를 더 받음.	인터넷, 스마트폰 사용을 하루 2~3시간씩 줄여서 사용함, 가족과 친밀한 의사소통을 하려고 시도하여 스트레스를 덜 받았음.

② 그림투사 변화

〈표 3-3〉 그림투사 사전 · 사후 변화

항목	사전	사후
빗속의 사람 (PITR)	 [그림 3-1]	 [그림 3-2]
	비가 많이 오고 있으며, 자신은 우산을 가지고 나오지 않았음. 비가 오지만 뛰지는 않았다고 함. 집에 들어가는 중이라고 함.	비가 많이는 오지 않고 있으며, 집에서 우산을 가지고 나왔음. 친구를 만나러 가는 길이라고 함.

(2) 양적 검사

〈표 3-4〉 양적 검사 사전 · 사후 변화

항목	사전	사후
자존감	18	25
K척도	위험	주의
S척도	위험	주의

내담자의 자아존중감은 18점에서 25점으로 7점이 증가하였고, K척도/S척도는 위험에서 주의로 변화되었다(〈표 3-4〉 참조).

9) 미술치료 작품사진

〈표 3-5〉 미술치료 작품사진

2회기	4회기	5회기
 [그림 3-3] 나의 컵	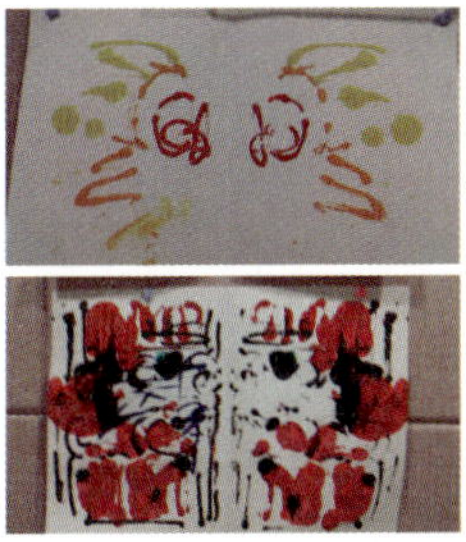 [그림 3-4] 데칼코마니	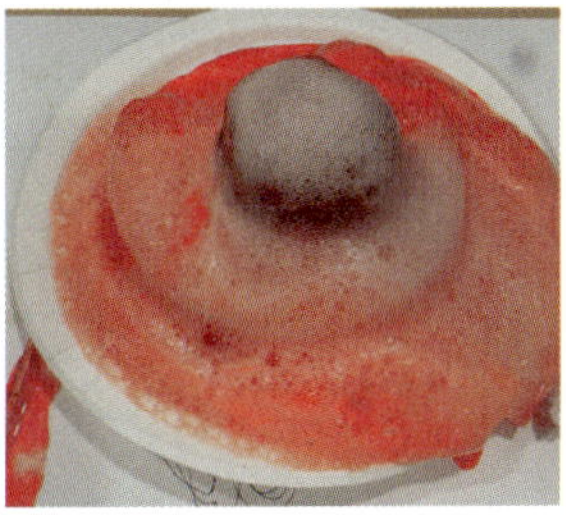 [그림 3-5] 화산 폭발
8회기	**11회기**	**12회기**
 [그림 3-6] 콜라주	 [그림 3-7] 소망나무	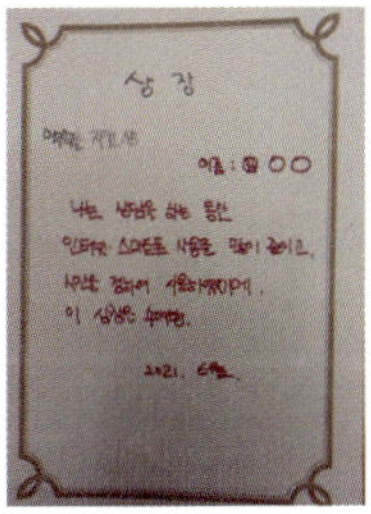 [그림 3-8] 나의 상장

3 청소년미술치료 실습

1) 미술치료 기법: 화산 폭발

사례에서 내담자와 진행한 '화산 폭발' 미술치료 기법을 소개하고자 한다(〈표 3-6〉 참조). 아래 실습 방법과 상담 과정 적용, 응용을 바탕으로 상담 과정 중 내담자의 상황에 맞게 적절하게 사용할 수 있다.

〈표 3-6〉 미술치료 실습(화산폭발)

미술 매체	흙찰흙, 빈 요구르트병, 플라스틱 접시, 베이킹소다, 식초, 요플레 수저, 종이컵, 그림물감
방법	① 먼저 손으로 흙찰흙을 만지고 주무르고 책상 위에 던지면서 자신의 감정을 탐색한다. ② 접시 위에 빈 요구르트병을 놓고, 주무르고 만지면서 자신의 감정을 탐색했던 흙찰흙을 요구르트병에 붙이면서 화산을 표현한다. 이때 요구르트병 입구는 막지 않는다. ③ 흙찰흙으로 만든 화산 속에 있는 요구르트병 속에 베이킹소다를 조금씩 넣고 식초를 조금씩 붓는다. ④ 거품이 요구르트병 밖으로 분출되어 나올 때, 자신의 감정도 함께 표출되고 있음을 인식할 수 있도록 한다. ⑤ 식초를 천천히 붓게 하면서, 자신의 내면의 화난 감정을 조금씩 표출할 수 있는 경험을 할 수 있도록 한다.
상담 과정 적용	이 기법은 내담자로 하여금 자신의 내면에 있는 힘들었던 감정과 스트레스를 분출하여 카타르시스를 느낄 수 있다. 화산 속에서 거품이 부글부글 끓으면서 나올 때, 내담자에게 화가 나고 분노를 느꼈을 때의 상황을 말하게 하고, 그때의 화난 감정을 풀 수 있도록 한다.
응용	화산 속에서 거품이 넘쳐흘러 마치 화산이 폭발하는 경험을 한 후, 요구르트병 속에 자신이 원하는 그림물감을 조금 떨어뜨린 후 베이킹소다와 식초를 다시 넣으면, 자신이 넣었던 그림물감과 같은 색의 거품을 만들 수 있다. 이 때 내담자가 원하는 색의 그림물감을 사용하도록 한다. 그 색을 사용한 이유를 물어도 좋다.

작품 사진	 [그림 3-9]

2) 치료 회기기록지

치료 회기기록지 〈표 3-7〉은 상담 과정에서 상담자가 내담자에게 '화산 폭발' 기법을 어떻게 진행하는지 핵심 부분 위주로 작성되었기 때문에 미술치료를 진행하는 상담자에게 실제 적용 방법을 이해하고 습득하는 데 도움이 된다.

〈표 3-7〉 화산 폭발 치료 회기기록지

치료 회기기록지 (5) 회

날 짜	2021년 5월 6일	소요시간	pm 5:00–5:50
내 담 자 명	김○○(중1)	상담자명	김○○
프로그램명	화산 폭발 활동		
목 표	내담자의 내면에 있는 화나고 속상했던 감정을 탐색, 인식하고 안전한 방법으로 표출시키다		
준 비 물	흙찰흙, 빈 요구르트병, 플라스틱 접시, 베이킹소다, 식초, 요플레 수저, 종이컵, 그림물감		
프로그램 전 분위기	상담자의 언어 및 행동	내담자의 언어 및 행동	
	(1) 지난 한 주 동안 재밌거나 생각나는 일이 있으면 얘기해 줄래.	(2) 지난 주 엄마와의 관계가 좋지 않았고, 싸움을 또 했어요. 엄마가 자꾸 잔소리를 해요.	

치료과정	(3) 흙찰흙을 만지니 느낌이 어떠니? 주무르고 책상 위에 던지고 해도 된단다. (5) 접시 위에 있는 빈 요구르트병 겉에 흙찰흙을 붙여서 산을 만들어보자. 위에 요쿠르트 구멍은 막지 말아야 한다. (7) 이제 산이 만들어졌으니, 화산이 폭발하는 것을 표현해 보자. 먼저 베이킹소다를 이 수저로 요구르트병 속에 넣고, 종이컵에 있는 식초를 조금씩 넣어보자.	(4) 흙만지는 것 같아요. 처음 만져봐요. 책상 위에 던지니 스트레스 풀리는 것 같아요. (6) 이렇게요? 찰흙이 부드러워서 산이 잘 만들어져요. (8) 재밌겠는데요. 식초 냄새가~와우~ 진짜 화산 폭발하는 것 같아요.
	상담자의 언어 및 행동	**내담자의 언어 및 행동**
치료과정	(9) 우리가 화가 날 때도 이렇게 감정이 폭발할 때가 있잖아. 너는 어떨 때 이렇게 화가 나서 폭발할 것 같았니? (11) 그랬구나. 네가 화가 많이 났겠구나. 자, 화산에서 거품이 갑자기 나오지 않게 조금씩 넣으며 거품이 나오도록 해보자. 화도 갑자기 내는 것보다 조금씩 상대에게 표현하는 것처럼.	(10) 지난주 일요일에 엄마가 제가 게임하는데 들어와 컴퓨터 전기를 뽑고 나가서 엄청 화가 났어요. 엄마한테 가서 막 소리 질렀어요. (12) 화산에서 폭발을 하는 것을 보니 스트레스가 확 제 마음속에서 나오는 것 같아 기분이 풀리는 것 같아요.
내담자 평가	내담자가 어릴 때 모와의 친밀한 관계가 형성되지 않아 모와의 긍정적인 소통이 어려움. 모의 양육방식이 공격적이고 행동을 먼저 하는 것으로 보여짐. 내담자는 가정에서 반항적이고 공격적인 행동을 하는 것을 알 수 있음. 화산 폭발 활동을 하면서 자신의 화와 분노를 안전한 방법으로 표현할 수 있는 경험을 함.	
보호자 상담	모가 가정에서 내담자와 친밀한 관계를 형성하도록 노력이 필요함. 내담자의 말과 행동에 공감해 주고, 내담자의 말을 들어주도록 함.	
다음 회기 계획	나의 인터넷, 스마트폰 이야기	

4 청소년미술치료 프로그램

청소년 집단미술치료 프로그램은 긍정적인 또래관계 개선을 필요로 하는 청소년들을 위한 프로그램으로 상황에 맞게 적절하게 활용할 수 있다.

1) 집단 미술치료 프로그램

2) 대상

긍정적인 또래관계 개선을 위한 청소년 집단

3) 회기별 미술치료 프로그램

〈표 3-8〉 긍정적인 또래관계 개선을 위한 청소년 집단미술치료 프로그램

회기	프로그램명	활동내용	매체
1	이름으로 나 소개 자존감 검사	과자를 사용하여 도화지에 자신의 이름을 꾸민 후 소개한다.	도화지, 다양한 과자, 자존감 검사지,연필
2	돌려 이어 그리기	도화지에 5초 동안 자신이 원하는 그림을 그린 후, 다른 집단원과 여러 번 돌려 이어 그린 후, 느낌을 나눈다.	도화지, 색연필
3	나의 감정 (쉐이빙폼 활동)	비닐을 깐 후 쉐이빙폼을 뿌린 후, 자신의 다양한 감정을 표현한다.	비닐, 쉐이빙폼, 그림물감, 물티슈

회기	프로그램명	활동내용	매체
4	감정빙고게임	현재 자신이 느끼는 다양한 감정 단어를 사용하여 빙고게임을 한다.	A4용지, 색연필 또는 사인펜
5	우정고리 만들기	친구의 의미를 정의하여 색도화지에 적고 꾸민 후, 고리처럼 연결하여 길게 만든 후, 느낌을 나눈다.	색도화지, 가위, 풀, 유성매직, 다양한 스티커, 스카치테이프
6	소시오그램	자신을 중심으로 친구들과의 관계를 점점 커지는 동그라미 속에 표현해 본다.	도화지, 색연필 또는 사인펜
7	대화의 기술	자신이 들어서 기분 좋은 말과 기분 나쁜 말을 적어본다. 짝을 지은 후 효과적인 대화를 경험한다.	도화지, 색연필 또는 사인펜
8	협동사포퍼즐	팀을 나눈 후, 연결한 사포에 그림을 그리고 상대팀과 바꾼 후, 색칠 후 퍼즐을 완성한다.	사포, 스카치테이프, 크레파스
9	경청의 기술	무기명으로 적은 친구들의 고민을 들은 후, 스스로 상담가가 되어 상담을 해 본다.	포스트잇, 연필
10	우리의 미래	전지 두 장에 한 명의 전신을 본 뜬 후, 다양한 재료로 미래의 우리 자신을 꾸민다.	헌 잡지, 다양한 꾸미기 재료, 크레파스, 풀, 스카치테이프, 가위
11	선물 만들기	아이클레이로 자신과 친구에게 줄 선물을 만든다.	다양한 색의 아이클레이
12	스스로를 위한 트로피 만들기	스스로를 칭찬하고 격려하는 트로피를 만든다.	찰흙, 물티슈

제4장

성인미술치료

1 성인미술치료의 이해

1) 성인기의 특성

성인기는 청소년기를 거쳐 20대에서 노년기 전 단계(65세)로 신체적, 심리적으로 독립하여 자신의 개성을 성취하고 직업을 획득하는 사회 관계성이 가장 활발한 시기이다. 20~30대의 청년기와 40대 이상 중장년기로 나눌 수 있다. 에릭슨은 성인기를 성인초기와 중년기로 나누어 성인초기의 발달과업은 친밀감대 고립감이며 중년기 발달과업은 생산성 대 침체성으로 설명하였다. 성인초기 친밀감대 고립감은 타인과의 관계에서 친밀감을 획득하는 것이 중요한 발달과업으로 이 시기 이성과의 성적 교감을 통해 친밀감이 형성되고 그렇지 못할 경우 고립되어 대인관계, 이성관계 등의 문제가 발생될 수 있다. 생산성대 침체성이 발달과업인 40대 이상은 자녀를 양육하고 창의적인 생산적인 일을 통해 사회에 적극적으로 기여하는 시기로 이 시기 생산성이 잘 발휘되지 못할 때 침체되어 자기 행복에 몰두하는 경향이 나타난다고 보았다.

(1) 신체적 특성

신체발달은 20~30대 가장 절정에 달하다 30대가 지나며 서서히 쇠퇴하기 시작한다. 청년기(성인초기)는 신체발달이 완성되는 시기로 신체적으로 가장 건강할 때이나 흡연, 음주, 약물 흡입 등이 급격히 증가하며 이 시기 만성적 질병이나 건강상 문제를 가질 수 있다. 청년기의 건강은 중년기, 노년기 건강 상태를 결정짓는 중요 요인이 되기도 한다. 중장년기는 감각기능의 쇠퇴가 가장 빨리 나타나는 시기로 청각감퇴와 노안으로 인한 시각감퇴가 눈에 띄게 증가한다. 또한 척추뼈의 감퇴로 뼈마디가 가까워지며 키가 줄어드는데 30~50대 0.3cm, 60대 2cm 가량 줄어들고 주름, 흰머리, 체중 증가 등의 신체적 특성이 나타난다. 여성은 40대 후반에서 50대 초중반 폐경과 더불어 갱년기 증상이 나타나는데 얼굴 홍조, 식은땀, 만성피로감 등의 신체적 증상과 우울, 불안, 감정조절 어려움 등의 심리적 증상이 동반된다. 남성도 남성호르몬 분비 감소로 성욕감퇴와 심리적 위축, 우울, 불안 등의 갱년기를 경험한다. 남성갱년기는 생리적 증상이기 보다 신체적 쇠퇴에 대한 심리적 반응이 기인된 것으로 본다.

(2) 심리적 특성

① 인지발달

성인기는 실용적 사고가 증가하고 심리적 압박이 강하게 나타나며 특히, 성인전기의 인지능력은 논리적 사고와 현실에 대한 실용적응 능력이 동시에 요구된다. 이 시기 타인의 관점과 견해를 수용할 수 있게 되면 이분법적 사고가 다면적 사고로 대치되며 상대적 사고로 바뀐다. 상대적 사고는 지식과 가치는 절대적이지 않으며 상황에 따라 바뀔 수 있다는 상대성을 이해하는 능력이다.

호른(Horn)과 도날슨(Donaldson)은 성인기 지적 능력을 결정성 지능과 유동성 지능으로 구분하였다. 결정성 지능은 학교교육 또는 일상 경험을 통해 얻게 되는 지능으로 어휘력, 상식, 사회 상황에 대한 반응 등이 속한다. 유동성 지능은 타고난 지능으로 경험, 학습 등과는 무관하며 공간지각, 추상적 추론, 지각속도 등을 포함한다. 유동성지능은 청소년기까지 증가하다 이후 쇠퇴하나 결정성 지능은 계속 증가한다. 그러나 장년기에 기억력 감퇴와 반응속도의 저하, 유동성 지능, 결정성 지능의 감퇴가 시작된다. 결정성 지능의 감퇴는 교육수준, 직업, 문화적 배경 등에 따라 차이가 나타난다. 성인기는 특정분야에 대한 지식체계가 구조화되며 지식과 기술에 있어 보다 큰 전문성을 길러가는 시기로 지혜의 발달이 이루어지는 시기이기도 하다.

② 정서발달

청소년기와 청년기(성인초기) 자아정체감을 확립하지 못한 성인은 고립감을 형성할 가능성이 높다. 군 입대, 취업, 결혼 후 부부간 상이성 등과 같은 상황적 요인도 고립감을 형성케 한다. 고립감이 형성되면 타인과의 친밀함이 자신의 정체감에 혼란을 초래할 것으로 보고 타인과의 관계 형성을 제한한다. 정서발달은 친밀감의 발달로 타인과 개방적이며 조화로운 관계를 형성하는 것이다. 친밀감의 형성을 위하여 타인에 대한 감정이입 능력과 수용, 자기통제력을 갖추어야 한다. 장년 시기 갱년기 증상의 경험은 자신의 인생을 부정적으로 평가하며 우울, 불안 등에 빠질 수 있다.

③ 자율성 발달

청년기(성인초기)는 부모로부터 독립하여 자립적인 생활을 하게 된다. 앞서 일상생활 능력과 인간관계 능력, 자율적 판단에 따라 행동할 수 있는 능력의 발달이 선행되어져야 한다. 이 시기는 부모로부터 독립에 대한 바램과 부모로부터의 분리에 대한 불안감이 동시에 나타난다. 부모가 청년의 분리와 독립에 대해 어떤 태도를 보이는가는 청년의 성장발달에 매우 중요한 요인이 된다.

(3) 사회적 특성

① 결혼

결혼은 이성 간의 애정과 상호작용, 배경과 태도, 가치관 등의 기준에 입각하여 이루어진다. 결혼 후 부부간 역할분담은 매우 중요하다. 맞벌이 부부 경우 여러 영역에서 상호적응이 더욱 필요하다. 결혼 초기 상호적응을 성공적으로 이행하지 못할 경우 부부 갈등으로 이혼의 가능성이 높아진다. 신혼기는 남녀 모두 결혼 만족도가 높은 편이나 자녀 출산과 양육 시기를 거치며 결혼만족도는 전반적으로 낮아진다. 중년기 자녀 출가 또는 독립 이후 결혼만족도가 다시 높아지는 경향이 있다.

② 자녀 양육

자녀는 부부간 사랑의 결실로 매우 중요한 존재이지만 임신과 출산 등이 어느 경우 결혼생활에 긴장감을 야기하고 결혼만족도나 행복감을 감소시키기도 한다. 자녀 출산에 따른 부부간의 적응 상태를 적절하게 잘 유지하기 위해서는 부모로의 역할전환에 대한 준비가 되어있어야 한다. 부부, 부모로서의 역할과 책임을 재조정하여야 하며 가족생활 전체에 대한 재조정이 이루어져야 한다.

③ 직업

직장 생활을 원만하게 하기 위해서는 직업역 할 수행에 따른 중요 훈련이 필요하다. 직업 역할을 성공적으로 수행하기 위해서는 무엇보다 자신의 직무 영역의 전문성을 키워야 하며 직장에서 요구하는 직업적 요구사항, 위험요인 등을 인식하여 그에 따른 대처능력을 키워야 한다. 또한 직장동료들과의 원만한 상호 관계를 형성할 수 있어야 한다.

성인기(중장년기) 특성(최외선 외, 2016)

① 신체에 대한 민감 반응

자신의 건강에 대한 과도한 반응을 보인다. 중년기 노화과정 때문이라고 생각한다.

② 시간 전망의 변화

인생 마지막 죽음에 대해 어떠한 개념을 가지기 시작하며 연령은 늘어나고 남은 생애는 짧아지는 것으로 본다.

③ 자기이해 수단

자기이해의 수단으로 삼면경을 사용한다. 젊은 시절 부모가 노인이 된 모습과 어린아이 같던 자녀가 결혼할 연령의 성인이 된 것 그리고 50대에 접어든 현재의 자신을 세 개의 거울을 통해 동시에 들여다본다.

④ 중심성 경향

자기 일에 전문가로서의 자신감이 넘치는 시기로 타인의 지도 없이 스스로 처리할 수 있는 확신을 가지게 되는 경향이 있다.

⑤ 내향적 경향

모든 사고와 행동에 내면화 경향이 증가한다. 결정을 필요로 할 때 자기 경험에 비추어 신중하고 조심스럽게 판단하며 행동한다.

⑥ 폐경기에 대한 반응

다수의 폐경기 여성이 우울한 반응을 보이며 불안감을 표현한다. 더 이상 생식 능력이 없는 생리적 변화를 통해 노화를 실감한다.

2) 성인미술치료

성인미술치료는 헬렌 랜드가든(Helen Landgarten)과 다시 러버스(Darcy Lubbers)에 의해서 시작되었다. 성인미술치료는 초기 20년간 공식적인 이론으로 미술치료의 주요 맥락이 되었을 뿐 아니라 여기서 파생되는 여러 현상이나 이론을 개발할 수 있었다. 성인미술치료는 상이한 치료 이론과 치료방법을 적용할 수 있으며, 성인의 삶에서 일어나는 다양한 문제, 기회, 변화들을 해결하는 데 유용하다.

성인사회는 아이들의 심리상태를 보다 더 깊이 알기 위해서 재빨리 미술을 적용시켜 왔다. 우리는 이제 미술치료가 성인들 보다 아동에게 더 효과적이라는 일반적인 태도를 수정해야 한다. 성인들은 감정을 표현함에 있어서 말의 억양이나 크기를 조절하고 동시에 습관에 따라 제한을 받는 경향이 있다. 미술치료는 성인을 대상으로 할 때에 지시적인 방법도 사용할 수 있고 그림을 통해서 처음으로 자신을 볼 수 있게 함으로써 감정 상태를 구체화할 수 있다. 표현하는 과정을 통해서 무의식적으로 자신을 노출하는 심상 능력은 의식적인 생각들을 전달하는 표현적인 형태의 미술과는 다르다. 미술치료는 우리가 어린 시절에 억압당했던 심상이나 창조적 표현은 언어화 할 수 있는 기회를 성인들에게 제공한다.

(1) 성인미술치료의 목적

성인기는 자신의 정체성을 새롭게 전환하는 시기로 가정, 직장에서의 역할의 변화가 나타난다. 인정받고자 하는 욕구는 자기 신념이 되어 자신만의 방식을 만들고 행동으로 이어진다. 생애 초기의 미해결 이슈가 투사되어 나타나기도 하고 사회 환경에서의 긴장, 스트레스로 심각한 우울, 자살 등이 발생한다. 경쟁적인 사회 분위기나 과로, 스트레스로 인한 억제된 내면을 자유롭게 해소하고 스스로를 통찰할 수 있는 미술치료의 적용은 성인에게 매우 유용하다고 할 수 있다.

(2) 성인미술치료의 장점

성인보다 아동 상담에서 주로 미술적 표현을 활용한다. 성인의 경우 미술치료를 그림 기법이나 기교 등으로 평가될 수 있어 창피할 수 있다는 염려가 크다. 그럼에도 성인에게 적합한 다양한 미술치료 기법들이 소개되고 성인 미술치료의 장점이 보고되고 있다(Cathy A Malchiod, 2014).

- 무의식의 탐색과 숨겨진 갈등 표현에 도움을 주고 내적 사고 및 감정을 의식으로 끌어올려 자각하게 한다.
- 내담자의 경험, 갈등, 감정, 상황 등을 은유적으로 표현하게 한다.
- 자신이나 처한 상황을 구체적, 객관적으로 묘사하도록 돕는다.
- 정신건강 문제가 있는 성인의 자신감과 동기를 증진시킨다.
- 성 학대, 가정폭력 등의 경험이나 언어 표현이 어려운 사적경험에 대해 미술

활동은 내담자와 치료사를 연결시키는 교량 역할을 한다.

- 시각적 단서와 기록물을 통해 지난 회기를 돌이켜 보기 용이하고 내담자의 발달과 변화를 함께 공유할 수 있다.
- 내담자의 성격을 쉽게 파악할 수 있도록 도와준다.
- 그림 표현은 에너지의 증가를 유발할 수 있다. 미술은 생각에 그치지 않고 뭔가를 하게끔 함으로 언어 중심 상담보다 더 활동적이다
- 음악, 운동, 글쓰기, 심상 등 다른 표현적 매체와 쉽게 융합될 수 있다.

(3) 상담과정에서의 미술

상담에서 미술을 성공적으로 활용하기 위해서는 각 단계의 목표를 이해하고 내담자의 욕구와 상담 과정과 일치하는 미술 매체의 선택이 필요하다. 어떠한 미술활동이 내담자에게 도움이 될지, 깊은 깨달음을 느끼게 할지에 대하여 스스로에게 질문해야 한다. 미술활동은 내담자와의 라포를 촉진하고 내담자의 문제와 관심사들을 알아보는 데 도움이 된다. 미술표현을 내담자의 생각과 행동 간의 불일치를 직면시키는 지시물로 활용할 수 있고 문제 해결책을 찾아가는 과정에 활용하고 행동으로 연결시켜 종결 시점을 정하는 단서로도 활용한다. 시각적 미술 표현을 활용하는 상담 장면에서는 다양한 재료를 준비하여 내담자가 편안하고 자유롭게 표현할 수 있도록 분위기를 조성한다. 내담자가 미술 매체를 즐기면서 미술표현을 통해 자기를 이해하고 문제를 깨달으며 치료적 효과를 얻기까지는 긴 시간이 필요하다. 모든 상담 장면과 마찬가지로 공감과 수용, 진솔함, 긍정적 관심은 상담자와 내담자 관계에 매우 중요하다. 미술활동에 적극적이지 못한 내담자 경우 미술능력에 신경 쓰지 말고 언어가 아닌 단지 미술 매체로 자신을 탐색해 본다는 점을 인식시켜야 한다. 내담자가 계속 거절하면 미술 매체 활용에 변화가 필요하다.

(4) 성인미술치료의 제한점과 윤리적 문제

성인 상담에서 언제, 어떻게 미술치료를 적용하는가에 대해 고민할 때 고려할 사항이 있다. 미술치료의 목적을 설명하지 않고 미술 작업 시간에 적절한 시간을 할당하지 않으면 미술활동과 작품에 대한 논의가 조화롭게 진행되지 못한다. 결국 미술은 기계적으로 내담자의 눈길을 끄는 수단으로 활용되어 결국 비 치료적인 기법으로 사용된다. 내담자가 미술전공자나 종사자인 경우 미술활용이 도움이 안 된다는 지적이 있다. 치료 환경에서 미술작품에 대한 질문을 받을 때 미술활동을 일의 연장으로 생각할 수 있기 때문이다. 하지만 자신의 전문 영역과는 다른 방식으로 연관시키도록 질문하며 유도하면 이러한 장벽이 해결될 수 있다.

미술치료사로 훈련받지 않은 정신건강 전문가가 미술을 상담에 활용하는 것에 대한 논의가 있었다. 윤리규칙에는 정신건강 전문가라 할지라도 교육받지 않은 영역을 활용해서는 안 된다고 되어있으나(welfel, 2009), 한편에서는 “잘 교육받은 상담자는 치료회기에 도입된 미술을 통해 내담자와 대화가 가능하다”라고 한다(Hammond & Gantt, 1998). 언어로 표현하기 힘들 때 심상을 그리거나 채색을 통해 내면을 촉진시킬 수 있다. 미술작품 해석에 상당한 주의가 필요하다. 내담자의 작품을 무조건 내담자의 문제로 해석하거나 다른 사람들에게 일반화시키는 것은 윤리적 문제를 야기할 수 있다.

미술치료에서 또 다른 문제는 내담자와의 비밀, 증거자료, 소유권, 연구, 작품 전시 등과 관련된 것이다. 내담자의 작품사진을 찍을 때, 상담내용을 기록할 때, 학술지나 교재 등 출간 시 내담자의 신상이 노출되지 않도록 하며 반드시 사전 동의를 얻어야 한다.

3) 성인미술치료의 임상적용

(1) 우울증과 미술치료

성인기의 정신장애는 생애 초기 문제로부터 아동, 청소년기 심리 사회적 미해결 문제의 고착 결과로 나타날 수 있다. 정체성의 혼란 및 분열 상태로 이어질 수 있으며 우울증의 비중이 크다.

우울증은 오래전부터 알려진 심리적 장애 중 하나로 일반적인 특징은 인생과 장래에 대해 비관적이며 절망적이고 심리적 무력감이 크다. 극단적으로 자기 파괴 적 행위인 자살로 이어질 수 있다. '심리적 감기'라 불릴 만큼 일상에 흔한 문제이기도 하지만 자살로 이어질 수 있을 만큼 치명적인 심리적 장애라 할 수 있다. 성인의 정신장애 중 가장 높은 빈도를 나타내는 것은 우울과 같은 기분장애로, 최근 보건복지부에서 발표한 '2021년 국민 정신건강실태조사'에 따르면 우리나라 5명 중 1명이 '우울 위험군'에 속하며 코로나 19 발생 초기인 2020년 3월 보다 40%가 증가한 것으로 나타났다(2022. 2. 9, 헬스조선).

① 우울의 개념

우울은 기분장애의 일종으로, 여기서 기분은 지속적인 정서상태를 의미하며 일반적인 감정상태와는 구별된다. 우울증의 핵심은 자기 가치(또는 자아존중감)의 저하이며 핵심정서는 슬픔이다. 자신의 인간적 가치를 찾지 못하고 자신을 무가치한 존재로 생각하며 시간이 지날수록 진정한 자신으로부터 멀어진다.

② 우울증의 원인과 특성

우울증은 생물학적, 심리학적 원인으로 우울감, 허무감, 절망감, 무력감, 정신운동의 지연 및 신체화 증상을 나타낸다. 생물학적 요인은 대부분이 유전적이며, 심리사회적 요인은 환경적 영향으로 인해 신체적 고통과 기쁜 감정의 상실, 사고력 지연, 불안, 초조, 잦은 신경질, 자살, 망상 등의 증상을 나타낸다.

- 생물학적 원인: 뇌 신경전달물질의 불균형으로 초래된다. 뇌 신경전달물질인 세로토닌의 저하가 우울증 발생에 영향을 미친다. 항 우울제는 이러한 신경전달물질을 조절하여 치료에 적용한다.
- 유전적 원인: 우울증은 유전적 질환이 아니다. 원 가족과의 생애 경험에서 초래되는 경향이 높다. 우울증이 있는 가족, 친척이 있다면 영향을 받을 수 있다.
- 환경적 원인: 이별, 죽음, 실직, 경제적 위기 등과 같은 스트레스가 영향을 미친다.
- 신체적 질병이나 약물: 암, 뇌졸중 등과 같은 다양한 질병이나 치료 목적의 약물도 일부 우울증을 유발할 수 있다.

③ 우울증의 증상

신체적으로는 식욕이 저하되어 체중이 현저히 감소하거나 반대로 식욕이 증가하며 살이 찌는 경우가 있다. 활력성이 떨어지며 피곤함을 많이 느끼고 성적 욕구가 감소된다. 면역력이 저하되어 감기 등과 같은 전염성 질환에 약하다. 정신적으로는 슬픔, 외로움, 무가치함, 절망감, 자존감의 저하 등이 나타나고 주의 집중력이 저하되며 자살을 시도하기도 한다. 의존심이 증대되고 사회적으로 고립되며 약물, 알코올 의존 현상 등을 보인다.

역기능적 사고, 인지도식으로 특정 스트레스 상황에서 역기능적 신념이 활성화되며 우울에 이르는 자동적 사고가 활성화되어 우울증을 유발시킨다. 역기능적 신념은 우울의 근원적인 요인으로 일상생활 적응에 매우 부정적인 영향을 미친다. 부정적 사건의 경험은 부정적 자기평가로 이어져 결국은 부정적 자기개념을 만들게 된다.

④ 우울관련 이론

a. 정신분석 이론

우울 관련한 가장 고전적인 정신분석 이론에서는 우울 요인은 오래전 구강기에 형성된 것으로 보았다. 이 단계가 고착된 사람은 이후 발달단계에서 구강을 통해 만족감을 얻으려 하며 자신의 자존감을 유지하기 위해 타인에게 지나친 의존성을 보이는 성격을 형성하게 된다. 지나친 의존성을 보이는 사람은 사랑과 미움이 엇갈리는 양극성 애정 대상을 자신과 동일시하는 내사화 단계를 겪는다. 이후 애도 단계에서 자기를 비난하고 모욕하며 우울증을 유발한다. 상실된 애정대상에 대한 분노감이 내면으로 굴절되며 결국은 우울증을 초래하는 것이다. 분노감이 우울증의 핵심 역할을 하게 된다. 정신분석적 관점에서 우울의 형성은 감정적 요인, 무의식, 적대감, 죄의식 등에 있음을 강조한다.

b. 행동주의 이론

행동주의 관점에서 강조하는 중요 개념은 강화이다. 우울과 연결하여 볼 때 일상적으로 받았던 강화가 사라질 때 활동이 감소되며 우울증이 나타난다는 것이다. 대표적인 학자 르윈슨(Lewinsohn, 1974)에 의하면, 우울한 감정과 같은 임상적 증상은 행동에 대한 강화가 따르지 않으며, 긍정적 강화를 적게 받으면서 활동은 더욱 감소되는 경향이 있고 그 결과 강화는 더욱 적어지게 된다. 활용될 수 있는 긍정적 강화와 자극의 양, 스스로 행하는 조직적인 활동의 양과 같은 변수들과 관련이 있다. 즉 긍정적 강화 비율이 낮을수록 보상되는 활동과 행동 표현은 더욱 작아지고 이로 인해 우울은 유발된다.

c. 인지이론

벡(Beck, 1976)의 인지이론에 의하면 우울한 사람일수록 자기평가 기준이 엄격하고 부정적 정보에 선택적으로 귀 기울이며 왜곡된 가치관을 가지고 있다고 하였다. 우울은 신체적, 정서적, 인지적 특성으로 구분되며 인지적 특성이 신체적,

정서적 특성을 결정한다고 보았다. 우울한 사람은 자신에 대해 부정적 개념을 가지고 삶의 경험을 부정적으로 해석하며 비관적인 미래관을 갖는다. 이러한 요소가 자기 자신과 주변 환경 그리고 미래를 부정적으로 왜곡하게 되고 긍정적인 정보를 선택적으로 차단하여 부정적 정보를 더욱 부정적으로 지각하는 인지과정을 만든다. 우울한 사람이 범하기 쉬운 실수는 증거가 기반 되지 않는 상황에서 임의 추론하여 결론을 내리고 선별 추출하여 여러 요인 중 특정한 하나의 요소에 근거한 결론을 내리는 것이다. 또한 과잉일반화 시켜 사소한 것을 부풀려 확대 해석하는 경향이 있다.

⑤ 우울증과 미술치료의 개입

우울 관련한 미술치료의 효과성을 검증하는 다양한 연구결과가 발표되고 있다. 아동, 청소년(김혜정·김동연, 2002; 이순희, 2000; 최선남, 1995)을 대상으로 한 연구와 중년여성(은옥주, 2000)을 대상으로 한 연구, 가족미술치료 사례연구(최선남·김갑숙, 2002) 등 많은 연구들에서 우울과 미술치료의 연관성을 검증하였고 계속하여 연구 진행 중이다.

미술치료는 삶의 경험, 갈등, 희망 등을 드러내주며 안전하게 변화를 시도할 수 있는 기회를 준다. 자신의 행동이나 또는 실제 상황을 바꾸는 것은 어렵지만 그림에서 그와 관련한 이미지를 바꾸는 것은 어렵지 않다. 그림에서 삶의 이미지를 바꾸어 보는 경험은 실제 삶의 변화를 이끌어 낼 수 있는 출발점이 된다(이윤희·주리애, 2003).

이러한 과정에서 중요한 미술치료의 강점은 창조성이다. 창조성은 미술활동을 통해 자신과 나아가 타인과의 신뢰감을 회복하고 문제의 해결방법을 찾고 자신의 잠재적인 가능성을 활용할 수 있게 한다. 통찰을 통해 왜곡된 부정적 자기이미지를 새롭게 인식하고 자신의 진정한 자아를 발견하며 정서적 안정감을 찾게 하는데 도움을 준다.

(2) 자살과 미술치료

자살 충동에 사로잡힌 사람의 그림에 종종 표현되는 자살의 사인(sign)이 있다. 미술치료는 창조에 대한 매개체인 미술을 사용한 치료과정으로 내면에 잠재된 무의식의 심상을 의식적으로 표출하게 한다. 미술치료에서의 심상화는 자아의 정체성과 자기지각에 대한 동일시의 표현이며, 현실화된 구체적인 내적 심상이다. 어떤 것으로 표현될 수 있는 것은 실제적으로 의미 있는 것이라는 점에서 역동적인 미술치료는 자살 치료를 위한 하나의 모형으로 생각될 수 있다. 심상화 과정은 언어나 다른 방법으로 표현할 수 없는 것을 전달하고 있다.

① 자살행동과 치료

a. 자살행동

자살은 또 다른 광의의 불안, 즉 언어장애나 자아포기(self-abnegation), 체념 등 생체심리학적인 불안 상태라고 하는 고통이 따르는 상태일 때 가능성이 높다.

- 자살에 대한 생각을 지속적으로 한다(자기 자신을 파괴하려는 충동을 가지는 것).
- 자살을 암시한다(자살 의도에 대한 언어적 비언어적 표현).
- 자해행위를 반복적으로 한다.

b. 자살 동기와 원인

첫째, 공격심이 타인이 아닌 자기 자신에게 작용하는 것이다.

둘째, 타인에 대한 보복이다.

셋째, 타인의 관심을 억지로 끌기 위한 것이다.

넷째, 과거의 과오를 만회하기 위한 것이다.

다섯째, 받아들여질 수 없는 감정을 씻기 위한 것이다.

여섯째, 이미 세상을 떠난 사람과 보조를 맞추기 위한 것이다.

일곱째, 스트레스나 불쾌감 등에서 도피하기 위한 것이다.

여덟째, 환생의 욕구를 충족시키기 위한 것이다.

c. 자살의 치료적 개입

첫째, 환자와의 관계를 발전시키도록 한다.

둘째, 환자가 가지고 있는 기본적인 문제를 확인하게 하고 상술하도록 돕는다.

셋째, 자살의 잠재적인 행동화를 평가한다.

넷째, 환자의 자원을 최대한 동원한다.

다섯째, 치료적 계획을 발전시킨다.

② 자살관련 모델

a. 정신분석적 모델

정신분석적 관점에 따르면, 인간은 한편으로는 사랑하고, 한편으로는 증오하는 사람이 죽게 되면 강한 공격적 감정이 유발되고, 이 감정이 자신의 내면세계로 향하게 되면 자살하게 된다고 보았다.

b. 사회학적 모델

첫째, 자기 자신이 다른 사람과 유대를 가지고 있지 못하고 고립되어 있다고 생각한 나머지 저질러지는 자살은 '이기적 자살(egostic suicide)' 이다.

둘째, 사회의 일원으로서 사회를 위해서 자신을 바친다는 뜻으로 스스로 목숨을 끊는 경우 '이타적 자살(altruistic suicide)'이라 한다. 이것은 순수한 사회적 요구에 의한 것이라고 생각되며, 순수한 자기희생 같은 것이 이에 속한다.

셋째, 사회적 무질서감에 의한 자살(anomie suicide)이라는 것이 있다.

③ 발달단계와 자살

a. 성인기

청년기 자살하는 사람들의 생육사에 대해 조사한 결과, 부모의 죽음이 자살에 크게 관여한다는 사실을 발견하였다. 이러한 사실은 파슨스(Parsons)의 체계이론에 의해 확대가족 구성원의 가계도에까지 확대되었다. 질보르그(Zilboorg)는 미해결된 오이디푸스 콤플렉스나 사랑의 대상을 상실한 것에서 수반되는 "양가적 동일시"가 있었다고 강조했다.

b. 장년기

자살 관련 요소로 정체감에 따른 역할전환을 강조한 콜린스(Collins, 1999)는 장년기에 사회적 역할은 증가하며, 더욱 복잡해진다는 것을 발견했다. 성공적인 인성발달은 역할통합 및 갈등을 일으키는 다양한 역할기대를 조화시키는 능력을 요구한다고 하였다. 미닝거(Menniger, 1938)는 "약간의 희망도 없거나 우울증에 빠진 사람들은 죽기를 희망하나, 이들 모두가 실제로 삶을 종식시키기 위해 고통으로부터 도망치는 방편으로 죽음을 택하는 것은 아니다"라고 믿었다.

c. 노년기

생애 초기의 중요한 시기인 정체감 혼미의 시기보다 노년기에 있어서 더욱더 뚜렷한 경향은 노인들은 자살에 대해 많은 시도를 하거나 전혀 하지 않는다는 것이다. 노인에게 있어 고려해야 하는 것은 죽음에 대한 예상이다. 인간은 늘 자신을 희생자(통제할 수 없는 사건이 발생할 때의 수동적인 객체)로서 지각한다. 현실적으로 희생자는 살고 싶은 마음으로 몸부림치며 필연적인 죽음에 따른 자신의 감정적 반응에 대한 의미를 찾을 필요가 있다.

노년기 사람들이 자살을 시도할 때 그것은 꽤 심각한 의도가 있다고 보며, 자살에 실패해서 살아남은 사람은 대체로 자신의 실패를 우발적인 요소와 서투른 계획 때문이라고 본다. 이것은 청년기 사람들에 의한 빈번한 조직적 자살 시도와는 아주 대조적이다.

④ 자살과 미술치료의 개입

미술치료는 창조 과정에 있어서 생산과 소비를 위한 미술재료의 제공이라고 표현되는 "급식(feeding)"이라는 특별한 전이적 문제들을 가지고 있다. 미술재료(food)를 선택하는 것은 계속 살아가기를 희망하는 것과 관련되며, 위니컷(Winnicott, 1971)이론에서의 좋은 모성 환경에 소속되기를 바라는 바램과 관련된다. 미술 작업은 자살행동에 대한 대체물이 될 수 있다(미술 창작 과정에서 환자가 자아인식의 기준을 세우는 데 도움을 주는 것임). 환자의 주체성의 확립을 나타내는 그림을 통해서 중요한 존재인 부모가 최초의 자아상을 거부한 아동기의 부정적인 기억들을 회상할지도 모른다. 이 최초의 거부반응은 자기표현(self-expression)을 거부할지도 모른다. 미술창작 과정을 통해 이루고자 하는 것은 거부 경험을 한 부분자아나 하위자아를 재형성하는 것이다.자살을 시도하는 환자 대상의 미술 작업은 인간 딜레마에 관한 미술적인 해석이나 진단학적 성과와는 또 다른 어떤 것을 얻을 수 있다. 미술 작업의 치료적 지지환경(holding environment)은 스스로 인지한 개인적 문제를 부분적으로나마 표현해 줄 상징적 치환을 할 수 있는 기회를 제공한다. 미술치료 과정에서 무의식적으로 나타난 보편적인 주제들은 상담자가 알고 싶어 하는 보이지 않는 중요한 메시지들을 포함할지도 모른다. 미술이 언어적 탐색을 촉진시키기도 하지만 환자가 미술 작업을 하는 것은 그의 작품과 의사소통을 하는 것이라 할 수 있다. 그러므로 미술치료를 통해 자아의 자율적인 통합기능이 획득될 수 있을 것이다.

(3) 섭식장애와 미술치료

미첼(Mitchell, 1980)은 미술 작업을 식욕부진증 환자들이 자아인식을 획득하는 데 가치 있는 도구로 보았으며 크롤(Crowl, 1980)은 식욕부진증 환자들의 그림들을 갈등의 세 영역(자아상, 자아존중, 자아통제)과 관련지어서 제시하였다. 신뢰

관계를 가진다는 것은 치료에 강한 저항을 보이는 극단적인 섭식장애가 있는 환자들에게는 어려운 일이다. 그러나 위협적이지 않은 미술치료 과정을 통해 상담자와의 신뢰관계를 발달시킬 수 있다. 환자들은 치료 과정에서 자신에 대해 이야기해야 하는 압박감을 받지 않아도 된다. 긍정적인 미술 경험들은 치료를 촉진시켜 신뢰감을 갖게 한다. 섭식장애 환자들의 치료 목적은 자신의 감정과 능력에 대해 신뢰감을 갖도록 하는 데 있다. 통제와 자율에 갈등하는 섭식장애 여성들은 음식에 대한 강박적인 관념으로 충동적인 행동을 한다. 그러므로 그들이 삶을 통제하고 자율성을 얻기 위해 적합하고 건건한 방식으로 자신들의 에너지를 조절하는 방법을 배우는 것이 중요하다. 미술치료는 미술 과업을 통해 섭식장애 환자들이 우월감과 성취감을 갖도록 돕는다. 미술작품의 창조는 환자들에게 에너지를 재생산하며 긍정적인 자아의 확대에 잠재력을 부여한다.

① 섭식장애 개념

섭식장애는 신경성 식욕부진증(Anorexia Nervosa)과 신경성 폭식증(Bulimia Nervosa)으로 분류되며 신체적·정신적으로 심각하고 중대하게 영향을 미치는 정신질환이다. 신경성 식욕부진증은 음식 섭취에 계속적인 통제와 지나친 신체활동으로 위험스러울 정도로 체중을 감소시키는 것이다. 신경성 폭식증은 폭식 후 스스로 구토하거나 하제, 이뇨제 등을 사용하여 체중을 줄이려 한다. 이러한 섭식장애는 지난 수년간 지속적으로 증가하고 있는 상황이다.

신경성 식욕부진증은 소아기에도 나타날 수 있으나 주로 사춘기 전후와 초기 성인 여성들에서 많이 발생한다. 심각하게는 성장기에 있는 섭식장애 청수년들이 음식을 거부하고 강박적으로 몸매만을 생각하다 결국은 타인과의 접촉을 꺼리고 자신만의 세계에 빠져 살게 된다. 섭식장애 환자들의 공통된 특징은 신체상의 왜곡과 인지장애로 자기신체에 대해 적대적이며 능력과 환경을 감각적으로 수용할 수 있는 힘이 제한되거나 황폐해져있다.

섭식장애 환자는 일반적으로 내적 갈등의 표현에 어려움이 있고 감정 표현이 힘들다. 자아존중감이 낮은 편이나 그러한 부분을 보이지 않기 위해 겉으로는 거만해 보이는 행동을 하기도 한다. 불안하고 불확실한 현재를 견디기 위해 해야 할 일들에 매달리는 경향이 있다. 그러다 자신의 기대치에 못 미치게 되면 자신을 공격하며 학대한다. 섭식장애 환자들은 약물, 알코올 남용을 함께하며 호르몬 이상 증세와 심장병, 불안·강박장애나 정신병적 장애까지 초래하게 된다. 이러한 증상이 장기간 지속되면 청소년기, 청년기를 거쳐 삶 전체를 위협하며 생명의 위험까지 이르게 된다.

② 섭식장애 원인

a. 생물학적 요인

신경성 식욕부진증은 유전적 요인이 있으며 갑상선 호르몬의 기초함량과 대사과정에 이상이 있다고 본다. 일란성 쌍생아가 이란성 쌍생아에 비해 발병률이 높다.

b. 심리적 요인

정신분석학적 관점에 의하면 섭식장애는 성적 충동의 억제나 또는 모자관계의 갈등 문제에서 야기된다고 한다. 신경성 식욕부진증 여성은 어머니와의 관계가 정상적이지 못한 경우가 많다. 어머니에게 과도한 의존으로 자아의 발달기능이 저하되고 자신감을 상실하고 퇴행 상태에 머무르려 한다.

c. 사회문화적 요인

산업화된 현대사회 문제의 일면으로 본다. 여성의 몸매를 상품화하고 여성의 완벽성을 강조하는 사회적 분위기가 영향을 미치는 것이다.

d. 가족적 요인

가족력을 살펴보면 섭식장애, 우울, 기분장애 등이 나타나고 알코올·약물의 의

존도가 높다. 가족 간 지나친 친밀함이나 과잉보호, 완고함, 갈등상황을 회피하는 경향 등이 요인이 될 수 있다.

③ 섭식장애 이론

환경치료적 접근과 학제적 접근이 유용하다. 신경성 식욕부진과 신경성 폭식증 환자를 치료하기 위한 이상적인 입원환자 프로그램은 매우 구조적이어야 한다. 동시에 그것은 지지적이고 비처벌적인, 인본주의적인 것이 되어야 한다. 섭식장애 증후학의 복잡성 때문에 다변인 이론은 중요한 치료 이론으로 널리 보급되어왔다. 이 이론의 핵심은 비정상적인 영양섭취의 개선, 통제에 대한 문제, 부적응적인 가족 상호작용의 명료화, 그리고 자신을 속이고 삶을 위협하는 그릇된 해결책의 기초가 되고 있는 잘못된 가설들의 교정 등이다.

④ 치료팀 기능과 개인 치료의 평가요소

a. 치료팀 기능

- 허용적인 기초 위에서 각 환자에 대한 종합 평가를 실시한다.
- 다양한 분석 방식을 활용한다.
- 효과적인 치료 전략을 설계한다.
- 목표 달성을 위한 의사를 교환한다.
- 치료의 목적 달성을 위해 환자의 협력이 있어야 한다.

b. 개인 치료의 평가요소

- 날씬해지고 싶은 욕구
- 대식증에 대한 에피소드
- 몸매에 대한 불만족
- 개인에 대한 무력감 / 자아존중감의 결핍
- 완벽함
- 인간관계의 불신

- 신체적 감각에 대한 고유수용감각의 인식에 있어서의 어려움
- 성숙에 대한 공포

⑤ **신경성 식욕 부진증, 신경성 폭식증 진단기준**(〈표 4-1〉, 〈표 4-2〉 참조).

〈표 4-1〉 신경성 식욕부진증

신경성 식욕부진증 진단 기준

A. 필요에 비해 음식 섭취를 제한함으로써 나이, 성별, 발달수준, 신체건강에 비추어 심각한 저체중 상태를 초래된다. 심각한 저체중이란, 최소한의 정상수준에 미달하거나 기대수치 이하의 체중미달을 의미한다.

B. 심각한 저체중임에도 불구하고 체중증가나 비만에 대한 강한 공포를 가지고 있거나 또는 체중증가를 방해하는 지속적인 행동을 나타낸다.

C. 체중과 체형을 왜곡하여 인식하고 체중과 체형이 자기평가에 지나친 영향을 미치거나 또는 현재의 체중미달에 대한 심각성을 지속적으로 인식하지 못한다.

〈유형의 세분화〉

제한형: 지난 3개월 동안 폭식이나 먹은 음식을 배출하는 행동을 반복적으로 하지 않은 경우(예: 스스로 유도하는 구토나 하제, 이뇨제, 관장제 오용 안함) 이 유형은 체중감소가 주로 다이어트, 단식 또는 과도한 운동으로 이루어지고 있음을 의미한다.

폭식 및 하제사용형: 지난 3개월 동안 반복적으로 폭식하거나 먹은 음식을 배출하는 행동을 한 경우(스스로 유도하는 구토 또는 하제, 이뇨제, 관장제의 오용)

출처: 김청송(2015). 사례중심의 이상심리학. 재인용.

〈**표 4-2**〉 신경성 폭식증

신경성 폭식증 진단 기준

A. 반복적인 폭식행동이 있고 폭식행동은 다음 두 가지 특징으로 나타난다.
   1. 일정한 시간동안(2시간 이내) 대부분의 사람들이 유사한 상황에서 동일한 시간동안 먹는 것보다 분명하게 많은 양의 음식을 먹는다.
   2. 폭식하는 동안 먹는 것에 대한 조절 능력의 상실이 있다(예 : 먹는 것을 멈출 수 없으며, 무엇을 또는 얼마나 많이 먹어야 할 것인지를 조절할 수 없는 느낌)

B. 스스로 유도한 구토 또는 하제나, 이뇨제, 관장약, 기타 약물 남용. 또는 금식이나 과도한 운동과 같은 체중 증가를 억제하기 위한 반복적이고 부적절한 보상행동이 있다.

C. 폭식과 부적절한 보상행동은 평균적으로 적어도 1주 1회 이상 3개월 동안 일어난다.

D. 체형과 체중이 자기평가에 과도한 영향을 미친다.

E. 현재의 심각도 구분(부적절한 보상행동의 1주일 평균 횟수)
   - 경도: 1~3번
   - 중등도: 4~7번
   - 중증도: 8~13번
   - 최중증도: 14번 이상.

출처: 김청송(2015). 사례중심의 이상심리학. 재인용.

신경성 식욕부진증 환자들이 몸매와 식사 행위들에 대해 엄격한 통제를 하는 것에 대해 신경성 폭식증 환자들은 종종 자신을 '실패한 식욕부진증 환자'로 본다. 환자는 식사 행위에 대한 통제력을 얻고자 자신의 충동들과 끊임없이 투쟁한다. 그들은 먹고 싶은 욕구에 굴복하여 음식을 지나치게 많이 먹은 후 체중을 통제하기 위해서 구토제나 완화제로 음식물을 깨끗이 씻어낸다. 많은 환자들은 변통 행동으로부터 안도감과 도취감을 경험하기 때문에 먹기 위해 배설한다기보다 배설하기 위해 먹는다.

⑥ 섭식장애와 미술치료의 개입

a. 미술치료의 의미

유럽, 미국 등에서는 오래전부터 섭식장애에 대한 다양한 치료형태가 개발되고 있다. 그중에도 미술치료가 중요한 역할을 하고 있으며 미술치료는 섭식장애 환자들 치료에 새로운 차원의 접근으로 의사소통의 가능성을 연결시키는 기회를 주었다. 미술치료는 단일팀보다 다른 치료팀과 팀을 이루어 통합적 접근을 시도한다.

섭식장애 환자들은 자신의 감정을 의식하거나 판단하지 못하기 때문에 스스로 더 자제하고 조심스러워한다. 자기 확신이 없고 자기결정에 회의감을 가져 무능력함은 더욱 커져간다. 결국 사회적 관계는 단절되고 타인과의 소통은 어렵게 된다.

미술치료는 환자가 자기 문제에만 몰두하는 것에서 벗어나 미술활동에 몰두하게 함으로 두렵고 답답한 상황에서 벗어날 수 있도록 돕는 역할을 한다. 미술활동은 상상이나 판타지 등을 통해 다양한 감정의 스펙트럼을 간접적으로 안전하게 표출하게 한다. 섭식장애 환자들은 미술치료 초기 즉흥적인 그림을 통해 자기통제를 상실하게 되는 것에 대한 두려움을 많이 나타낸다. 그러나 미술치료 과정을 거치며 그림은 자신을 나타내는 안정된 공간임을 인식하고 자신에게 문제가 되는 자기통제를 할 수 있다는 것을 배우게 된다.

b. 섭식장애 환자 그림의 특징

머피(Murphy, 1986)는 섭식장애 환자의 그림에서 지속적으로 반복하여 나타나는 모티브를 네 가지 범주로 분류하였다. 첫째, 명백하게 나타나는 형상(예: 회오리나 소용돌이, 바닥의 깊이를 알 수 없는 웅덩이 등) 둘째, 동물(대부분 개와 말) 셋째, 꽃과 식물 선인장과 가시나무 넷째, 풍경화와 정원이다. 이러한 그림이 반복적으로 나타나는 것은 벗어날 수 없는 절망적인 현실에 대한 속박감을 가질 때이다. 회오리나 소용돌이 그림은 자신의 부족한 표현능력, 인간관계의 어려움에 대한 방어적 표현이며 개나 말과 같은 동물 그림은 신체적 활동에 대한 욕구를 나타낸다고 보았다. 꽃과 식물 그림은 스스로를 꽃과 같이 느낀다는 것을 암시하는 것으로 자기 반영적 의미에서 치료적 진전으로 본다. 풍경화나 나무는 치료 후반부에 자주 나타나는데 풍경화는 보통 대칭적으로 균형을 이루며 나무 그림은 성장 과정을 나타낸다고 할 수 있다. 두 나무를 대칭적으로 그렸다면 정신적으로 대립의 양극화를 상징적으로 나타내는 것이다. 인물화에 나타나는 일반적인 특징은 자기 신체상에 대한 왜곡이 그대로 반영되어 유아적 표현이나 팔다리가 부속품처럼 붙어있거나 발이 바깥쪽을 향해 돌려져 있는 경우가 많다. 신체상은 길고 가는 형태로 마치 만화에 나오는 소녀처럼 그리며 인물은 꽃밭에 서 있는 경우가 많다. 그들은 반복적인 그림을 자주 그리지만 치료를 통해 그림과 행동의 변화를 알 수 있다. 동일한 모티브를 그린다 해도 그림에 진전이 있으면 그들의 마음이 안정감을 느끼고 행동이 달라진다는 것을 관찰할 수 있다. 그들은 그림이 자신에게 확실한 의미가 있다는 것을 인식하며 그림을 통해 자신을 느끼고 고찰하는 기회를 갖는다.

⑦ 미술치료 계획 및 집단미술치료의 적용

a. 미술치료 계획

미술치료 기법들은 개인치료 뿐만 아니라 집단치료에서도 적용될 수 있다. 개인치료를 받는 환자도 이후 집단치료에 합류시키는 것을 염두에 둔다. 치료 기간, 시간에 대해 정해진 것은 없으나 개인치료는 주 1회, 집단치료는 주 2~3회씩 10주 정도 실시한다. 시간은 1시간~1시간 30분 정도 진행한다. 집단의 크기는 4~6명 정도가 적절하고 참여 명단이 확보된 폐쇄집단이 좋다.

미술치료 주제는 자유화, 난화, 얼굴 그리기, 집단화, 콜라주 기법의 여성 신체 이미지화, 이상적인 신체 그리기 등이다.

b. 집단미술치료의 적용

식욕부진이나 폭식증 환자의 집단 과업에 몇 가지 장점이 있다. 집단 구성원들과 함께 과업을 수행하고 그림을 통해 공간을 분할하고 과제에 대해 토론하며 피드백을 교환한다. 사회적 기능은 이러한 긍정적인 사회경험을 통해 촉진된다. 집단에서 환자들은 그들이 환자가 아니라 감정과 외로움과 소외감에서 벗어나도록 상호지지를 해 줄 수 있다는 것을 발견한다. 예를 들어 자신을 뚱뚱한 것으로 왜곡되게 보는 환자는 자신과 비슷한 체중을 가진 타인은 뚱뚱하다고는 보지 않을 것이다. 집단과정에 의해서 현실검증의 기준이 소개되고 자신을 너무 뚱뚱하다고 생각하는 참가자들은 서로에 의해서 자신의 왜곡된 인식과 직면하게 된다. 사회적 연대, 공유, 감정 표현, 문제 해결, 신체상의 직면, 그리고 매체에 대한 숙련 등을 위해 고안된 집단미술의 치료 과업이다. 이러한 방법은 외래 또는 입원 식욕부진증 환자나 대식증 환자 집단에게 사용될 수 있다. 집단 구성원은 사인펜이나 크레용을 사용해서 함께 벽화를 제작하거나 삼차원적 매체를 사용해서 함께 미술작품을 만들도록 지시받는다. 사인펜, 크레용, 파스텔, 잡지 그리고 콜라주 매체, 마분지, 점토 등과 같은 매체를 사용한다. 집단 구성원들은 언어적, 비언어적으로 함께 작업하며 문제를 해결하게 된다.

2 성인미술치료 사례분석

1) 사례

우울증 성인 여성의 자아존중감, 자아탄력성 향상을 위한 개인미술치료

2) 연구대상

30대 초반의 미혼여성인 김○○씨는 어머니와 단둘이 지낸다. 2살 위 언니는 2년 전 결혼하여 분가한 상황이며 아버지는 P씨가 중학생 때 이혼 후 별다른 연락 없이 지내는 상황이다. 아버지의 가정폭력이 심하였고 그 중 엄마에 대한 학대가 유독 심하였다고 한다. 김○○씨는 우울증으로 정신과 약을 복용 중이며 수차례의 자해 시도를 하였다.

3) 주 호소 문제

우울증 증상이 심하고 자신감, 자아존중감이 낮은 편으로 타인에 대한 두려움이 크다. 변화에 대한 자신감이 매우 부족하였다. 현재 경제활동을 하지 못하는 상황이라 경제활동이 가능해지고 자신을 긍정적으로 생각하게 되고 자신감이 향상되기를 원하였다.

4) 연구기간 및 장소

2020년 4월 2일~2020년 7월 8일까지 주 1회 1시간 30분씩 총 15회기 프로그램을 경기도 K시 ○○상담센터에서 진행하였다.

5) 연구프로그램 및 실시절차(〈표 4-3〉 참조)

초기 면접 후 총 15회기 개인미술치료 프로그램을 진행하였다. 사전 그림투사. 척도검사를 통해 내담자의 현재 심리상태를 살펴보았으며 사후검사를 통해 미술치료 후 변화 정도를 확인하였다. 미술치료 참여 과정을 통해 내담자의 자기이해와 억제된 내면의 감정 표출, 부정적인 사고를 긍정적으로 변화하여 자신만의 강점, 가능성을 인지하도록 격려, 지지한다. 심리적 안정과 자아존중감 및 자아탄력성 향상에 도움이 되는 미술치료 프로그램을 고안하였다.

6) 연구도구

(1) 질적 검사

사례연구, 동적 집-나무-사람(KHTP) 검사, 빗속의 사람(PITR)검사

(2) 양적 검사

자아존중감, 자아탄력성검사

7) 미술치료 프로그램

〈표 4-3〉 우울증 성인여성의 자아존중감, 자아탄력성 향상을 위한 개인 미술치료 프로그램

단계	회기	프로그램명	목표	활동내용	준비물
초기	1	〈사전검사〉 – 질적 검사: KHTP, PITR – 양적 검사: 자아존중감, 자아 탄력성 척도	내면 탐색 가족 역동탐색	1. 내면 탐색을 위한 그림투사 진행 2. 양적 검사를 통해 자아존중감, 자아탄력성 척도 확인	검사지, 척도지, 연필, 지우개
	2	남이 보는 나 내가 보는 나	나와 남이 보는 관점에서의 차이를 비교하며 나에 대한 이해를 높인다.	한 장의 도화지에 남이 보는 나의 모습을 그리고 다른 한 장에 내가 보는 나의 모습을 그리어 차이를 살핀다.	도화지2장, 색연필, 사인펜
	3	난화게임	무의식 탐색	도화지를 4분할하여 자른 후 각각의 용지에 4개의 기호(타원, 직선, 나선, 계단 등)를 그린다. 이후 기호들을 사용하여 그림을 완성 후 그림에 순번을 정하여 이야기를 꾸민다.	도화지, 색연필, 사인펜
	4	9분절통합회화	내면탐색 (삶의 우선순위, 중요가치, 스트레스 등)	나와 관계있는 것을 9분할한 도화지의 오른쪽 가장 아래 칸에서 시계 반대 방향 순으로 그린다. 첫 번째 그림과 마지막 그림(가운데)을 중심으로 살펴본다.	도화지, 색연필, 사인펜
중기	5	감정화	현재의 감정, 희망하는 긍정 감정의 표현	현재의 감정과 희망하는 긍정감정을 자유롭게 이미지화 한다.	도화지 2장, 물감세트
	6	우드락 격파	억제된 부정 감소 표출, 긍정적 미래의식	우드락판에 힘들었던 ,속상했던 경험이나 감정 등을 적거나 그림으로 그린다. 형식 없이 자유롭게 부정 감정을 표현 후 우드락판을 격파하듯 부순다. 부정 요인을 제거하며 긍정적 사고로 유도한다.	컬러우드락, 유성매직세트
	7	핑거페인팅	감정의 이완, 내면 표출	도배 풀 또는 쉐이빙 폼을 비닐 바닥에 펼치고 물감을 섞어 자유롭게 만지고 주무르며 감정의 이완을 경험한다.	도배풀 또는 쉐이빙 폼, 물감 아세테이트비닐

단계	회기	프로그램명	목표	활동내용	준비물
중기	8	감정꾸러미	감정발산, 심리적 안정	신문지를 찢고 던지며 자유롭게 감정을 발산한다. 이후 찢은 신문지 조각들을 모아 나만의 소중한 꾸러미를 만든다.	신문지, 한지, 가위, 테이프
후기	9	강점꾸미기	강점 및 가능성 발견	강점과 관련된 그림을 자유롭게 그리고 꾸민 후 그림 안에 자기 강점을 표현한다. 이후 내담자의 강점, 가능성에 대하여 이야기 나눈다.	색종이, 도화지, 풀, 색연필, 사인펜, 가위 외 꾸밈재료
	10	가면꾸미기	내면의 나 & 희망하는 나	다양한 종이 가면 중 원하는 가면을 선택하여 현재의 나와 희망하는 나를 생각하며 가면을 꾸미도록 한다.	다양한 종이가면, 컬러점토, 유성매직세트
	11	하트메시지	셀프리더십 강화	하트 용지(도화지를 반 접어 하트의 반쪽을 자른다) 앞면은 자신의 강점 이미지를 그리고 뒷면에는 스스로를 칭찬, 격려, 응원하는 셀프리더십 메시지를 적는다.	컬러A4 2장, 가위, 사인펜, 색연필
	12	인생의 중요항아리	인생에 중요한 것은 무엇? 중요치 않은 것은?	세 개의 항아리를 그린 후 꾸민다(아주 중요한, 중요한, 중요하지 않은). 각 제목에 적합한 내용을 적는다.	도화지, 사인펜, 색연필
종결	13	목표세우기	인생목표 설정(단기, 중기, 장기). 목표달성을 위한 작은 실천 행동 정하기	세 개의 단을 그린 후 가장 꼭대기에 나의 인생 목표를 적는다. 1단-3단으로 구분하여 목표 달성을 가능케 하는 작은 실천 계획을 정한다.	도화지, 색연필, 사인펜
	14	긍정상자 꾸미기	자신감, 자아존중감 향상, 긍정적 사고함양	상자의 겉면은 보여지는 나의 긍정 이미지를 표현하며 상자 안은 희망하는 나의 이미지를 표현한다. 이후 컬러 A4용지를 손바닥 크기로 잘라 10개 정도 준비하여 각각의 종이에 자신의 강점과 격려의 글을 적어 상자 안에 담는다.	상자(뚜껑포함), 잡지, 가위, 풀, 사인펜, 컬러 A4용지
	15	〈사후검사〉 – 질적 검사: KHTP, PITR – 양적 검사: 자아존중감, 자아탄력성 척도	사전 · 사후 변화정도 확인	사전검사에서 실시한 그림투사, 척도검사를 실시하며 변화의 정도를 확인한다.	척도지, 연필, 지우개

8) 연구결과

(1) 질적 검사

① 개인행동 변화

〈표 4-4〉 개인행동 사전 · 사후 변화

항목	사전	사후
자아 존중감	자신감이 매우 부족하였다. 자기주장, 자기표현 능력이 부족하여 타인 의견에 순응하는 편이다. 전문자격증을 소지하고(미용, 네일아트 등) 있으나 활용하지 못하고, 사람들과의 접촉을 힘들어하여 집에서 대다수의 시간을 보낸다. 힘든 내면을 누구에게도 말하지 못하여 감정이 극도로 우울하거나 불안해지면 자해를 시도하여 마음의 안정을 찾는다. 엄마와 관계가 좋으나 엄마에게 말하면 엄마가 속상해할까봐 속마음을 표현하지 않는다.	엄마에게 자신의 힘든 속마음을 말하기 시작하였다. 또한 엄마와 하루 한 번씩 산책, 운동을 하고 가까운 곳으로 여행을 가는 등 외부로 나가는 노력을 시도하였다. 언니, 형부가 운영하는 온라인 업무를 봐주며 재택근무를 시작하였다. 미술치료 중 자해 시도를 거의 하지 않았다. 자신의 강점, 가능성을 발견하며 용기의 필요성을 말하기 시작하였다. 친구, 가족들에게 자기표현을 하게 되었다.
자아 탄력성	대인관계의 어려움이 커서 타인과의 전화통화를 힘들어하여 통화보다는 문자로 소통하였다. 부정적, 비관적인 사고를 가지고 있으며 죽음에 대한 생각을 한다. 불안감, 감정 조절의 어려움이 크다.	문자로만 주고받던 소통 방법이 바뀌어 전화 통화가 가능해졌다. 부정적으로 보던 미래를 서서히 긍정적으로 보기 시작하며 자신과 가족의 건강과 행복에 대해 말하였다. 처음으로 엄마에게 요리를 해주기 시작하였으며 우울, 불안 감정이 커지면 혼자 있기보다 엄마 방으로 건너가 엄마 곁에서 심리적 안정을 찾는 등 자신만의 방법들을 강구하였다.

② 그림투사 변화

〈표 4-5〉 그림투사 사전 · 사후 변화

항목	사전	사후
동적 집 나무 사람 (KHTP)	 **[그림 4-1]** 혼자 사는 집과 모르는 남자, 외롭고 쓸쓸한 나무를 그리었다. 그림에서 여자는 마트에서 장을 보고 오는 중이며 순하고 착하다. 남자는 아무 생각 없고 한심해 보인다. 나무가 좀 더 건강해지기를 원하였다(자아가 견고해지기를 소망함). 모르는 남자(20대 자신에게 상처를 준 남성의 무의식적 표현)를 부정적으로 표현하였다.	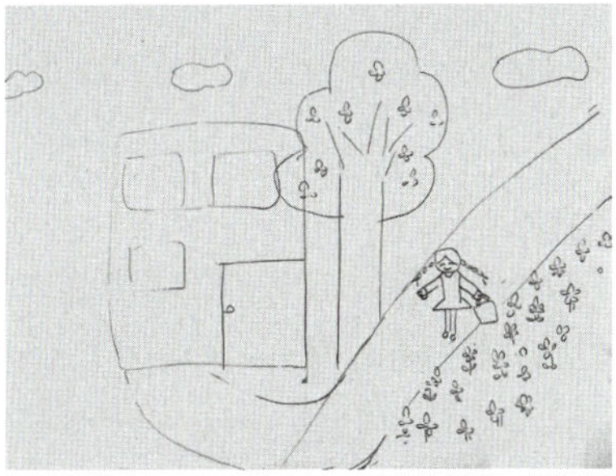 **[그림 4-2]** 집은 엄마와 내가 사는 곳이며 나는 장을 봐서 집으로 가는 중이다. 엄마에게 음식을 해 줄 생각에 기분이 좋다. 사전 그림에서 표현된 모르는 남자 그림은 사라졌으며 가족을 위해 장을 보고 오는 자신의 모습을 긍정적으로 표현하였다. 외롭고 쓸쓸한 나무에 꽃이 피기 시작하였고 나무는 건강하게 잘 성장하는 견고한 나무로 표현하였다.
빗속의 사람 (PITR)	 **[그림 4-3]** 비가 무척 많이 내리는 중으로 우산을 쓰고 집으로 가는 중이다. 비에 옷의 일부가 젖어 축축하여 기분이 좋지 않아 빨리 집으로 가서 씻기를 원하였다. 문제 정도가 크고 부정적 사고가 크나 해결 능력, 보호기제를 갖추고 있다. 우산 크기가 사람크기에 비해 다소 과하게 큰 편으로 문제를 확대해석할 경향이 있어 보인다.	 **[그림 4-4]** 보슬비가 내린다. 나는 집에서 책을 보며 나만의 시간을 보내고 있다. 문제의 정도가 사전 그림에 비해 작아졌으나 문제에 직접적으로 나서기보다(회피) 혼자만의 편안한 공간에서 안정적인 시간을 보내는 것으로 표현하였다.

(2) 양적 검사

〈표 4-6〉 양적 검사 사전 · 사후 변화

항목	사전	사후
자아존중감	15	28
자아탄력성	90	118

자아존중감 검사는 총 10문항 4점 리커트 척도로 평가 범주는 10~40점으로 이루어져 있다. 내담자의 자아존중감 사전 점수는 15점으로 매우 낮은 편이었으나 사후검사에는 13점이 향상된 28점의 수치를 나타내었다. 자아탄력성 검사는 총 40문항으로 평가 범주는 40~200점으로 이루어져 있다. 내담자의 자아탄력성 사전 점수 또한 90점으로 매우 낮은 편이었으나 사후검사에는 28점 향상된 118점으로 나타났다(〈표 4-6〉 참조). 두 검사 모두 높은 수치는 아니지만 사전검사에 비해 전반적으로 향상되었음을 알 수 있다.

9) 미술치료 작품사진

〈표 4-7〉 미술치료 작품사진

2회기	3회기	6회기
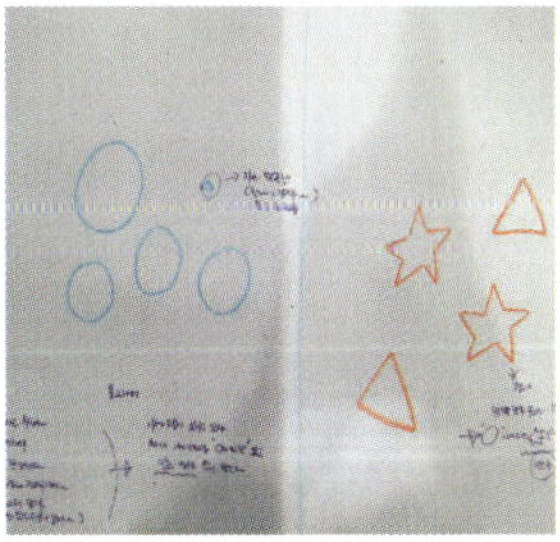	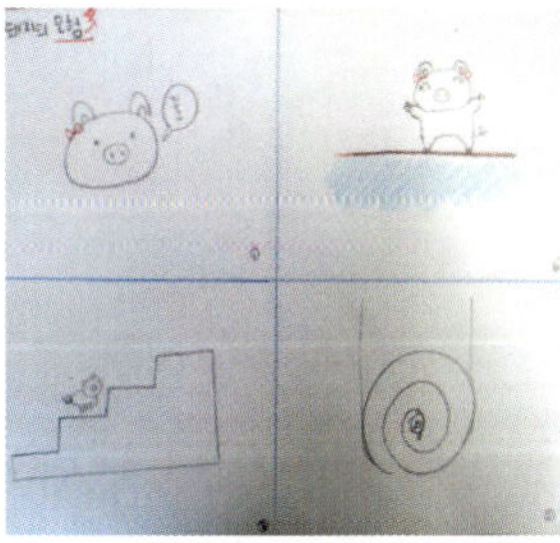	
[그림 4-5] 남이 보는 나, 내가 보는 나	**[그림 4-6]** 난화게임	**[그림 4-7]** 우드락 격파

11회기	12회기	13회기
	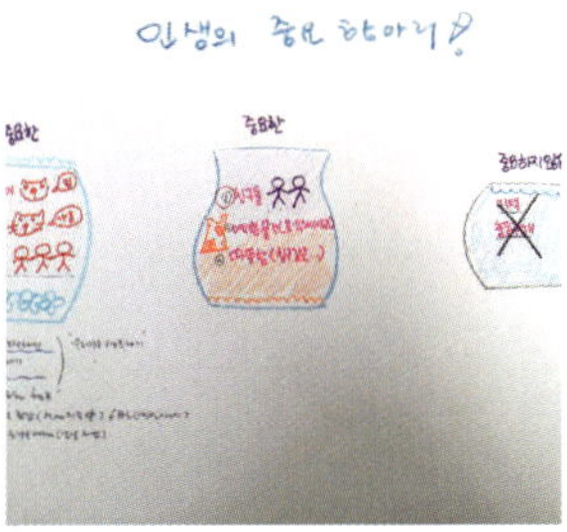	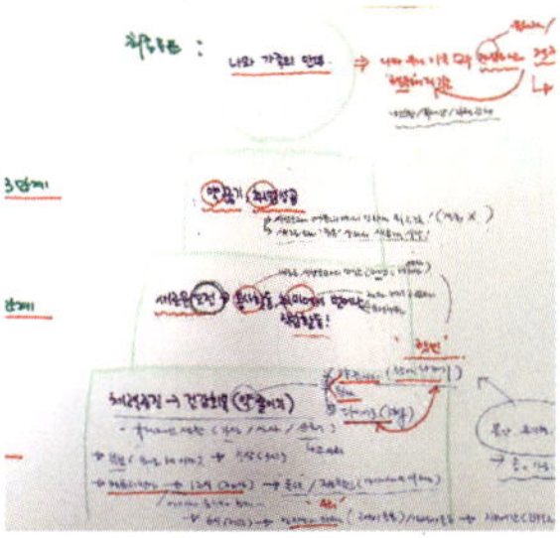
[그림 4-8] 하트메시지	**[그림 4-9]** 인생의 중요 항아리	**[그림 4-10]** 목표세우기

3 성인미술치료 실습

1) 미술치료 기법: 긍정상자 꾸미기

앞 사례에서 진행한 '긍정상자 꾸미기'를 소개하고자 한다(〈표 4-8〉 참조). 아래 실습 방법과 상담 과정 적용, 응용을 바탕으로 내담자 상황에 맞게 적절하게 사용할 수 있다.

〈표 4-8〉 미술치료 실습(긍정상자 꾸미기)

미술 매체	상자(뚜껑 포함), 잡지, 가위, 풀, 사인펜, 컬러 A4용지
방법	① 자신의 강점과 희망하는 자기 모습을 생각해 본다. ② 잡지나 사진 등을 활용하여 상자의 겉면은 긍정(강점)이미지를 상자 안은 희망하는 나의 모습을 표현한다. ③ 자신의 강점과 긍정적 이미지, 희망하는 모습에 관해 이야기 나눈다.
상담 과정 적용	① 상자 밖은 자신의 강점, 긍정적인 이미지를 표현하도록 한다. 유사한 내용을 잡지에서 찾는다. (예: '마음이 따뜻한 것 같다는 말을 들었어요 → 그래서 잡지에서 털옷을 입은 사람 사진을 선택했어요') ② 상자 안은 내담자가 희망하는 모습과 유사한 이미지를 잡지에서 찾거나 그림으로 표현한다. (예: '당당하고 활기찬 사람이 되고 싶어서 붉은 옷의 당당한 여성과 춤추는 여성의 사진을 찾았어요'_ ③ 내담자의 긍정적인 모습과 희망하는 모습의 유사점, 차이점 등을 살피며 칭찬, 지지, 격려한다.
응용	① 컬러 A4용지를 손바닥 크기로 잘라 10개 정도 준비한다. ② 각각의 종이에 자신의 강점과 격려의 글을 적어 상자 안에 담는다. ③ 완성 후 상자의 이름을 정하며 상자에서 표현한 내담자의 긍정적인 모습과 강점에 관해 이야기 나눈다.

작품 사진	 [그림 4-11] 긍정상자 꾸미기

2) 치료 회기기록지

진행한 치료 회기기록지는 앞 사례에서 실제로 진행했던 '긍정상자 꾸미기' 기법을 작성한 치료 회기기록지이다(〈표 4-9〉 참조). 상담 과정에서 상담자가 내담자에게 '핑거페인팅' 기법을 어떻게 진행하는지 핵심 부분 위주로 작성되었기 때문에 미술치료를 진행하는 상담자에게 실제 적용 방법을 이해하고 습득하는 데 도움이 된다.

〈표 4-9〉 긍정상자 꾸미기 치료 회기기록지

치료 회기기록지 (14) 회

날 짜	2020년 7월 1일	소요시간	pm 13:00–14:00
내 담 자 명	김○○(30대 중반)	상담자명	양○○
프로그램명	긍정상자 꾸미기		
목 표	자신감, 자아존중감 향상, 긍정적 사고함양		
준 비 물	상자(뚜껑포함), 잡지, 가위, 풀, A4용지, 사인펜		

	상담자의 언어 및 행동	내담자의 언어 및 행동
프로그램 전 분위기	(1) ○○씨 잘 지내셨어요? 오늘 상담소에 오는데 어려움은 없으셨나요? (2) 그래요? 아이들을 봐주었다고요? 전에도 그런 적이 있나요? 변화해가는 모습이 대단하세요. 지연씨 칭찬합니다.	(1) 안녕하세요. 선생님...네, 괜찮았어요. 엊그제 엄마 아시는 분 아이들을 잠깐 봐주었는데 피곤했는지 조금 힘든 것 같은데 그래도 괜찮아요. (2) 아니요. 전에는 애들 신경 쓰이고 힘들어서 생각도 못 했죠. 저 많이 발전된 것 같아요(웃음)
치료과정	(1) 오늘은 긍정 상자 꾸미기를 하려 해요. 상자 밖은 남들이 보는 ○○씨의 좋은 모습과 관련된 그림, 사진으로 꾸미고 상자 안은 ○○씨가 희망하는 삶의 모습으로 꾸미는 거예요. 그리고 우리는 오늘 여기에 하나를 더 추가하여 작은 하트 용지에 자신의 강점과 자신을 격려, 지지하는 문구를 적으려 해요. 혹시 제 설명 이해하셨나요? (2) 그렇죠. 여기 잡지와 색종이 등 준비물이 있으니 자유롭게 사용하세요. 저는 작은 하트 용지를 만들어 놓겠습니다. (3) 네, 맞아요. 저도 ○○씨의 강점과 응원의 메시지를 다섯 장 적을 꺼에요 (4) 다 되었나요? 작품 설명 부탁해요. (5) 그렇군요. ○○씨는 정말 마음이 따뜻하고 좋은 사람이에요. 미용, 메이크업, 네일아트 등 자격증도 있으니 무척 훌륭하죠. 상자 안에 표현한 자신감 있고 활기찬, 향기가 있는 여성이 되기를 원하는 마음이 진심으로 느껴지네요. 우리 하트 메시지도 함께 볼까요? ○○씨의 강점, 격려의 메시지 그리고 제가 ○○씨를 생각하며 적은 응원의 메시지들을 함께 보도록 해요 ——— 중략 ———	(1) 네. 상자 밖은 나의 좋은 모습을 상자 안은 내가 희망하는 모습을 꾸미라는 말씀이죠? (2) 네, 시작할게요. ——— 미술활동 진행 ——— (3) 다 됐어요. 하트 용지에는 내 강점과 나를 응원하는 글을 쓰면 되나요? (4) 상자 밖에 붙인 사진은 사람들이 저를 칭찬해 주었던 내용이에요. 마음이 따뜻하다는 소리를 가끔 들었고, 미용을 전공해서 미용, 메이크업 등을 잘한다고 해요. 술도 적당히 분위기 맞출 정도로 마신다고 말을 들었어서 관련된 사진을 붙었어요. 상자 안은 내가 바라는 것들인데 당당하고 활기찬 사람이 되고 싶어서 붉은 옷을 입은 여성과 춤추는 여성의 사진을 붙였어요. 그리고 향기 나는 사람이 되고 싶어 향수를 붙이고 좋은 아내가 되고 싶어 남자 사진도 붙였어요.
내담자 평가	내담자는 자신의 강점과 희망하는 모습을 스스로 표현하며, 긍정적인 자기인식을 할 수 있었다. 미술치료 전과 다르게 산책, 운동, 아이 돌봄, 아르바이트(재택근무), 엄마 요리해 주기 등을 시도하며 자신감, 자존감의 향상을 표현하였다.	
다음 회기 계획	사후 KHTP, PITR 그림투사	

4 성인미술치료 프로그램

성인미술치료 프로그램은 우울증 감소와 자존감 향상, 긍정적 사고를 필요로 하는 성인을 위한 프로그램으로 상황에 맞게 적절하게 활용할 수 있다.

1) 개인 미술치료 프로그램

2) 대상

우울증 감소, 긍정적 사고 전환을 필요로 하는 성인

3) 회기별 미술치료 프로그램

〈표 4-10〉 우울증 감소를 위한 성인 개인미술치료 프로그램

회기	프로그램명	활동내용	기대효과
1	사전검사 -KHTP, PITR	도화지, 연필을 사용해 동적 집나무사람 그림과 빗속의 사람그림을 그린다.	욕구 및 내면탐색, 환경과의 상호작용, 스트레스 및 해결능력 탐색
2	심상화	눈을 감고 자신에 집중하도록 한다. 떠오르는 이미지나 실제상황을 그림으로 표현한다.	무의식의 의식화, 심리상황 인식

회기	프로그램명	활동내용	기대효과
3	감정파이	평소 느끼는 감정에 대하여 생각해 본다. 종이에 원을 그리고 느끼는 감정의 종류와 크기에 따라 면을 나눈 후 감정의 이름을 붙이고 그림이나 색을 칠한다	감정의 인식과 표현
4	미해결과제	자신의 과거 미해결과제를 그림으로 표현한다. 그림을 보며 현재의 느낌을 표현한다.	건강한 삶을 방해하는 내면의 미해결 과제 표현. 문제극복 기회 제공
5	콜라주	잡지의 사진이나 그림, 글 등 마음에 드는 것을 잘라 종이에 붙인다.	자기인식 및 심리상황의 인식
6	감정꾸러미	신문지를 찢어 던지고 밟으며 스트레스를 푼다. 평소의 감정을 생각하고 감정의 양만큼 종이를 모아 꾸러미를 만든다.	억제된 감정의 표출 및 발산, 스트레스의 해소
7	긍정상자 꾸미기	상자 밖은 자신의 긍정 이미지를 상자 안은 희망하는 나의 모습을 표현한다. 추가하여 작은 종이에 자신의 강점, 자신에게 하고 싶은 말 등을 적어 상자에 담는다.	강점 및 가능성 발견, 긍정적 자아상 인식
8	편안하고 안전한 장소	안전함과 편안함을 줄 수 있는 장소를 만들고 그곳에서의 느낌을 말한다.	심리적 안정감, 편안함 제공
9	선물 만들기	자신에게 주는 선물 만들기. 물질적인 것이 아닌 마음이 필요로 하는 것이 무엇인지 생각해 보도록 한다	자기위로 및 강화, 욕구의 재확인
10	묵화	행복한 순간, 기억 등을 주제로 먹물을 사용하여 화선지에 묵화를 그린다. 이후 색연필, 수채화 물감, 오일파스텔 등을 활용해 채색한다. 추가로 완성된 그림 뒷면에 색 한지를 크기에 맞춰 덧붙여 완성도 있는 작품으로 마무리한다.	신체이완, 긍정감정 및 정서함양
11	인생의 중요 항아리	아주 중요한, 중요한, 중요하지 않은 세 개의 항아리를 꾸미고 그와 관련한 내용을 글 또는 그림으로 표현한다. 중요하게 지켜야 할 것, 중요치 않은 것들에 관하여 정리한다.	내담자의 가치와 지각의 향상, 생각의 정리
12	사후검사 –KHTP, PITR	사전에 그렸던 동적 집나무사람 그림과 빗속의 사람그림을 그린다.	사전 · 사후변화정도 확인

제5장

노인미술치료

1 노인미술치료의 이해

1) 노인과 노년기

20세기 말과 21세기 초에 이르러 전 세계적으로 노인 인구의 급격한 증가가 이루어지고 있으며, 우리나라의 노인 인구의 증가 속도는 세계 어느 나라보다 빠르다고 할 수 있다. 노인 인구의 증가는 의술의 발전, 위생적인 환경의 확대, 건강에 대한 관심, 식생활 개선 등이 그 요인이라고 할 수 있다. 21세기에 들어서면서 노년기는 어느 인생 주기보다 길어졌고, '100세 시대'라는 말은 모든 세대가 기존의 삶에 대한 인식의 변화와 함께 삶에 대한 철저한 준비가 필요하다는 것을 의미한다고 하겠다. 이와 같은 노인 인구의 양적 변화와 더불어 노년기의 사회적, 경제적, 의학적, 심리적 문제의 대두와 해결책이 중요한 과제로 떠오르고 있으며, 노인 실태조사와 노인 및 노년과 관련된 다양한 연구들이 매년 증가하고 있다. 최근에는 4차 산업혁명의 대두로 로봇이 노인을 돌보거나 간병 및 운동, 심지어 정서적 관계를 맺는 수준에까지 이르게 되었으며, 노인에 대한 연구는 노인의 수명, 노화, 심리, 직업 생활, 취미, 평생교육, 주거, 죽음, 심리치료, 원예치료, 미술치료 등 다양한 분야로 분화하고 있다.

(1) 신체적 관점

노년기의 시작과 더불어 나타나는 가장 큰 변화 중의 하나는 신체적, 생리적 기능이 전반적으로 약화되는 것이다. 현대사회는 수명이 연장되는 고령화 추세를 보이며, 인생 주기 중 노년기가 가장 길다고 할 수 있다. 이에 노년기의 신체적 특성과 생리적 기능의 변화에 대해 알아보려 한다(정여주, 2018).

① 감각기계

• 피부감각

노인의 피부는 콜라겐 조직의 감소, 진피의 혈액순환 감소, 피부의 지방 조직과 피지 분비의 감소 및 수분의 감소로 건조해지고 갈라지며, 체온 조절력이 감소함으로써 높은 온도나 낮은 온도에 매우 민감해진다.

• 청각

일반적으로 50세를 지나면서 점차 청력이 감퇴하는데, 노인은 난청이 심해져 의사소통에 어려움 겪으며 청각 자극에 대한 지각력과 언어 지각이 감소하게 된다.

• 시각

시력은 50~60대에 많은 문제를 보여주는데, 노안, 노인성 백내장(수정체 혼탁) 및 녹내장 발병률이 높아진다. 또한 가까운 곳의 물체가 흐릿하게 보이고 눈의 피로가 증가하며, 안구 건조증이 나타난다.

• 미각과 후각

노화 과정에서 쓴맛, 신맛, 단맛, 짠맛의 미각 감지가 약화된다. 또한 후각도 노화에 따라 냄새 구별 능력이 감소하게 된다.

② 근골격계

노화에 따라 칼슘의 밀도가 낮아져 골격, 인대와 근육의 탄력성이 감소하고, 뼈의 무기질도 감소한다. 또한 골다공증이 증가하며, 운동성과 힘의 약화로 골절사고가 빈번히 일어난다.

③ 호흡기계

노년기에는 폐 탄력성이 감소하고 호흡량 감소, 호흡수 증가, 코 점막 건조 등으로 폐의 기능이 약화되어 폐렴 등의 감염에 많이 노출된다. 또한 호흡 기능이

저하되면서 기관지 질환이 발생한다.

④ 심혈관계

노화가 진행되면서 혈액순환 장애가 자주 나타나며, 맥박 수 증가 및 혈압 상승, 혈관 수축 문제로 뇌출혈의 발병률도 증가한다.

⑤ 비뇨기계

신장의 여과작용과 혈장 순환이 감소되며 전립선이 비대해진다. 자주 소변을 보는 빈뇨 현상이나 소변을 참는 능력이 감소하는 긴박뇨 현상을 볼 수 있다.

⑥ 소화기계

노년기는 소화효소와 위액분비 감소, 위장운동의 감소 및 씹는 기능의 약화로 위장 내에 노폐물이 증가하게 된다. 영양결핍의 위험이 있고 변비 현상이 동반되며 당뇨의 발생 가능성도 높아진다.

(2) 심리적 관점

① 인지 변화

인지적 변화는 주위 환경이나 자신의 발달단계에 대한 개인의 적응을 의미하며, 지적 능력의 변화, 지각 능력의 변화, 주의 과정의 변화, 기억 능력의 변화, 사고 및 문제해결 능력의 변화를 들 수 있다.

② 성격 변화

일반적으로 노년기 성격 변화로는 내향성 및 수동성 증가, 조심성 및 경직성 증가, 우울 경향 증가, 회상 증가, 친근한 것에 대한 애착 증가, 성 역할 지각의 변화, 의존성 증가 등을 들 수 있다. 또한 노년기는 자존감과 자아상의 혼란, 상실감, 외로움, 죄책감, 불안 등에서 오는 심리적 요인이 성격 변화에 영향을 미친다.

(3) 사회적 관점

오늘날 노인은 현대 가족의 구조적 변화와 개인주의적 가치관의 확대, 세대 간의 차이 심화, 상대적 박탈감과 경제적 빈곤 등의 다양한 문제를 겪고 있다. 이런 현상은 개인이 해결할 수 없는 부분이 많고 이러한 상황에 개입하여 노인의 심리적 적응과 만족을 높여주는 상담의 필요성이 점차적으로 대두되고 있으며, 특히 미술치료는 이에 유용하게 적용할 수 있다.

2) 노인미술치료

(1) 노인미술치료의 필요성

노년기는 특별한 정신장애가 없는 경우에도 사회적 변화와 수명연장 등으로 인한 개인의 신체적·심리적 변화로 인해 심리 치료적 개입이 요구된다. 노인은 다른 연령에 비해 신체적·심리적·사회적 능력이 저하되어 있고 자신의 욕구를 충족시킬 수 있는 자원이 부족한 경우가 많다. 그러나 노인도 자신의 환경과 내면을 탐색하고 이해하며 수용하는 과정을 거쳐 사고의 전환을 이룰 수 있으며, 이는 노인이 현실을 수용하고 적응하는 데 도움이 된다.

노인에게는 노년기가 인생의 끝이 아니라 삶의 중요한 부분이라는 것을 인식하고 만족스러운 삶을 살 수 있도록 도움을 제공할 필요가 있는데, 노인 미술치료는 미술 활동을 통하여 노인의 문제행동을 제거하거나 예방함으로써 노인의 적응과 성숙을 도울 수 있다. 또한 노인 미술치료는 정신적 문제를 이겨내고 회복하는 데 도움이 되며, 노년기의 고립감 및 소외감 감소에도 긍정적인 효과가 있다.

(2) 노인미술치료의 목적

펫졸드(Petzold, 1985)에 의하면 노인 심리치료의 목적은 노인들에게 그들이 '살아온 삶에 균형을 이룰 수 있도록 돕는 것, 상실감을 극복하고 삶을 마감하는 것을 도와주는 것'이다. 이러한 목적은 미술치료에도 적용될 수 있다. 또한 미술치료의 목적은 미적 활동을 통하여 신체적, 정서적, 정신적, 영적 안녕을 유지하거나 회복하는 데 초점을 맞춘다. 따라서 창의적 및 자기실현적 목적, 장애나 병의 극복 및 완화, 심리 사회적 적응과 같은 목적도 포함한다.

중요한 것은 개인의 심리적, 사회적, 신체적 기능들을 고려하여 미술치료의 목적과 방법을 설정해야 하며, 미술치료를 통하여 병이나 장애로 인한 심리 사회적 문제를 도와줄 수 있어야 한다. 이와 더불어 노인 미술치료의 목적은 노인 개인의 상황에 따라 강조점이 달라질 수 있다.

① 창의적 – 자기실현적 목적

- 체험을 통하여 잠재력과 창의성을 개발한다.
- 삶을 회고하며 균형 있고 조화로운 현실 생활을 유지한다.
- 참여성 및 능동성을 높인다.
- 삶과 죽음을 통합할 수 있는 통합력과 지혜를 얻는다.
- 자신의 삶을 수용하며 독립성을 획득하고 자아실현을 이룬다.
- 사회적 관계를 유지하거나 증진한다.

② 장애나 병의 극복 및 완화

- 신체 및 감각기능의 장애와 노인성 정신장애를 완화하거나 회복한다.
- 일상의 활동 능력을 활성화하여 재활을 도모한다.
- 집중력과 몰두의 경험을 갖는다.
- 심리적 안정감과 자신감을 얻는다.
- 상실한 자신의 정체성을 회복한다.

(3) 노인미술치료의 기대효과

① 정서영역

- 갈등과 욕구 및 소망 등을 자유롭게 표현할 수 있다.
- 억압된 감정을 표출함으로써, 정서의 정화를 경험한다.
- 심리적 안정감과 자신감을 얻는다.
- 자율성과 자기 수용력을 갖게 된다.
- 긍정적, 개방적이 된다.

② 인지영역

- 기억력을 자극하고 활성화한다.
- 자기인식과 자기이해의 기회를 갖는다.
- 색채감각, 형태감각 및 공간감각을 유지하거나 증진한다.
- 환경과 사물에 대한 민감성을 획득한다.
- 집중력이 향상된다.

③ 감각 및 운동영역

- 대근육 운동과 소근육 운동의 기능을 활성화한다.
- 감각의 협응을 향상시킨다.
- 미술도구나 재료 사용에 대한 통제력이 증가한다.

④ 심리사회영역

- 자신을 표현하고 개방할 수 있는 기회를 갖는다.
- 타인과 환경에 대한 수용력과 이해력이 확대된다.
- 삶의 경험을 나눌 기회를 가진다.

(4) 노인미술치료의 접근

① 심리치료적 접근

• 심층심리학적 접근

프로이트(Freud, 1922)의 정신분석적 관점은 내담자의 무의식을 다루며, 억압된 정서와 심리적 갈등을 미적 상징으로 표현한다. 이 관점에서는 미적 퇴행을 정화와 승화의 관계로 다룬다.

융(Jung, 1964)의 분석심리학 관점은 내담자의 내적 심상을 표현하는 미적 활동은 무의식에 있는 원형적 형상을 재구성하는 것으로서, 그림의 표현은 집단무의식의 원형적 그림과 관련하여 개성화로 이르게 하는 치료적 역할을 하게 된다.

아들러(Adler, 1934)의 개인심리학적 관점은 인간의 사회적 관심과 열등감의 극복 경향에 근거하여 개인의 생활양식을 수정하는 것을 목적으로 하며 미술치료를 통한 정신적 변화를 도모한다.

• 인본주의적 접근

로저스(Rogers, 2006)의 인간 중심 치료, 펄스(Perls, 2013)와 그 지지자들에 의해서 발전된 현상학적-실존적 치료인 게슈탈트 치료가 있다. 또한 게슈탈트 치료에 근거하면서도 통합적, 창의적 관점을 발전시킨 펫졸드의 통합치료 등이 있다.

② 재활 치료적 접근

멘젠(Menzen, 2001)은 미술치료의 재활 치료 관점이란 정신 및 신체장애가 있는 환자에게 자기체험과 경험을 회복하게 하며, 과거의 기능을 회복할 수 있게 하는 것이라고 하였다. 웬지(Wenge, 1993)는 심리적·재활적 관점을 포함한 노인 미술치료의 특성은 첫째, 미술을 통한 창의적 활동에서 현재를 집중적으로 체험하고 즐긴다. 둘째, 미술 영역을 통하여 과거와 현재, 미래를 통합한다. 셋째, 내적 만족 및 자기인식이 구축되며 불안이 감소된다. 넷째, 환자의 건강한 부분을 강화한다. 다섯째, 노인의 정신적, 영적 부분을 활성화하며, 집중력과 감각기능을 강화한다. 여섯째, 병의 원인과 병리적 생활의 상관관계를 인식한다고 하였다.

(5) 노인미술치료 계획

① 주제

노인 미술치료의 주제에는 삶을 회상하는 주제, 중요한 사건이나 경험, 삶을 마감하기 위한 준비, 정체성, 죽음에 대한 불안, 상실감, 희망, 소원, 과거-현재-미래, 삶에 대한 긍정적 인식, 영적-종교적 체험, 창조성의 장려 등이 있다(〈표 5-1〉 참조).

노인 미술치료의 주제는 상담자와 노인개인 및 노인집단의 치료단계, 신뢰 정도, 병의 상태와 개인의 특성에 따라 조절될 수 있다.

〈표 5-1〉 노인 미술치료의 주제

주 제	내 용
일상주제	음식, 주방기구, 옷, 침구, 장 보기, 생일, 명절 및 잔치, 꽃밭 가꾸기, 식탁 차리기 등
가족, 사회 및 집단관계	가족화, 가족 생일, 결혼, 출산, 손 자녀 돌잔치
회상 및 기억	가장 생각나는 것, 어릴 때 했던 놀이, 하고 싶었던 활동, 나의 휴가, 여행, 소풍, 고향마을, 내가 살던 집, 학창 시절(유치원, 초등학교, 중학교, 고등학교, 대학교 등), 결혼식, 생일잔치, 유행했던 것(옷, 구두, 모자, 그릇, 일상용품 등), 첫사랑, 연애, 결혼, 임신, 출산, 자녀의 성장, 자녀의 결혼, 아끼던 물건, 많이 사용했던 물건, 기억에 남는 물건이나 소시품
희망과 소원	과거-현재-미래 그리기, 소망 그리기, 나의 꿈 등
정체성	부모와 자녀, 부부, 가족의 묘사
상상 주제	명상, 꿈, 상상, 신화, 동화 등에 대한 개인적 투사, 신화나 전설 혹은 이야기 그리기
삶을 정리하는 주제	어려웠던 시절, 갈등을 극복했던 일, 용서, 행복했던 시절, 정리 및 해결하고 싶은 인간관계
역할 주제	여성, 남성, 가족, 자식, 며느리 · 사위 · 조부모 역할, 여성의 직업과 남성의 직업
잔치나 축제	명절. 고향 잔치, 결혼, 회갑 등
내담자 스스로 정한 주제	
개인의 감정과 정서에 관한 주제	
감각과 운동성 및 재활적 관점을 활성화할 수 있는 주제	

② 재료

노인 미술치료의 재료는 주제, 기법에 맞게 적용해야 하며, 상담자는 재료를 선택할 때 내담자의 인지적, 심리적, 운동 감각적 상태를 고려하여야 한다(〈표 5-2〉 참조).

재료 선택에 있어 고려해야 할 사항은 첫째, 내담자의 감각을 자극하고 통합할 수 있는 재료, 둘째, 정서적 이완 및 안정감과 현실화 가능성을 제시할 수 있는 재료, 셋째, 회상을 돕는 재료를 다양하게 준비한다.

〈표 5-2〉 노인 미술치료 재료

재 료		종 류
소묘		연필, 색연필, 사인펜
채색		수채물감, 파스텔, 크레용, 파스넷, 먹, 색연필, 유성 사인펜
입체	점토	점토, 지점토, 색 점토, 고무점토, 아이클레이
	석고	석고나 석고붕대
	철사류	철사, 공예철사, 색 모루
	천	천(색, 문양, 재질 고려): 우단, 면, 마, 모직, 비단, 린넨, 망사, 색부직포, 가죽, 인조 가죽 등
	실	털실, 무명실
	끈	노끈, 색끈, 선물 포장끈
	솜	무명 솜, 캐시미어 솜, 색깔 솜
	스티로폼	다양한 크기의 공 모양 스티로폼, 사각 스티로폼, 상자 스티로폼
	자연물	곡식, 씨앗, 마른 열매, 조개, 돌, 자갈, 모래, 한약재(마른 약초), 마른 꽃잎, 마른 열매, 과일 등
	기타	다양한 색과 크기의 구슬과 단추, 색 테이프, 반짝이, 이쑤시개, 색 테이프, 빨대, 수수깡, 초, 풍선, 접시 또는 플라스틱 접시, 종이컵, 병뚜껑, 코르크, 우드락, 장판지 등
종이		다양한 크기 도화지와 켄트지, 색 도화지와 색 켄트지, 색종이, 한지, 색 한지, 색 습자지, 화장지, 신문지, 다양한 문양이 있는 선물 포장지
사진		풍물사진, 인물 및 가족사진, 과거 영화 포스터(축소 복사), 유행 용품 사진
잡지		풍경, 일상, 과거 유행 옷, 가구, 집기, 일상용품, 연령대별 인물사진이 있는 것
작업 도구		다양한 크기 붓, 팔레트, 이젤, 화판, 나무판(점토나 입체작업용), 점토 자르는 줄칼, 점토용 도구, 망치, 다양한 크기의 가위와 칼, 풀, 본드, 글루건, 목공용 본드, 플라스틱 통, 아세테이트지, 스프레이 풀, 스펀지, 각종 공예기구 세트, 펀치
비치용품		앞치마, 걸레, 빗자루, 쓰레기통, 비누, 수건, 뚜껑이 있는 플라스틱 통, 휴지

③ 기법

노인 미술치료의 기법은 주제와 목표, 내담자의 증세에 따라 달라질 수 있다. 노인 미술치료 기법은 노인들의 뇌 기능, 감각기능 및 운동기능을 향상시키며, 삶을 회상하고 정리하는 데 도움이 되는 것으로 선정한다.

- 감각기능 향상 기법: 풀죽으로 그리기, 꽃잎 장식, 스펀지로 색 흔적 남기기, 칫솔 그림, 점토 기법, 데칼코마니
- 이완 기법: 수채화, 젖은 종이에 물감 찍기와 그리기, 음악 들으며 그리기
- 만다라 그리기와 만들기
- 콜라주 기법(찢기 및 자르기, 붙이기)
- 모자이크 기법(천, 한지, 색종이 이용)
- 가면 만들기와 가면극
- 자연물 활용기법
- 집단화 및 집단작업

④ 치료형태

- 개인미술치료

개인 미술치료는 병원이나 요양원 또는 집에 거주하고 있는 노인들에게 적용된다. 이들은 집단 미술치료에 참여하기 어려운 상황인 경우가 많은데 증상과 욕구에 따라 상담자와 개인적으로 미술치료를 할 수 있으며, 거동이 어려운 내담자들은 휠체어나 침대에서 미술치료를 진행할 수도 있다. 이때 상담자가 미술도구와 재료를 준비하거나 병실에 비치해 둘 수 있다.

- 집단미술치료

참여자 수는 4명~10명 정도가 적절하다. 폐쇄집단(창의성과 자기 성취를 위한 집단, 치매 환자 집단, 암 환자 집단, 뇌졸중 환자 집단, 알코올 환자 집단, 장애 노인 집단 등)은 공통된 목적을 가지고 정해진 참여자들만으로 이루어진 집단이다.

개방집단은 참여자들이 원하는 때에 마음대로 참여하거나 떠날 수 있으며, 병원에 입원해 있는 동안만 참여하게 되는 상황일 때가 많다. 일반적으로 노인병원이나 노인기관에서 집단미술치료를 실시하고 있다.

〈펫졸드(Petzold, 1985)의 노인집단 미술치료의 특성〉

- 집단은 정체성의 모체가 된다. 같은 연령대의 집단에서 노인들은 사회적 정체성을 발견한다.
- 집단은 노인들이 지닌 자원의 저장고 역할을 한다.
- 집단은 노인들에게 상호 교환적인 조력을 하는 중재자가 된다.
- 집단은 자기통제의 장소가 된다.

⑤ 시간과 공간

정해진 날짜와 시간을 유지하도록 하며, 너무 이른 시간이나 늦은 오후, 식사시간 바로 전후는 피해야 한다. 일반적으로 집단 미술치료는 60~90분, 개인 미술치료는 40~60분 정도 진행된다.

공간은 노인들의 신체적 상태나 장애 등을 고려하여 여유로운 공간이 좋다. 햇빛이 잘 들어오거나 충분하게 밝은 조명이 있어야 하며, 밝기를 조절할 수 있는 블라인드나 커튼이 있는 것이 좋다. 무엇보다도 세면대가 같은 공간에 비치되어야 하고 화장실도 가까운 곳이어야 한다. 조용하며 외부의 소음이 잘 차단된 곳이 적절하다.

(6) 상담자의 역할

① 신뢰관계 형성

우리나라에서 상담자들은 노인을 어르신이라 부르며 공경의 태도를 보이고, 노인 참여자들도 상담자를 자신들의 자녀나 손자녀처럼 대하는 경우가 많다. 이러한 분위기로 인해 상담자와 노인들의 신뢰 관계는 짧은 시간에 이루어질 수 있다. 그러나 한편으로 노인들은 자신들의 감정이나 불편사항들을 쉽게 표현하지 못하는 경우도 있다. 따라서 상담자는 적절한 개입과 정서적 교류 능력을 갖추고 안정감과 편안함을 제공하도록 노력할 필요가 있다.

② 격려와 자극

미술치료는 주제, 기법, 재료, 활동 자체가 노인들에게 무언의 자극과 격려를 주는 특성을 가지고 있다. 미술 활동을 한 후 상담자와의 대화 시간에 노인들이 자신들을 개방하고 표출할 수 있는 기회를 충분히 가질 수 있도록 하고, 자신의 존재에 대한 격려와 지지를 받는다는 것을 느낄 수 있도록 따뜻한 분위기를 제공한다.

③ 노인 질환 및 장애에 대한 지식

상담자는 노인의 질환 및 장애에 대한 전문지식을 갖추어야 한다. 신체적 병과 동반되는 심리 사회적 반응도 고려하여 미술치료 계획에 포함하며, 주제 및 기법을 적절하게 적용할 필요가 있다.

④ 정서적 환경

상담자는 내담자에게 배우자나 친구, 친지들의 죽음으로 인한 상실감 및 자신의 죽음에 대한 불안 등을 자연스럽게 표현할 수 있는 정서적 환경을 제공할 수 있어야 한다.

⑤ 미술 활동에 대한 준비

상담자는 노년의 삶과 관련된 적절한 주제를 선택하고 노인들의 상태와 욕구에 따라 미술치료 프로그램을 다양하게 변형하여 적용할 수 있어야 한다.

⑥ 동반자의 역할

상담자는 노인들이 소외감, 상실감, 불안, 후회 등을 편안하게 표현하고, 자신들의 삶을 회고하고 수용하며, 창의적 미술 활동을 통하여 삶의 의미를 느낄 수 있도록 동반자 역할을 해주어야 한다.

⑦ 미술치료 평가

미술치료를 시작할 때 미술치료 과정을 평가할 수 있는 평가도구 및 방안을 미리 준비하여 적용해야 한다. 양적 평가와 질적 평가에 대한 접근방법 및 특성을 이해하고, 회기별, 단계별로 기록하여 치료과정 중에 계속 점검함으로써 필요할 경우 목표 및 활동내용을 변경, 수정할 수 있어야 한다. 평가에 대한 기록과 정기적인 임상 감독, 다른 동료들과의 미팅을 통해 정보교환을 할 필요가 있다.

⑧ 상담자의 미술 활동

상담자도 자신만의 미술 활동을 할 필요가 있다. 또한 노인 미술치료프로그램을 실시하기 전에 프로그램 내용을 스스로 연습해 보아야 한다.

3) 노인미술치료의 적용영역

(1) 치매

① 치매의 정의

치매(dementia)란 용어는 라틴어에서 유래된 것으로 정상적인 마음에서 이탈된 것, 정신이 없어진 것이라는 의미가 있다. 노년기에 자주 발생하는 정신장애 중의 하나이며 중추신경의 손상에서 일어나는 진행성 질환으로 "기억력 장애를 포함한 복합적인 인지 결손"(DSM-IV)을 보인다. 병의 진행에 따라 '실어증, 실행증, 실인증 또는 실행 기능의 손상'과 인지 결손의 정도가 심화되며, 일상생활이 어려운 정도가 6개월 이상 지속될 때 치매로 볼 수 있다(정여주, 2018).

② 치매의 원인과 종류

첫째, 뇌신경 세포의 퇴행을 원인으로 보며, 대표적으로 알츠하이머병, 파킨슨병이 있다.

둘째, 후천성 뇌 질환을 원인으로 보며, 혈관성 치매, 다발성 경화증, 뇌종양, 외상, 뇌수종 등이 있다.

셋째, 기타 가역 가능한 질병으로, 대사질환, 감염, 독성과 영양장애 등이 있다.

- 알츠하이머

가장 전형적인 치매 유형으로 정상적인 기능을 수행하던 뇌세포들이 점진적으로 파괴되어 기억력 장애, 언어장애, 판단력 장애, 시공간적 감각장애 및 성격변화가 동반되는 질환이다. 발병률은 여성이 남성보다 높고 전체 치매 환자의 50~80%를 차지한다(서국희, 2016).

- 혈관성치매

뇌출혈 및 뇌경색으로 발생하며, 혈관을 통해 영양을 받는 뇌세포가 파괴되기 때문에 일어난다. 혈관성 치매는 알츠하이머에 이어 노인성 치매에서 두 번째로 흔하게 나타나는 질환이며, 고혈압, 혈관질환, 뇌졸중, 당뇨, 흡연 등이 혈관성 치매의 중요한 위험요인이다. 혈관성 치매는 발병이 갑작스럽고, 안정과 악화가 반복되는 계단식 경과를 보이며, 두통이나 어지러움과 기타의 국소적 신경과 증상을 나타낸다.

③ 치매의 증상

- 기억력 장애

기억력 감퇴는 치매 초기에 나타나는 대표적 증상이다. 초기에는 단기기억력이 감퇴하지만, 점차 장기기억력도 상실된다. 일상생활에 필요한 것을 잊어버리기 시작하면서 점차 가족과 자신의 이름도 기억을 못하게 된다.

• 언어장애

치매 환자가 사용하는 언어는 모호하고 반복적이며 부정확하다. 또한 병의 진행에 따라 다른 사람의 언어를 되풀이하기도 한다. 인지능력의 저하로 명칭을 말하는데 어려움이 심해지며 실어증을 수반하기도 한다.

• 지남력 장애

시간과 장소에 대한 감각인 지남력 장애는 치매의 진행 과정 중에 점차적으로 나타나게 된다. 특히, 초기에는 시간에 대한 감각이 상실되면서 점차 장소에 대한 감각을 잃게 된다.

• 행동장애: 실행증과 운동실조증

실행증은 운동능력이 있음에도 불구하고 평소에 하던 동작을 하지 못하는 것으로 세수, 머리 빗기, 옷 입기 등의 동작에 어려움을 느낀다. 운동실조증은 근육의 협응에 장애가 일어나는 것을 말한다.

• 인지장애: 실인증

감각기능에 문제가 없음에도 불구하고 사물과 사물의 이름을 인지하는 능력을 상실하는 것이다. 점차 지각력이 상실되며 가족이나 거울에 비친 자신의 모습을 알아보지 못하게 된다.

• 성격변화

본래의 성격이 강조되어 나타나거나 타인에게 비치는 행동과 언어의 영향에 개의치 않는 인격의 변화가 뚜렷하게 나타난다. 대표적으로 공격적, 적대적, 편집적이 되며 의심을 많이 하고 감정이 폭발하기 쉽다.

• 정신장애

피해망상 및 혼돈, 우울과 죄의식, 불안과 심한 감정 기복을 보이며, 후기에는 감정 표현을 상실하게 된다. 특히, 알츠하이머병에는 환각이나 환시가 많이 나타난다.

④ 치매의 단계

• 초기 단계: 기억력 감퇴 단계

부주의, 집중력 장애, 기억력 장애, 단어발견 문제, 시간 감각 문제, 불안, 절망감, 우울, 사회적 후퇴 등이 경미하지만 증상으로 나타나고 기분의 변화가 보여진다.

• 중기 단계: 혼란 단계

지남력 장애와 기억력 문제 증가, 언어장애, 판단력 장애, 감정 기복, 분노, 의심, 공격적 반응, 무감각 등이 나타난다.

• 말기 단계: 중증 치매 단계

장기기억 장애, 인지력과 사고력 및 언어력 파괴, 편집증적 망상, 운동성 장애 등이 나타나고 모든 생활에서 타인의 도움이 필요하다.

⑤ 치매의 치료

• 약물치료

아세틸콜린을 증강시키는 콜린성 제제, 뇌 대사 촉진제, 인지기능 장애에 대한 약물과 정신 증상에 대한 약물로 나눌 수 있다. 정신 증상에 대한 약물로는 항정신병 약물, 항불안제, 항우울제, 수면제 등이 있다.

• 치료요법

현실치료, 기초감각 자극치료, 미술치료, 원예치료, 음악치료 등이 있다. 기억작업에는 예술치료를 통한 미적 자극과 기초 감각적 자극이 중요한 역할을 할 수 있다.

⑥ 치매의 경과

치매 유형과 치료 개입에 따라 차이가 있다. 일반적으로 치매는 5년에서 10년 정도 진행되며 점차로 악화되어 사망하게 된다. 그러나 치매의 약 10~15% 정도는 가역성 치료로 호전될 수 있다.

⑦ 치매 환자를 위한 간호 및 안전 관리

• 환경 조성

환자의 감각장애와 기능장애를 보완할 수 있는 환경을 조성하고 환자가 외부에 출입하는 것을 점검할 수 있는 장치와 시계, 달력, 게시판 등을 이용하여 현실감각을 증진시킨다. 화장실, 침실 등을 간단히 글로 표시하거나 그림으로 표시하고, 어두워지기 전이나 수면 중에 작은 실내등을 켜둔다. 물건들을 항상 고정된 자리에 있도록 한다.

• 의사소통

환자의 능력에 맞는 의사소통 방법을 시도하고 어린아이처럼 취급하지 않는다. 간단한 문장을 사용하고 한 번에 한 가지 내용만을 말하며, 환자가 말을 이해하지 못하면 같은 말로 반복하여 말해준다. 환자와 논쟁을 하지 말고 가능한 긍정형의 문장을 사용한다. 대화할 때 비언어적 의사소통인 몸짓이나 표정들을 병행한다.

• 일상생활의 독립성 유지

환자를 위한 일상의 계획을 세우고 규칙적이며 체계적인 생활습관을 가지도록 권장한다. 일상에서 필요한 일들을 차례대로 수행할 수 있도록 유도하고, 가구 배치 및 사용에 환자의 안전을 고려한다.

⑧ 치매 환자를 위한 미술치료

• 목적

– 소근육 운동과 인지적 기능을 향상시킨다.

- 관심과 주의력을 향상시킨다.
- 정서적 불안에서 안정적으로 변화된다.
- 상실과 의존에서 벗어나 성취감을 느낀다.
- 시지각 능력과 시공간 개념을 높인다.

• 치료형태

내담자들이 사회적 관계를 지속할 수 있으며, 공동의 주제를 나눌 수 있는 소집단 형태가 좋다. 치매 환자들은 익숙한 것의 반복이나 활동을 통해 안정감을 얻기 때문에, 회기마다 반복되는 의례와 같은 구조적 형식이 필요하다. 예를 들어, 시작과 종료에 손잡고 인사하기, 안아주기, 음악에 맞추어 몸 움직이기 등이 있다.

• 주제

일상생활과 관련된 것, 정서적 주제와 연관된 것을 추천할 수 있다.

• 재료와 기법

재료는 '감각 경험'에 중점을 두어야 한다(〈표 5-3〉 참조). 뇌 활동의 자극과 개인사와 관련된 경험을 일깨워 주기 때문이다. 치매 환자의 행동과 정서를 고려하여 유동적이고 색조가 있는 재료를 사용한다. 기법은 단순하고 반복되는 형태에 중점을 둔다(〈표 5-3〉 참조).

〈표 5-3〉 치매환자를 위한 미술치료의 기법과 재료

기 법	재 료
감각과 근육 및 운동성을 자극하는 기법	지점토나 색 점토에 인조 꽃이나 자연물 구성하기, 손이나 손가락으로 점토 누르기 및 점토 굴리기와 만들기
자연물이나 음식 재료를 이용한 작업	뻥튀기, 과자, 곡류, 나뭇가지, 나뭇잎
다른 재료가 들어 있는 헝겊 주머니들을 만들어 안을 만져 보거나 흔들어 봄으로써 내용물 확인하기와 형태 재구성하기	헝겊 주머니

기 법	재 료
색의 구별과 형태의 구별	몬테소리 색환 및 감각교구 이용 및 응용
색 혼합	색 점토 이용, 일차 색의 구별과 혼합, 이차 색 만들기
인형 옷 만들기, 동물 인형 만들기, 소품 만들기	각기 다른 질감과 색이 있는 천
음악 들으면서 그리는 핑거페인팅, 양손으로 그리기	켄트지, 수채화 물감, 풀죽, 비닐
찢기와 미술 작업	신문지, 티슈, 색종이 찢어 구성, 스펀지나 찍기용 소품
만다라 그리기, 점토로 집단 만다라	만다라 문양, 색연필, 파스넷, 점토
회상요법(결혼 예복, 앞치마, 집안일에 관한 것, 부엌일에 관한 것, 자녀들의 입학과 졸업 및 결혼식 행사, 유아기 놀이) 그리거나 콜라주	종이, 색연필, 연필, 잡지, 풀, 가위
젖은 종이에 그리기, 데칼코마니(젖은 종이와 마른 종이 이용)	수채화 물감, 포스터컬러, 물티슈, 종이
콜라주 작업(자연 풍경이나 인물, 패션, 음식 등과 관련된 사진 오려 붙이기)	다양한 종류의 사진, 가위, 풀, 연필

- 치매 환자를 위한 상담자의 자세
  - 쉬운 언어를 사용하고 항상 밝은 태도를 유지한다.
  - 간단하고 쉽게 생각할 수 있는 활동을 하도록 한다.
  - 기억력을 유지시키기 위하여 비슷한 주제를 반복한다.
  - 치매 노인들에게 시설 및 가족의 한 구성원으로서 자존감과 소속감을 상기시킨다.
  - 성취감을 느낄 수 있도록 결과물에 대한 칭찬을 아끼지 않는다.

(2) 우울증

① 우울증의 정의

우울증이란 “자책과 관련된 자긍심의 저하, 정신 운동기능의 지연, 사람 사이의 접촉으로부터의 격리, 때때로 죽고 싶어 하는 마음 등으로 인한 슬픔, 외로움 같은 기분의 변화로 특징 지워지는 병적인 상태”를 말한다(송미순·하양숙, 1998).

② 원인

신체적, 사회적, 심리적, 정서적 요인들이 복합적으로 나타나며, 노년기에 가장 빈번하게 나타나는 정신질환이다. 배우자 및 동료의 사별 등으로 인한 상실감, 경제적 문제, 사회와 가정에서의 역할 상실 등이 우울증을 유발시킨다. 건강 문제, 즉 신체적 질병으로 인한 기능의 상실과 불편함으로 우울 증상이 동반되는 경우도 많고, 가족력과 과거의 우울증 병력, 성격적 요인들이 원인이 되기도 하며, 약물복용, 신체적 장애와 학대 등도 우울증의 원인이 될 수 있다. 그러나 우울증의 증세는 노년기의 자연스러운 과정으로 나타날 수도 있기 때문에, 우울 증후군으로 판단되는 다양한 증세를 보일 때 이것을 노인 우울증이라고 한다.

③ 증상

우울증의 증상으로는 크게 감정의 일시적 침체, 신경증적 우울증, 정신병적 우울증으로 분류할 수 있다. 이러한 양상은 또한 행동, 신체 및 정신의 상태로 나타난다. 우울증의 주요한 양상으로는 우울한 기분, 흥미의 상실, 활력 감소와 피로감, 주의집중력의 감소, 자존감과 자신감 저하, 죄책감과 무가치감, 미래에 대한 비관적 견해, 자해 및 자살의 생각과 행동, 수면장애, 식욕감퇴, 신체 통증, 초조감, 인지능력의 저하, 무력감 등이 있다(Menzen, 2004).

④ 우울증의 치료

약물요법(항우울제 복용), 전기충격요법(심각한 상태의 우울증 환자), 정신치료(약물을 사용하지 않는 대표적인 치료방법으로 정신분석 치료, 행동주의 치료, 인지 치료, 반려동물 치료, 예술 치료(미술, 음악, 무용 등)) 등이 있다. 예술치료와 반려동물 치료는 근래에 많은 호응을 얻고 있는 분야이다.

⑤ 노인 우울증 환자를 위한 미술치료

- 젖은 종이에 물감 칠하기, 그리기

- 도형 그리기와 도형 변형하여 그리기
- 색 명상(색에 대한 느낌과 느낌 그리기)
- 하루의 변화와 계절의 변화 그리기
- 만다라 그리기와 색칠하기
- 자연물(조개, 자갈, 식물, 모래, 나뭇가지와 나뭇잎 등)을 통한 입체 활동
- 명화 보고 그리기
- 유년기의 기억 그리기와 콜라주

(3) 뇌졸중

① 정의

뇌졸중은 '뇌에 혈액을 공급하는 혈관이 막히거나 터져서 그 부위의 뇌가 손상되어 나타나는 신경학적 증상 및 증후'이다(석승한, 2016).

② 원인

동맥경화증에 수반된 혈전증, 색전증, 고혈압성 뇌출혈, 혈관 압착, 뇌량 손상, 동맥경화, 뇌동정맥기형, 심리적·신체적 스트레스, 음주, 흡연 등을 들 수 있다(석승한, 2016; 허재택, 1998; Menzen, 2001).

③ 증상

발병 전에는 특별히 나타나는 증상이 없으며, 발병 후에는 운동장애, 언어장애, 인지기능 장애, 감정장애, 대소변 기능장애 등의 공통적 증상이 나타난다. 이러한 장애를 구분하여 보면 다음과 같다(석승한·이용석, 2010; Menzen, 2001).

- 신체영역

의식 혼탁 혹은 의식 악화가 나타난다. 한쪽 팔다리가 마비되거나 얼굴의 한쪽 근육이 마비되어 입이 한쪽으로 돌아가서 말하는 것이 우둔해지거나 눈 감기 문

제 등의 국소 증상을 보인다. 비틀거리며 걷거나 동작이 불안정해지고, 갑작스러운 심한 두통, 메스꺼움, 구토, 어지럼증이 나타난다.

• 심리운동영역

실인증, 기억장애, 언어장애, 씹기와 삼키기 장애, 무감각과 한쪽 마비, 방광과 관장 통제 능력 상실, 운동력 장애, 쓰기와 읽기 및 계산 장애 등을 보인다.

• 심리사회영역

소아적 행동 양식을 보이거나 전반적으로 의존심이 높아진다. 외적인 변화에 따른 수치심, 무능력감, 의사소통 단절 및 심리적, 사회적 소외감을 느낀다. 또한 이해력과 표현의 어려움, 사회적 단절, 반복되는 행동 양식, 새로운 관계 형성의 어려움 등이 나타난다.

④ 치료

가역성 손상 뇌세포의 회복과 뇌세포 활성화, 심리운동 치료로서 안면, 손, 신체의 운동 숙련과 언어 이해 및 언어표현의 개선 등이 있다. 심리 사회적 치료로서는 지각 능력, 기억력, 집중력을 개선하는 재활 프로그램이 있으며, 재활 프로그램으로는 물리치료, 언어치료, 작업치료, 미술치료 등이 있고, 미술치료도 매체, 기법, 주제 등을 환자의 증상에 맞추어 적용한다.

⑤ 뇌졸중 환자를 위한 미술치료

뇌졸중 환자를 위한 미술치료는 재활적 관점에서 다루어질 수 있도록 계획되어야 하며, 뇌졸중 환자를 위한 전체 재활 프로그램과 연계하는 것이 효율적이다. 미술치료에서는 감각영역, 운동영역, 심리 사회 영역의 재활을 위하여 구체적 목표를 둔 그림 그리기, 입체 활동과 주제 선정을 계획해야 한다(정여주, 2006).

• 재료 및 미술도구

감각 및 운동성을 자극할 수 있는 재료로는 물과 부드러운 점토, 털실, 모루, 고무 점토, 풀 등에서부터 수수깡, 액세서리 소품, 스티로폼, 우드락, 블록 등의 단단한 재료까지 적용할 수 있다. 또한 재료와 미술도구 선정 시에는 환자가 마비로 인하여 수치심이나 위축감을 느끼지 않도록 세심하게 고려한다.

재료는 작업 탁자에 잘 정돈되어 있어야 하며 몸이나 팔이 마비되지 않은 쪽에 재료들을 놓아둔다. 수채화 물감, 물, 점토 등을 사용할 때는 탁자 위를 두꺼운 비닐로 고정시켜 놓고, 환자의 손상 정도와 유형에 따라 휠체어나 의자에 앉도록 한다. 바닥에 앉는 탁자일 경우에는 자리를 넓게 사용할 수 있도록 준비한다.

물감이나 포스터컬러는 플라스틱 접시에 미리 덜어두는 것이 좋다. 붓은 큰 것을 사용하게 하고 붓을 잘 잡을 수 있도록 붓대를 스펀지나 천으로 감싸둔다. 종이는 다양한 종류를 적당한 크기로 미리 잘라서 바닥에 고정시켜 놓는다. 손가락이나 손 사용에 어려움이 있는 환자를 위해서는 장갑에 스펀지를 붙여서 사용할 수 있게 하는 방법도 있다.

• 기법

미술 활동 시 환자가 스트레스를 받지 않도록 장애로 인한 어려움이 없는 기법이나 장애를 극복할 수 있는 기법을 선정해야 한다. 장애가 있는 신체 부위를 자극할 수 있는 기법과 좌뇌와 우뇌를 상호 자극하여 양쪽 부위를 자연스럽게 사용할 수 있는 기법들을 선택한다. 눈과 손의 협응, 기억력 환기, 집중력 회복, 사회성 회복을 고려한다.

- 젖은 종이에 물감 그림(큰 붓 사용)
- 종이에 풀로 밑그림을 그린 후 색 모래로 덧칠하기
- 지점토 만다라(지점토를 원 모양으로 만들어 다양한 색의 수수깡으로 꾸미기)
- 스티로폼 조각들을 붙여서 다양한 물건이나 집, 건물 등을 만들기
- 꽃밭 만들기(인조용 꽃과 열매나 자연물 이용)

- 명화 보고 따라 그리기(색채가 있는 그림 선택: 칸딘스키, 클레, 미로 그림 등)
- 모자이크 작업(색종이, 한지, 천, 부직포 등)
- 스펀지로 색칠하기
- 데칼코마니(마른 종이나 붓으로 종이를 적신 후 사용하기)

4) 노인미술치료 평가

(1) 노인미술치료의 평가는 다음 세 가지 측면을 고려할 필요가 있다.

① 내담자의 관점

- 내담자의 10~30%가 만족하였다.
- 내담자의 40~70%가 만족하였다.
- 내담자의 70~100%가 만족하였다.

② 상담자의 관점

- 신체적 반응: 자세와 호흡이 좋아지고, 떨림의 감소가 보였다.
- 인지의 변화: 지남력, 인지적 실행 능력이 향상되었다.
- 정서의 변화: 불안이 감소되고 긍정적인 정서가 증가하였다.
- 의사소통의 변화: 상담자 및 참여자와의 긍정적인 의사소통이 증가하였다.

③ 보호자, 요양보호사 혹은 간호사의 관점

- 내담자의 참여 횟수와 참가자 수가 지속적으로 증가하였다.
- 정서의 변화: 내담자가 미술치료 이후 긍정적인 정서의 변화를 보였다.

2 노인미술치료 사례분석

1) 사례

정서표현 및 자아존중감 향상을 위한 노인 집단미술치료 사례연구

2) 연구대상

〈표 5-4〉 연구대상

성 명	성별	연 령	진 단	내 용
김 ○○	여	80	알츠하이머	평소에 말을 많이 안 하고 거의 대부분 무표정이며, 가끔 의사 표현을 하기도 함. 손과 발 사용 가능함.
서 ○○	여	81	파킨슨병	인지는 양호하나 거동이 다소 불편하고 감정 표현을 하지 않으며 휠체어와 지팡이를 사용하며 우울함.

3) 주 호소 문제

○○○○센터 이용 노인들은 정서표현의 어려움이 있으며 심리적으로 불안정하고 자아존중감이 낮은 주 호소 문제를 가지고 있다.

4) 연구기간 및 장소

2015년 7월 23일~2015년 9월 10일까지 주 1, 2회 60분씩 총 12회기 프로그램을 ○○○○센터에서 진행하였다.

5) 연구프로그램 및 실시절차(〈표 5-5〉 참조)

내담자들의 정서표현과 자아존중감 향상에 목표를 두고,

(1) 초기 단계는 상담자와 집단원에 대한 친밀감 형성과 자기탐색을 유도한다.

(2) 중기 단계는 정서 및 내면 표출을 통해 감정을 환기시킨다.

(3) 종결 단계는 긍정적인 자기 이미지를 형성하게 하며, 우울을 감소시키고 자아존중감을 향상시킨다.

6) 연구도구

(1) 질적 검사

사례연구

(2) 양적 검사

자아존중감 검사

7) 미술치료 프로그램

〈표 5-5〉 정서표현 및 자아존중감 향상을 위한 노인 집단 미술치료 프로그램

단계	회기	프로그램명	목표	활동내용	매체
초기: 친밀감 형성 및 자기 탐색	1	이름 꾸미기	자기 소개를 하면서 상담사와 집단원과의 친밀감을 형성시킨다.	매체를 이용하여 각자 이름을 꾸며본다.	색지, 사인펜, 스티커, 색연필, 색종이, 가위, 풀
	2	손 본뜨기	소근육 능력을 증진시키고 자아개념을 인지하도록 유도한다.	도화지에 사인펜으로 손 모양을 그린 후 예쁘게 꾸며본다.	크레파스 도화지, 스티커
	3	과자 만다라	심리적 안정과 자신의 상태를 파악하고 미술치료에 대한 즐거움을 느끼게 한다.	뻥튀기 위에 물엿을 이용하여 여러 가지 과자를 붙인다.	뻥튀기, 물엿, 각종 과자류
	4	포도 만들기	인지 기능을 향상시키고 현실에 대한 감각을 유지하도록 한다.	포도 모양을 인식하게 하고 제시된 수만큼 스티커를 붙여나간다.	포도 그림 스티커, 크레파스, 사인펜, 도화지
중기: 표출을 통한 감정 환기	5	복 주머니 만들기	소근육 능력을 촉진시키고 인지 기능과 자신감을 향상시킨다.	복주머니에 끈을 넣고 매듭을 만들어 연결시키며, 스티커를 사용해서 모양을 꾸민다.	복 주머니 본, 끈, 사인펜, 스티커
	6	데칼코마니	내면의 감정을 표현하고 자신에 대한 이해를 높인다.	종이를 반으로 접고 물감을 이용하여 기쁨, 행복, 분노의 감정을 표현하게 한다.	도화지, 물감
	7	팔찌 만들기	소근육 운동을 통해 뇌기능을 활성화한다.	리본을 땋아서 팔찌를 만들고 손목에 차 본다.	리본, 가위
	8	상 차리기	자유롭게 감성을 표출하고 긍정적 가족관계를 회상하도록 한다.	잡지에서 음식 사진을 오려 도화지에 붙여 상 차리기를 한다.	도화지, 잡지, 가위, 풀
종결: 자아 존중감 향상	9	만다라 색칠하기	내면의 안정과 자신의 중심을 느끼고 자아존중감을 향상시킨다.	마음에 드는 문양 만다라를 선택하여 색칠하게 한다.	만다라 문양, 색연필

단계	회기	프로그램명	목표	활동내용	매체
종결: 자아 존중감 향상	10	명절 음식 만들기	즐거웠던 명절을 회상하면서 우울을 감소시키고 자신감을 회복하도록 한다.	컬러 점토를 이용하여 과거에 음식을 만들었을 때를 회상하며 명절 음식을 만들어 본다.	컬러 점토, 크레파스, 도화지
	11	물고기 가족 꾸미기	가족관계를 생각해 보고 가족과의 긍정적인 상호작용을 모색해 본다.	도화지 위에 어항을 붙인 후 물고기 그림 스티커를 붙여서 가족을 표현하게 한다.	도화지, 어항 그림, 물고기 스티커, 풀
	12	소망 꽃 바구니	자아존중감을 향상시키고 미래에 대한 기대감을 증가시키도록 한다.	예쁜 꽃을 만든 후 바구니에 꽂고 카드에 소망을 적어 본다.	바구니, 천사점토, 조화, 카드, 굵은 리본, 가위

8) 연구결과

(1) 질적 검사

① 개인행동 변화

〈표 5-6〉 개인행동 사전 · 사후 변화

항목	사전	사후
내담자1	언어적인 표현이 적고 무표정이며 의사를 자유롭게 표현하지 못하고 자신의 감정에 대해서도 인식이 부족함	표정이 많아지고 미술치료에 대한 즐거움을 잘 표현하며 뇌의 활성화로 인지 기능의 향상을 보여줌
내담자2	경직된 모습을 보이고 타인과 상호작용을 잘 하지 못하며 자신감이 부족하며 표현을 소극적으로 함	다른 구성원과 상호작용을 하는 빈도가 늘어나고 표현에 자신감이 생기며 작품을 바라보는 모습이 만족스럽고 미래에 대한 희망적인 표현이 증가함

(2) 양적 검사

〈표 5-7〉 양적 검사 사전 · 사후 변화

자아존중감	사전	사후
내담자 1	28	31
내담자 2	27	32

자아존중감은 내담자1은 28점에서 31점으로, 내담자2는 27점에서 32점으로 향상되었다(〈표 5-7〉 참조). 미술치료를 통해 내담자의 자아존중감의 영역에서 긍정적인 변화가 일어났음을 알 수 있다.

9) 미술치료 작품사진

〈표 5-8〉 미술치료 작품사진

2회기	3회기	4회기
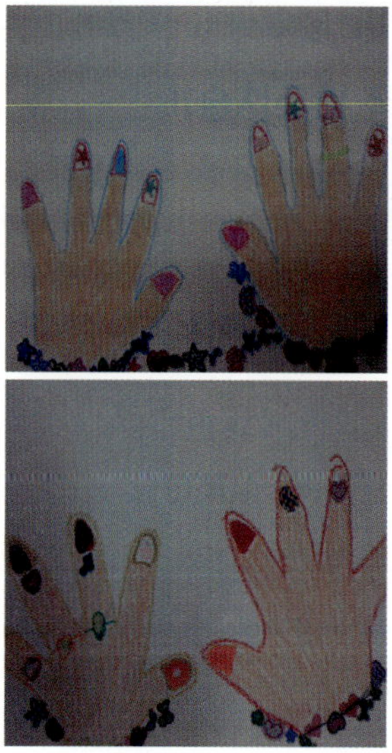	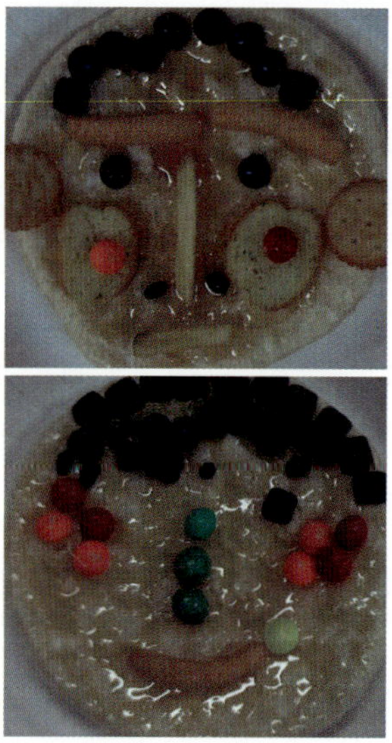	
[그림 5-1] 손 본뜨기	[그림 5-2] 과자 만다라	[그림 5-3] 포도 만들기

8회기	9회기	12회기

[그림 5-4] 상차리기	**[그림 5-5]** 만다라 색칠하기	**[그림 5-6]** 소망 꽃바구니

3 노인미술치료 실습

1) 미술치료 기법: 복주머니 만들기

미술치료 실습에서는 앞 사례에서 내담자와 함께 진행한 '복주머니 만들기'기법을 소개하고자 한다(〈표 5-9〉 참조). 아래의 실습 방법과 상담 과정 적용을 바탕으로 상담 과정 중 내담자의 증상과 상황에 맞추어 적절하게 사용할 수 있다.

〈표 5-9〉 미술치료 실습(복주머니 만들기)

미술 매체	복주머니 본(상담자가 준비함), 신발 끈, 스카치테이프, 사인펜, 스티커
방법	① 상담자는 쇼핑백을 두 겹으로 복주머니 모양으로 오려서 테두리를 따라 펀치로 구멍을 뚫고, 신발 끈을 함께 준비한다. ② 내담자에게 두 겹의 복주머니 테두리의 구멍에 신발 끈을 휘갑치기 형태로 바느질하듯이 연속적으로 끼워보도록 한다. ③ 상담자가 내담자의 복주머니 상단을 스카치테이프로 붙여준다. ④ 내담자가 바라는 소망을 상담자는 카드에 글씨로 써주고 복주머니의 옆면에 붙이도록 하며, 내담자로 하여금 글씨 주변도 스티커로 예쁘게 꾸미도록 한다. ⑤ 상담자는 완성된 작품에 대해 내담자에게 칭찬과 지지를 해 주며 작업과정에 대해 서로 느낌을 나누어 본다.
상담 과정 적용	① 상담자는 내담자와 함께 복주머니를 주로 언제 사용했었는지에 대해 이야기를 나눈다. ② 내담자가 과거에 바느질할 때 사용했었던 휘갑치기 방법을 상담자가 시범을 보여주며 내담자가 쉽게 할 수 있도록 유도한다. 내담자는 예전에 바느질할 때 해 보았던 방법을 사용하므로 자신감이 올라간다. ③ 내담자는 자신이 만든 복주머니에 소망을 적고 꾸미는 활동을 통해 긍정적인 자아감이 형성된다. ④ 손으로 바느질하듯이 작업하면서 소근육이 강화되며, 이와 더불어 뇌기능도 활성화된다.
응용	① 복주머니 본은 쇼핑백을 사용하면 위에 끈이 있어서 들거나 벽에 걸기 좋고 재활용의 효과도 있다. ② 복주머니 대신 버선 모양으로 오려서 버선 만들기를 해 볼 수 있다.

작품 사진

[그림 5-7] 내담자1의 복주머니

[그림 5-8]내담자2의 복주머니

2) 치료 회기기록지

다음 치료 회기기록지 〈표 5-10〉은 상담 과정에서 상담자가 내담자에게 '복주머니 만들기' 기법을 어떻게 진행하는지 핵심부분 위주로 작성되었으므로 미술치료를 진행하는 상담자가 실제 적용 방법을 이해하고 습득하는 데 도움이 된다.

〈표 5-10〉 복주머니 만들기 치료 회기기록지

치료 회기기록지 (5) 회

날 짜	2015년 8월 10일	소요시간	pm 2:00-3:00
내 담 자 명	김○○(내담자1), 서○○(내담자2)	상담자명	이○○
프로그램명	복주머니 만들기		
목 표	소근육 능력을 촉진시키고 인지기능과 자신감을 향상시킨다.		
준 비 물	복주머니 본(상담자가 오려서 준비함), 신발 끈, 스카치테이프, 사인펜, 스티커		

	상담자의 언어 및 행동	내담자의 언어 및 행동
프로그램 전 분위기	(1) 어르신들, 한 주 잘 지내셨는지요? (4) 서○○ 어르신. 지금은 괜찮으세요? (6) 자. 제가 따뜻한 물수건으로 손을 닦아 드릴게요. 로션도 발라드리구요.	(2) 내담자1: 그래, 잘 지냈어. (3) 내담자2: 나는 다리가 많이 아팠어. (5) 내담자2: 그래. 그럭저럭 괜찮아. (7) 내담자1: 고맙네. (8) 내담자2: 로션이 향기가 좋아.
치료과정	(1) 오늘은 복주머니를 만들어 볼 거예요. (3) 네. 제가 이렇게 복주머니 모양을 준비해왔어요. (5) 그 구멍에는 이 신발 끈을 이용해서 이렇게 바느질을 하시는 거예요. (시범을 보여 준다) (7) 어르신들, 참 잘 하셨어요! (9) 네, 아주 훌륭해요! 제가 복주머니 위쪽을 테이프로 깨끗이 붙여드릴게요.(테이프로 붙인다) (11) 복주머니 옆면에 바라시는 소망을 적어보기로 해요. (13) 제가 적어드릴게요. 한번 붙여보세요. (14) 서○○ 어르신은 무엇을 적어드릴까요? (16) 네, 여기 적었어요. 어르신도 붙여보세요. (17) 글씨도 예쁘게 잘 쓰셨어요! '복'도 한자로 잘 쓰셨네요. (20) 어르신들. 글씨 옆을 이 스티커로 꾸며 보세요. (22) 자 완성되었어요. 어르신들, 이 복주머니에 적힌 소망처럼 항상 건강하시고, 행복하시고 사랑 가득하시길 빌어요. (24) 오늘 작업 중에서 어느 부분이 즐거우셨이요? (27) 수고 많으셨어요! 어르신들이 즐거워하시니 저도 기분이 좋아지네요. 이번 주도 행복하게 보내시고 담주에 뵈어요.	(2) 내담자2: 복주머니? (4) 내담자1: 정말 그렇네. 근데 구멍이 죽 뚫려있어. (6) 내담자1: 전에 바느질하던 생각이 나네. (내담자1, 내담자2는 상담자가 보여준 방법대로 신발 끈을 복주머니 주위에 둘러서 끼워 모양을 만들었다) (8) 내담자2: 모양이 괜찮아? (10) 내담자2: 이제 뭘 하면 좋을까? (12) 내담자1: 나는 건강, 행복, 사랑을 적고싶어. (내담자1은 상담자가 적어준 카드를 복주머니 옆면에 붙인다) (15) 내담자2: 나는 건강을 붙일래. (내담자2는 카드를 붙이고 아래에 한자로 '복'이라고 쓰면서 '건강했으면 좋겠다'라고 썼다) (18) 내담자1: 만들어보니 기분이 좋아지네. (19) 내담자2: 나도 그래. (내담자1은 스티커로 글씨 주변을 꾸민다) (21) 내담자2: 나는 스티커는 안 붙여도 되겠어. (23) 선생님이 말해주니 정말 그렇게 될 것 같은 생각이 드네. (25) 내담자2: 나는 내가 복주머니에 글씨 쓸 때 좋았어. (26) 내담자1: 나는 바느질할 때 즐거웠어. (28) 내담자1, 내담자2: 선생님도 수고 많았어. 항상 와주어서 고마워.
내담자 평가	내담자들은 과거에 해 보았던 바느질을 회상하며 즐겁고 자신감 있게 작업을 하였으며, 소망을 적으면서 희망적인 생각으로 긍정적인 감정을 느끼는 모습이었다. 회상과 익숙한 작업을 프로그램에 적용하는 것은 자신감 향상과 우울 감소에 도움이 되며, 소근육을 강화하는 작업은 뇌 기능을 향상시키는 데도 효과가 있다.	
다음 회기 계획	데칼코마니	

4 노인미술치료 프로그램

노인 미술치료 프로그램은 경증 치매노인, 뇌졸중 노인을 위한 프로그램으로 상황에 맞게 적절하게 활용할 수 있다.

1) 개인 미술치료 프로그램

2) 대상

경증 치매노인, 뇌졸중노인

3) 회기별 미술치료 프로그램

〈표 5-11〉 노인미술치료 프로그램

회기	프로그램명	활동내용	매체
1	만다라 색칠 KHTP(사전검사)	색연필 이용하여 색칠하기	색연필, 크레파스, 문양 만다라
2	젖은 종이에 물감그리기	젖은 종이에 물감을 뿌려 색이 번지는 느낌 관찰하기 (내면이완)	물감, 종이, 휴지
3	콜라주 (나 표현하기)	콜라주 이용하여 현재 또는 과거의 행복한 나 표현하기	잡지, 도화지, 가위, 풀
4	모양 틀 찍기	천사점토의 촉감을 느껴보고 색을 섞어 주무른 후, 모양 틀을 사용하여 여러 가지 모양을 만들어 본다.	천사점토, 사인펜, 모양틀, 물티슈

회기	프로그램명	활동내용	매체
5	나의 장점 찾기	꽃 본 오려 꽃잎에 장점쓰기	도화지, 꽃잎본, 색연필
6	나의 결혼식(콜라주)	그림이나 콜라주 이용하여 나의 결혼식 꾸미기	도화지, 잡지, 가위, 풀
7	지점토만다라(수수깡, 곡물 이용하여 꾸미기)	일회용 접시에 지점토를 펴서 수수깡, 곡물로 꾸미기	접시, 지점토, 수수깡, 여러 종류 곡물
8	상자 꾸미기	여러 가지 꾸미기 재료와 스티커 이용하여 상자 꾸미기	여러 모양 상자, 꾸미기재료, 스티커
9	십장생	건강과 장수를 기원하는 십장생 그림을 선택하여 채색한 후, 모두 모아 공동작품을 완성한다.	십장생 그림, 색연필, 크레파스, 가위, 풀, 우드락, 테이프
10	꽃밭 만들기(상상 정원)	자연물이나 만들기 재료 이용하여 정원 만들기	각종 곡물, 만들기 재료, 도화지 풀 등
11	조각보 만들기 (색종이 사용)	도화지에 색종이 잘라 붙이며 조각보 만들기	도화지, 색종이, 풀, 가위
12	나에게 주는 상 (메달 만들기) 만다라 색칠 KHTP(사후검사)	스스로에게 칭찬해주고 메달 만들어주기. 문양만다라 색칠하기	색종이, 풀, 색연필, 문양만다라

제6장

정신장애 미술치료

1 정신장애 미술치료의 이해

1) 정신장애의 의미

(1) 정신장애의 정의

우리나라 장애인복지법에서 정신적 장애는 발달장애 또는 정신 질환으로 발생하는 장애를 말한다. 정신적 장애에는 발달장애와 정신장애로 구분되며 발달장애는 지적장애, 자폐성장애가 포함된다. 이 장에서는 정신장애에 대해 논의하고자 한다. 우리나라 정신장애는 공식적인 정신 질환 분류체계로 사용하고 있는 제10차 국제질병사인 분류 ICD(International Classification of Diseases, 10th Version)의 진단지침에 따라 ICD10의 F20 조현병, F25 조현정동장애, F31 양극성 정동장애 및 F33 재발성 우울장애, F028F06(단, F067 제외)F07(단, F072 제외) 뇌의 신경학적 손상으로 인한 기질성 정신장애, F42 강박장애, F952 투렛장애, G474 기면증으로 진단된 경우에 정신장애로 판정받는다(국가법령정보센터, 2021 재인용).

(2) 정신장애의 진단기준

정신장애의 진단 기준은 장애진단 직전 1년 이상 지속해서 진료한 정신건강의학과 전문의(다만, 지속해서 진료를 받았다 함은 3개월 이상 약물치료가 중단되지 않았음을 의미한다)와, 지속해서 진료한 전문의가 없는 경우 장애진단 직전 3개월 이상 지속해서 진료한 의료기관의 정신건강의학과 전문의가 진단할 수 있으나, 장애진단 직전 1년 또는 2년 이상의 지속적인 정신건강의학과 진료기록을 진단서 또는 소견서 등으로 확인하고 장애진단을 하여야 한다(국가법령정보센터, 2021 재인용).

2021년 보건복지부 장애정도판정기준에 의해 장애의 정도가 심한 장애인과 장애의 정도가 심하지 않은 장애인으로 장애 상태를 구분하고 있다(〈표 6-1〉 참조).

〈표 6-1〉 장애정도 기준

장애정도	장 애 상 태
장애의 정도가 심한 장애인	1. 조현병 또는 뇌의 신경학적 손상으로 인한 기질성 정신장애로 망상, 환청, 사고장애, 기괴한 행동 등의 양성증상 또는 사회적 위축과 같은 음성 증상이 심하고 현저한 인격 변화가 있으며, 기능 및 능력장애로 인하여 능력장애 판정 기준의 6항목 중 3항목 이상에서 전적인 도움이 필요한 사람 2. 양극성 정동장애(조울병)로 기분, 의욕, 행동 및 사고장애 증상이 심한 증상기가 지속하거나 자주 반복되며, 기능 및 능력장애로 인하여 능력장애 판정 기준의 6항목 중 3항목 이상에서 전적인 도움이 필요한 사람 3. 재발성 우울장애로 정신병적 증상이 동반되고 기분, 의욕, 행동 등에 대한 우울 증상이 심한 증상기가 지속하거나 자주 반복되며, 기능 및 능력장애로 인하여 능력장애 판정 기준의 6항목 중 3항목 이상에서 전적인 도움이 필요한 사람 4. 조현정동장애로 장애의 정도가 심한 장애인 1호 내지 3호에 준하는 증상이 있는 사람 5. 조현병 또는 뇌의 신경학적 손상으로 인한 기질성 정신장애로 망상, 환청, 사고장애, 기괴한 행동 등의 양성증상 및 사회적 위축 등의 음성증상이 있고 중등도의 인격 변화가 있으며, 기능 및 능력장애로 인하여 능력장애 판정 기준의 6항목 중 3항목 이상에서 많은 도움이 필요한 사람 6. 양극성 정동장애(조울병)로 기분, 의욕, 행동 및 사고장애 증상이 있는 증상기가 지속하거나 자주 반복되며, 기능 및 능력장애로 인하여 능력장애 판정 기준의 6항목 중 3항목 이상에서 많은 도움이 필요한 사람 7. 재발성 우울장애로 망상 등 정신병적 증상이 동반되고 기분, 의욕, 행동 등에 대한 우울 증상이 있는 증상기가 지속하거나 자주 반복되며, 기능 및 능력장애로 인하여 능력장애 판정 기준의 6항목 중 3항목 이상에서 많은 도움이 필요한 사람 8. 조현정동장애로 장애의 정도가 심한 장애인 5호 내지 7호에 준하는 증상이 있는 사람 9. 조현병 또는 뇌의 신경학적 손상으로 인한 기질성 정신장애로 망상, 환청, 사고장애, 기괴한 행동 등의 양성증상이 있으나 인격 변화나 퇴행은 심하지는 아니한 경우로서, 기능 및 능력장애로 인하여 능력장애 판정 기준의 6항목 중 3항목 이상에서 간헐적으로 도움이 필요한 사람 10. 양극성 정동장애(조울병)로 기분, 의욕, 행동 및 사고장애 등의 증상기가 지속되거나 자주 반복되는 경우로서, 기능 및 능력장애로 인하여 능력장애 판정 기준의 6항목 중 3항목 이상에서 간헐적으로 도움이 필요한 사람 11. 재발성 우울장애로 기분, 의욕, 행동 등에 대한 우울 증상이 있는 증상기가 지속하거나 자주 반복되는 경우로서, 기능 및 능력장애로 인하여 능력장애 판정 기준의 6항목 중 3항목 이상에서 간헐적으로 도움이 필요한 사람 12. 조현정동장애로 장애의 정도가 심한 장애인 9호 내지 11호에 준하는 증상이 있는 사람

장애정도	장 애 상 태
장애의 정도가 심하지 않은 장애인	1. 조현병 또는 뇌의 신경학적 손상으로 인한 기질성 정신장애로 망상, 환청, 사고장애, 기괴한 행동 등의 양성증상 또는 사회적 위축 등의 음성증상이 지속하여 기능 및 능력장애로 인하여 능력장애 측정 기준 6항목 중 3항목 이상에서 경미한 도움이 필요한 사람 2. 양극성 정동장애(조울증)에 따른 기분 · 의욕 · 행동 및 사고의 장애 등의 증상기가 심하지는 않으나 지속하거나 자주 반복되어 기능 및 능력장애로 인하여 능력장애 측정 기준 6항목 중 3항목 이상에서 경미한 도움이 필요한 사람 3. 재발성 우울장애로 기분 · 의욕 · 행동 등에 대한 우울 증상기가 심하지는 않으나 지속하거나 자주 반복되는 경우로서 기능 및 능력장애로 인하여 능력장애 측정 기준 항목 중 3항목 이상에서 경미한 도움이 필요한 사람 4. 조현정동장애로 장애의 정도가 심하지 않은 장애인의 1호 내지 3호에 준하는 증상이 있는 사람 5. 지속적인 치료에도 호전되지 않는 강박장애, 투렛장애 및 기면증에 따른 기분 · 의욕 · 행동 및 사고장애의 증상이 심하여, 일상생활이나 사회생활에 상당한 제한이 있는 경우로서 기능 및 능력장애로 인하여 능력장애 측정기준 6항목 중 3항목 이상에서 수시로 도움이 필요한 사람

출처: 국가법령정보센터 홈페이지 2021년 9월 30일 검색 . 장애정도판정기준. 재인용.

(3) 정신장애의 임상적 특징

정신장애에 대한 임상적 특징은 2021년 보건복지부 장애정도판정기준의 조현병과 정동장애, 우울장애를 바탕으로 DSM-5의 정신분열 스펙트럼 장애(정신분열증), 양극성 및 관련 장애, 우울장애의 유형과 증상에 대해서 살펴보고자 한다.

① 정신분열 스펙트럼 장애

- 정신분열증의 증상

정신분열증은 망상, 환각, 혼란스러운 언어를 특징으로 가지고 있는 매우 심각한 정신장애이다. 정신분열증은 현실검증력이 손상되어 비현실적인 지각과 비논리적인 사고를 나타내며 혼란스러운 심리상태에 빠져들게 된다. 이러한 증상들로 인하여 일상생활 적응에 어려움이 있으며 심리적 기능에도 상당한 문제가 나타난다. 정신분열증 내담자들의 다양한 증상은 양성과 음성으로 구분되는데 양성증상은 정상인들에게 나타나지 않지만 정신분열증 내담자에게 나타나는 증상으로 망상, 환각, 와해한 언어나 행동이 있다. 망상은 자신과 세상에 대한 잘못된 강한 믿음으로 피해망상, 과대망상, 관계망상, 애정망상, 신체망상 등이 있다. 환각은 현저하게 왜곡된 비현실적 지각을 말하는 것으로 환청, 환시, 환후, 환촉, 환미로 구분되며 정신분열증에서 가장 많이 나타나는 증상은 환청이다. 와해한 언어는 비논리적이고 지리멸렬한 혼란스러운 언어를 의미하며, 와해한 행동은 나이에 걸맞지 않고 상황에 부적절한 엉뚱하고 부적응적인 행동을 말한다. 음성 증상은 정상인들이 나타내는 적응적 기능이 결여된 상태를 말하며 정서적 둔마, 언어의 빈곤, 의욕의 저하, 쾌락의 감소, 대인관계의 무관심 등이 있다. 정신분열 스펙트럼 장애의 하위 유형에는 정신분열증, 분열정동장애, 정신분열형 장애, 단기 정신증적 장애, 망상장애, 분열형 성격장애, 약화된 정신증 증후군이 있다(〈표 6-2〉 참조).

〈표 6-2〉 정신분열 스펙트럼 장애의 유형과 증상

유형	증상
정신분열증	망상, 환각, 혼란스러운 언어, 부적절한 행동, 둔마된 감정 및 사회적 고립이 6개월 이상 지속하는 경우
분열정동장애	정신분열 증상과 조증 또는 우울증 증상이 함께 나타나고 6개월 이상 지속하는 경우
정신분열형 장애	정신분열 증상이 1개월 이상 6개월 이내로 나타나는 경우
단기 정신증적 장애	정신분열 증상이 1개월 이내로 짧게 나타나는 경우
망상장애	한 가지 이상의 망상이 1개월 이상 나타나고 정신분열증의 진단기준에는 해당하지 않는 경우
분열형 성격장애	친밀한 인간관계를 불편해하고 대인관계의 기피, 인지적 왜곡, 기이한 행동 등의 증상이 성격의 일부처럼 지속해서 나타나는 경우
약화된 정신증 증후군	정신분열 증상이 경미한 형태로 짧게 나타나는 경우

출처: 권석만(2014). 이상심리학의 기초(이상행동과 정신장애의 이해).

② 양극성 및 관련 장애

• 양극성장애의 증상

양극성 장애는 우울한 기분 상태와 고양된 기분 상태가 번갈아 나타나는 경우로 기분이 몹시 고양된 조증 상태에서는 평소보다 말이 많아지고 빨라지며 행동이 산만하고 자신감이 넘쳐 여러 일을 벌이는 모습이 나타난다. 과대망상적 사고가 나타나 잠도 안 자고 활동을 하나 이루어지는 일은 없으며 현실에 심한 부적응을 일으킨다. 양극성 장애는 이러한 조증 상태와 우울장애가 번갈아 나타나는 경우이며 과거에는 조울증이라고 하였다. 양극성 및 관련 장애의 하위 유형에는 제1형 양극성 장애, 제2형 양극성 장애, 순환 감정 장애가 있다(〈표 6-3〉 참조).

〈표 6-3〉 양극성 및 관련 장애의 유형과 증상

유형	증상
제1형 양극성 장애	기분이 비정상적으로 고양되는 조증 삽화를 나타내고 가장 심한 형태의 양극성 장애이며 한 번 이상의 조증 삽화가 나타나는 모든 경우를 말하며 제1형 양극성 장애가 있는 사람은 한 번 이상의 주요 우울 삽화를 경험함
제2형 양극성 장애	조증 삽화의 증상이 상대적으로 미약하여 부적응 정도가 경미한 경조증 삽화를 나타내는 경우
순환감정 장애	기분 삽화에 해당하지 않는 경미한 우울 증상과 경조증 증상이 번갈아 가며 2년 이상 장기적으로 나타나는 경우

출처: 권석만(2014). 이상심리학의 기초(이상행동과 정신장애의 이해).

③ 우울장애

• 우울장애의 증상

우울장애는 공허감, 슬픔, 짜증스러운 기분과 수반되는 신체적, 인지적 증상으로 인해 개인의 기능이 현저하게 저하되는 부작용 증상을 의미한다(권석만, 2014 재인용). 우울장애의 하위 유형은 주요 우울장애, 지속성 우울장애, 월경전기 불쾌장애, 파괴적 기분 조절 곤란 장애가 있다(〈표 6-4〉 참조).

〈표 6-4〉 우울장애의 유형과 증상

유형	증상
주요 우울장애	지속적인 우울한 기분과 의욕 및 즐거움이 감소하여 주의 집중과 판단력이 저하되고 체중과 수면 패턴의 변화, 무가치감과 죄책감, 죽음이나 자살에 대한 사고가 증가하는 경우

유형	증상
지속성 우울장애	우울 증상이 2년 이상 지속해서 나타나는 경우와 식욕부진이나 과식, 불면이나 과다수면, 활력의 저하나 피로감, 자존감의 저하, 집중력의 감소나 결정의 곤란, 절망감 중 2가지 이상의 증상이 나타나는 경우
월경전기 불쾌장애	여성의 경우 월경이 시작되기 전 주에 정서적 불안정성이나 분노감, 일상 활동에 대한 흥미 감소, 무기력감과 집중 곤란 등의 불쾌한 증상이 주기적으로 나타나는 경우
파괴적 기분조절 곤란 장애	불쾌한 기분을 조절하지 못하여 심한 분노를 반복적으로 폭발하는 행동으로 나타내는 경우

출처: 권석만(2014). 이상심리학의 기초(이상행동과 정신장애의 이해).

2) 정신장애의 상담이론

정신장애의 상담이론은 정신병원, 정신건강 복지센터, 정신요양원, 심리상담센터 등 임상현장에서 대표적으로 많이 사용되고 있는 정신분석적 이론, 인지행동적 이론, 생물학적 이론에 대해서 살펴보고자 한다.

(1) 정신분석적 이론

① 정신분석적 이론의 의미

정신분석적 이론은 심리적 원인에 의해 정신장애가 생긴다고 최초로 설명한 이론으로 지그문트 프로이트(Sigmund Freud)에 의해 시작되었다. 정신분석적 이론은 인간의 삶은 이미 결정되었으며, 생애 초기 0~6세까지의 유아기 경험이 성격 형성에 큰 영향을 미친다는 심리 결정론을 강조하였다. 특히, 무의식의 존재와 성적, 공격적 욕구를 중요하게 여기고 강조하였다. 프로이트는 인간의 성격 구조를 삼원론인 원초아(Id), 자아(Ego), 초자아(Superego)로 구분하였는데, 원초아는 인간의 욕구를 충족하는 1차 과정으로, 자아는 현실을 고려하고 방어기제를 적절하게 사용하는 2차 과정으로, 초자아는 인간이 생활하면서 경험하고 행동하는 기준이 되는 사회적 윤리와 자기이상으로 설명하였다(권석만, 2014). 프로이트는 인간이 양육자와의 관계에서 신체 부위를 중심으로 성적 욕구를 충족시키는 구강기, 항문기, 남근기, 잠복기, 성기기의 심리성적발달단계를 거친다고 하였다.

② 정신분석적 이론의 원인과 치료기법

정신분석적 이론은 정신장애의 원인을 인간의 무의식적 갈등이 이상행동을 유발한다고 보았다. 구체적으로 살펴보면, 성장 과정의 갈등과 성격 구조의 문제, 자아 기능의 약화와 신경증적 불안에 대한 미숙한 방어기제 등이 있다. 이런 원인을 배경으로 치료의 원리는 무의식의 의식화와 자아를 강화하는 것이며, 원초아가 있는 곳에 자아를 있게 하는 것이다. 기법으로는 자유연상, 꿈 분석, 전이 분석, 저항 분석 등이 있다. 정신분석적 치료는 이런 원리와 기법을 사용하여 내담자가 자신의 무의식적 갈등을 통찰하고 현실 생활에서 통찰 내용을 실천하게 하는 훈습의 과정을 갖게 하는 것이다.

(2) 인지행동적 이론

인지행동적 입장은 실증적인 자료에 근거한 과학적 접근을 강조하는 것으로 20세기 초반의 행동주의 이론과 20세기 후반의 인지적 이론을 통합하여 1970년대 인지행동적 입장으로 발전하였다. 행동주의적 입장과 인지적 입장의 결합으로 인지행동 이론이 정립되었고 인지행동치료(CBT; Cognitive Behavior Therapy)가 정신장애를 치료하기 위한 기법으로 사용되었다. 인지행동치료는 인지적 측면과 개입 방법에 따라 세 가지 유형으로 구분된다(Dobson & Block, 1988; Mahoney & Arnkoff, 1978; 권석만, 2013). 첫째, 부적응적 인지를 적응적 인지로 변화하는 인지적 재구성으로 엘리스의 합리적 정서 치료와 벡의 인지치료가 있다. 둘째, 스트레스 상황에 대처하는 여러 가지 인지행동적 기술을 습득시키는 대처기술 치료로 마이헨바움(Meichenbaum, 1977)의 스트레스 면역 훈련이 있다. 셋째, 개인이 처한 문제의 해결에 초점을 두고 문제를 체계적으로 분석하고 해결책을 찾고 장단점을 평가하여 최선의 해결책을 상담자와 함께 계획하고 실행하는 문제해결 치료가 있다.

① 행동주의적 입장

• 행동주의적 입장의 의미

행동주의적 입장은 내담자의 모든 행동은 학습된다는 것으로 학습의 원리를 고전적 조건형성, 조작적 조건형성, 사회적 학습으로 구분하였다. 고전적 조건형성은 무조건자극과 조건자극을 짝지어 반복적으로 제시하여 조건자극에 대한 조건반응이 학습되는 과정이며, 조작적 조건형성은 어떤 행동의 결과가 보상적이면 그 행동이 증가하고 반대로 결과가 처벌적이면 행동의 빈도가 감소하는 학습 과정을 의미한다(권석만, 2014). 인간은 사회적 상황에서 주변인들의 행동을 관찰하고 모방하는데 이런 작업을 통해 새로운 행동을 학습하게 되며 이와 같은 사회적 학습이 중요하다고 보았다.

• 행동주의적 입장의 원인과 치료기법

행동주의적 입장에서 보는 정신장애의 원인은 부적응적인 행동이 학습된 것으로 보았다. 치료의 원리는 부적응 행동의 제거와 적응 행동의 학습으로 기법을 사용하는데 부적응 행동의 제거 기법에는 처벌, 혐오적 조건형성, 소거, 체계적 둔감법, 상호 억제 등이 있으며 적응 행동 기법으로는 사회적 기술 훈련, 행동 조성법, 모방 학습법, 환표 이용법 등이 있다.

② 인지적 입장

• 인지적 입장의 의미

인지적 입장은 1960년대 앨버트 엘리스(Albert Ellis)와 아론 벡(Aaron Beck)에 의해 제시되었으며 엘리스는 합리적 정서행동치료(REBT; Rational Emotive Behavior Therapy), 벡은 인지행동치료(CBT)를 제안하였다. 인지적 입장은 정신장애가 인간의 인지 활동을 통해서 유발되고 지속하게 한다는 가정을 두고 있어서 인지적 구조, 인지적 산물, 인지적 과정을 구분하는 것이 필요하다. 인지적 구조는 개인이 자신과 세계에 대한 지식과 정보를 체계적으로 조직하고 저장하는 기억체계를 의미하는데 정신장애 내담자는 특정한 주제에 왜곡된 인지 내용과 인지구조를 가지고 있다. 인지적 산물은 외부 자극의 정보처리 결과로 생성된 인지를 의미하며 사고나 심상의 형태를 지니고 감정과 행동에 영향을 미친다. 인지적 과정은 인지적 구조가 인지적 산물을 생성해 내는 방식을 의미하는데 정신장애 내담자는 외부 자극에 대해 해석할 때 인지적 오류를 범하는 것으로 나타난다. 인지적 입장의 심리치료는 정신장애의 유발과 지속에 영향을 미치는 부적응적 인지를 적응적 인지로 변화시키는 것이다.

• 인지적 입장의 원인과 치료기법

인지적 입장은 내담자의 정신장애 원인을 내담자의 부적응적 사고로 보았다. 내담자의 부적응적 사고는 타인과의 관계에서 부적응적 인지 도식, 역기능적 신념, 인지적 오류, 부정적인 자동적 사고 과정을 보이는데 이러한 인지적 과정이 왜곡되고 결손되어 정신장애를 유발하는 것이다(권석만, 2014). 인지적 입장의 치료 원리는 정신장애의 유발과 지속에 영향을 미치는 부적응적 인지를 변화시키는 것이다. 내담자의 부적응적 사고의 현실성, 유용성, 타당성을 열린 사고로 다각적으로 확인해봄으로써 적응적이고 도움이 되는 현실적인 사고로 전환하는 것이다. 부적응적 사고를 적응적 사고로 대체하고 비합리적이고 역기능적인 신념을 합리적이고 적응적인 신념으로 변화시키는 것이다. 이러한 인지적 변화를 위해서 사용하는 기법은 엘리스의 합리적 정서행동치료(REBT)와 벡의 인지행동치료(CBT)가 있다. 엘리스의 합리적 정서행동치료는 ABCDEF기법으로 A(Activating event; 내담자가 경험했던 선행사건), B(Beliefs; 선행사건에 대한 내담자의 합리적 또는 비합리적 신념), C(Consequences, 신행사건에 대해 신념이 작용하여 발생한 행동적·정서적 결과), D(Dispute; 비합리적 신념에 대한 상담자의 논박), E(Effect; 논박에 대한 효과), F(Feeling; 새로운 긍정적 감정)를 사용한다. 벡의 인지치료는 구조화하기와 심리교육, 자동적 사고 찾기와 수정하기, 소크라테스 질문, 스키마 찾기와 변화하기, 인지적 재구조화 등이 있다.

(3) 생물학적 이론

① 생물학적 이론의 의미

생물학적 이론은 정신장애의 원인을 생물학적 또는 신체적 문제로 규정하는 입장이다. 생물학적 입장은 정신장애의 원인을 신체의 질병으로 바라보는 견해로 19세기 말부터 시작되었는데 매독균의 감염으로 인한 심각한 정신적 문제가 시발점이 되었다(권석만, 2014). 생물학적 입장으로 모든 정신장애의 원인을 파악하지는 못했지만, 매독균을 통한 정신적 문제가 생기게 되어 결론적으로는 신체적 질병으로 정신장애가 발생한다고 설명하고 있다.

② 생물학적 이론의 원인과 치료기법

학자들은 생물학적 원인을 뇌의 구조적 결함, 뇌의 생화학적 이상, 유전적 원인에 근거를 두고 있다. 뇌의 구조적 이상은 정신장애인의 뇌를 다양한 뇌영상술을 사용한 촬영을 통해 원인을 발견하고 있으며, 뇌의 생화학적 이상은 뇌의 신경전달물질의 과잉과 결핍을 통해 정신장애의 원인을 파악하고 있다. 유전적 이상은 입양아 연구, 쌍둥이 연구 등을 통해 정신장애가 유전적으로 어떤 영향을 미치는지 연구하고 있다. 뇌의 생화학적 이상을 정신장애의 원인으로 파악하는 경우 치료기법은 약물치료, 전기충격 치료, 뇌 절제술 등이 있으며 가장 많이 사용되는 방법은 약물치료로 정신장애인에게 영향을 미치는 특정 신경전달물질에 대해 약물을 통해 조절함으로써 증상을 완화하는 것이다.

3) 정신장애 미술치료

(1) 정신장애 미술치료의 의미

미술치료는 내담자가 경험하는 다양한 사고, 감정, 행동에 대해서 비언어적 미술 활동 작업을 통해 언어적 이미지와 시각적 이미지를 표현하게 되는데, 이 과정에서 내담자가 경험한 외상, 왜곡, 방어를 치유하고 변화시킨다. 또한 내담자는 무의식의 자기 상을 재발견하게 되고 이를 통해 자기실현의 과정을 경험하게 된다. 미술치료는 정신장애 내담자의 내재한 외상, 현실 인식의 왜곡, 망상, 환각, 혼란스러운 언어와 행동, 우울한 기분과 고양된 기분 등의 증상에 대해 미술 활동으로 현실 인식 능력을 키워주고, 억압된 감정의 표출을 통해 정화를 경험하고 조절력을 향상시켜 안정적인 자아를 형성하는 데 도움을 준다.

정신장애 치료에서 미술치료가 적용된 것은 1940년대 뉴욕 주립 정신병원에서 마가렛 나움버그(Margaret Naumburg)가 성인과 아동을 대상으로 미술치료를 진행한 것이 시초였다. 나움버그는 정신분석적 미술치료에 접근하여 치료하였고 치료 과정 중 내담자가 스스로 떠올리는 이미지를 그림으로 표현하는 것을 중요하게 보았다. 이런 연구들은 나움 버그가 조현병 환자에 대한 정신역동적 미술치료의 다양한 저서를 출판하게 되는 계기를 마련하였다.

우리나라는 1990년대 정신병원에서 사회재활 프로그램의 하나로 미술요법이 시작되었으며 이후 지속적인 연구와 발전을 통해 현재는 종합병원 정신과, 개인 정신건강의학과 의원, 정신병원, 정신요양원, 정신건강 복지센터, 종합사회복지관 심리상담센터, 개인 상담센터 등 여러 기관에서 정신장애 내담자에게 미술치료가 활용되고 있다.

미술치료는 초기부터 정신장애인의 치료에 활용되었으며 조현병 내담자들에게 적용되었던 미술치료는 점점 확장되어 우울증 내담자에게도 치료기법이 사용되었다. 조현병 내담자에 대한 미술치료는 방어 없이 자아 기능의 강화를 도모하여 현실과 공상을 구분시키고 왜곡된 사고를 좀 더 수월하게 찾게 하고 적응적 사고로 변화할 수 있도록 도움을 준다. 또한, 우울증 내담자는 상실에 대한 분노와 슬픔을 안정적인 환경에서 비언어적으로 표출하고, 작품의 완성을 통해 스스로 가치 있는 인간임을 경험하게 되어 자아존중감이 향상된다. 정신장애 내담자에게 가장 효과적인 치료방법은 약물치료와 심리치료를 병행하는 것인데, 정신장애 미술치료는 심리치료를 진행할 때 정신역동적 미술치료, 인본주의적 미술치료, 발달적 미술치료, 인지행동적 미술치료, 통합적 미술치료의 각 이론을 바탕으로 미술치료 기법을 적용하는 것이다.

(2) 정신장애 미술치료의 장점

정신장애 내담자의 미술 활동은 내담자의 증상을 호전시키기도 하지만 그 외 내담자의 심리적, 정서적, 사회적 영역에서 긍정적인 변화를 일으킨다. 정신장애 내담자에게 긍정적인 영향을 미치는 미술치료의 치료적 요소들을 미술치료의 장점으로 살펴보면 다음과 같다(주리애 외, 2021). 첫째, 정신장애인 내담자는 새로운 자기를 발견하게 된다. 미술치료는 비언어적인 작업으로 여러 매체를 사용하여 그리기, 만들기 등의 작업을 하면 작품이 완성되는데 작품은 내담자가 그동안 경험하지 못한 감정, 생각, 행동 및 가치관 등을 보여 주는 증거물이 된다. 자신이 있는 그대로 담긴 작품을 보면서 그동안에 보지 못했던 새로운 나를 만나게 되며 새로운 나의 발견은 왜곡되고 상처받은 나에게서 치유되고 있는 나를 만나게 된다. 작품을 통한 나와의 만남은 자신을 왜곡된 주관적 시각에서 객관적 시각으로 변화시켜 자신의 문제를 해결할 수 있게 도와준다. 둘째, 정신장애 내담자는 가치 있는 존재로 인식하여 자아존중감이 향상된다. 정신장애의 여러 증상은 내담자를 무기력하게 만들고 타인과의 교류 및 사회생활에 어려움을 겪어 폐쇄적인 삶을 살게 하는데 이러한 생활은 내담자에게 무가치감을 갖게 한다. 미술치료를 통해 자신의 경험을 있는 그대로 표현하는 미술 작업과정, 상담자 및 함께 참여하는 다른 내담자로부터 받는 긍정적인 지지와 격려, 완성된 미술작품 등은 내담자 스스로가 가치 있는 인간임을 느끼게 하는 체험으로 성취감을 느끼게 하고 자아존중감을 향상시킨다. 셋째, 정신장애 내담자의 억압된 감정이 해소된다. 정신장애 내담자의 정서는 우울, 불안, 분노, 슬픔, 상실감, 억울함 등 다양한데 외부로 표현하기보다는 내부에 억압된 경우가 많다. 정신장애 미술치료는 안정적인 환경에서 적절하게 표출할 수 있는 매체를 사용하여 내담자가 자신의 감정을 찾고 표출하고 정화하도록 도와준다. 그동안 외부로 표출하여 타인에게 상처를 주었던 내담자에게 건강한 방법으로 표출할 수 있는 안전망을 제공해 주어 억압된 감정을 해소하게 한다. 넷째, 정신장애 내담자의 감각을 자극해 심신을 이완시킨다. 여러 매체를 사용하는 미술 활동은 내담자의 감각을 자극하는데 시각, 청각, 촉각, 후각 등이 자극을 받으면 신체는 수축과 이완이 반복적으로 일어나며 무기력했던 정신장애 내담자의 몸과 마음에 새로운 에너지를 심어주어 심신이 활기차지게 된다.

(3) 정신장애 미술치료 이론

정신장애 내담자를 대상으로 치료하는 심리치료이론은 정신역동적 미술치료, 인본주의적 미술치료, 발달적 미술치료, 인지행동적 미술치료, 통합적 미술치료가 있다. 이 장에서는 정신장애 내담자에게 주로 많이 사용되고 있는 정신역동적 미술치료, 인지행동 미술치료, 통합적 미술치료를 소개하고자 한다.

① 정신역동적 미술치료

정신역동적 미술치료는 프로이트의 정신분석적 미술치료와 융의 분석심리 미술치료로 구분하며 다시 자기심리학과 대상관계이론에 근거한 미술치료로 나눌 수 있다. 이 장에서는 정신분석적 미술치료와 융의 분석심리 미술치료의 측면에서 살펴보려 한다.

• 정신분석적 미술치료

프로이트의 정신분석적 미술치료의 목표는 무의식의 의식화인데 미술치료는 미술 작업을 통해 내면에 있는 무의식적 욕구들을 외부로 이미지화하는 작업을 하는 것이다. 작품으로 표현된 이미지는 상징적 의미가 강하고 미술 작업의 과정과 작품은 창조의 결과물을 낳게 한다. 미술 활동 과정은 내담자의 무의식을 편안하고 쉽게 표현할 수 있게 도와주는 데 매체를 통한 무의식의 표현은 언어보다 수월하며 내담자가 자아를 방어하는 것을 배제하게 된다. 내담자가 표현하고 싶은 욕구를 매체를 사용하여 외부로 드러나게 하는 작업은 내담자에게 카타르시스 효과를 가져오게 한다. 미술 작업으로 내담자가 억압된 것을 작품으로 드러내고 나면 작품을 보면서 이전의 생각과 느낌 및 행동과 연관된 의미를 통찰하게 하여 전이에 대한 통찰력을 기르고 일상생활에 적용하여 훈습과 재학습을 하게 한다. 상담자는 미술작품과 관련된 특정 연상 질문을 하고 내담자의 자발적인 말을 경청하고 행동을 관찰한다. 또한, 내담자의 미해결 갈등과 반복되는 기제를 찾으며 좌절감의 내성 정도, 승화 능력, 불안 태도 및 퇴행의 경향성도 사정한다. 정신분석적 미술치료의 기법은 아무거나 그리고 싶은 것을 그리도록 하는 자유 연상기법, 난화기법 등을 사용한다. 특히 꿈에 대한 자유 연상기법을 사용하여 그림이나 창조적 매체로 표현하게 한다.

• 분석심리 미술치료

융의 분석심리 미술치료의 목표는 자기실현의 과정 즉, 개성화 과정으로 무의식적 심상을 의식화시켜 보상적인 내용을 살피며 그것의 굴레에서 자신을 해방시켜 나가는 것이다. 인생 전반기의 목표는 외부 세계에 적절하게 잘 적응하는 역할에 충실한 페르소나를 키워 자아를 강화하는 것이고, 인생 후반기의 목표는 무의식의 의식화로 자기를 강화하는 것이다. 자기실현의 과정을 위해서 내담자는 자아와 페르소나의 분리, 콤플렉스를 인식하고 그림자, 아니마, 아니무스의 의식화 작업을 하는 것이다. 이런 과정을 통해 자신의 전체 인격을 실현하고 깨달음에 가까워지는 것이다. 미술치료는 표현을 유도하여 증상이 가진 강력한 정서적 문제나 정동성 자체를 해결하고 무의식을 통한 형상화 작업을 통해 언어 표현과는 다른 생동감을 내담자에게 준다. 무의식의 이미지인 상을 표현하는 것은 무의식의 창조적 기능을 촉진하는 것이다. 분석 심리 미술치료는 내담자가 자신의 내면세계는 단절하고 외부세계에 적응하는 데만 충실할 경우 신경증이 생긴다고 하였는데 이는 역할과 나를 동일시하는 것이다.

상담자는 내담자가 정신의 전체성을 회복하기 위해서 자신도 모르는 미지의 세계를 찾아가고 내담자의 의식과 무의식을 확인하게 도와주는 것이다. 분석심리 미술치료의 기법은 원형의 심상을 시각적으로 표현하는 것으로 무의식의 상을 무의식의 창조적 기능으로 촉진하여 시각적 언어로 표현하게 한다. 기법으로는 꿈,

만다라, 적극적 명상과 상상 기법, 가면 만들기 등이 있으며 형상물의 작업은 정신장애 내담자에게 심적 평화를 갖게 하고 개인이 무의식에서 조절력을 경험하게 되면 미술치료의 치유를 체험하게 된다.

② 인지행동 미술치료

벡의 인지행동 미술치료의 목표는 내담자가 가지고 있는 왜곡되고 비현실적인 부적응적 신념을 적응적 신념으로 교정하는 것이다. 인지행동 미술치료는 평면, 입체, 조소의 미술 작업을 통해 내담자가 인지적 재구조화를 잘할 수 있도록 도움을 주는 것이다. 인지행동치료의 초기 미술 작업은 인지행동 심리교육과 자동적 사고 찾기에 적절하게 활용된다. 정신장애 내담자는 미술 표현에서 왜곡된 사고가 그대로 나타나는데 내담자의 그림에서 그것이 어떻게 해서 개인적인 의미를 지니는지 파악해야 한다. 또한, 이것을 미술 표현으로 풀어가면서 왜곡된 사고가 얼마나 비현실적이었는가를 깨닫게 한다. 정신장애 내담자가 환청, 환시 등을 느끼는 경우 사실적 객체 묘사의 미술적 표현으로 현실감을 느끼게 하는 것도 필요하다. 미술 작업을 위해서는 내담자가 자신이 무엇을 그리는지 아는 인지과정을 거치게 되며 작품을 통해 내담자 자신의 감정이 무엇인지 알게 된다. 부적응적 신념 찾기에서도 내담자의 불안과 연계된 표상과 심상을 표현하게 되고 부정응적 도식을 거부감 없이 구체적으로 이미지화하는 데 도움이 된다. 개인의 인지적 왜곡에 대한 탐색과 역기능적인 인지의 현실검증과 교정 작업, 교정된 인지가 지속하도록 하며, 이러한 과정들을 실제로 실행해 보는 과정에서 미술 매체를 사용하도록 하는 것이다. 상담자는 내담자와 협력적이고 행동 지향적인 치료 관계를 맺어야 하며 함께하는 공동작업으로 자연스러운 협력관계를 형성할 수 있다. 미술치료 기법은 '나의 모습 그리기'에서 신체화 이미지에 생각, 감정, 행동, 신체적 반응을 직접 이미지로 표현하게 하여 인지행동 심리교육으로 사용할 수 있다. 또한 '현재의 나'에서 '변화된 나'를 주제로 이미지화하면 부적응적 사고의 나에게서 적응적 사고의 나로 교정하는 작업으로 진행할 수 있다.

③ 통합적 미술치료

미술치료를 진행하는 상담자는 내담자의 증상과 상황에 맞게 한 두 개의 심리치료 이론을 적절하게 절충하여 사용하는데 최근에는 이런 통합적 미술치료를 사용하는 상담자가 증가하고 있다. 통합적 미술치료는 미술치료의 계획과 단계에 따라 적용하는 심리치료 이론이 다를 수 있으며 전체 미술치료 프로그램에 한 두 개부터 서너 개의 심리치료 이론을 통합하여 적용한다. 통합적 입장의 미술치료사로 활동하고 있는 외국의 숀 맥니프(Shaun Mcniff)는 다양한 예술 매체를 사용하는 데 음악과 동작을 이용하여 표현예술을 치료에 사용하고 있으며 이러한 방법은 내담자의 내면에 숨겨져 있는 창조적 에너지를 표현하고 활성화하는 데 도움을 준다(주리애 외, 2021 재인용).

(4) 정신장애 미술치료의 접근

장애인복지법에서 정신장애로 정의하고 있고 장애 유형 중 대표성을 띠고 있는 조현병(정신분열증), 양극성장애, 우울장애의 미술치료 접근에 대해서 살펴보고자 한다.

① 조현병 미술치료

조현병 미술치료를 진행할 때 고려할 사항은(주리애 외, 2021) 첫째, 상담자와 내담자의 안전이다. 상담자는 매회기 내담자가 약물을 지속해서 복용하고 있는지 확인해야 하며 칼, 가위 등의 위험한 미술도구는 사용하지 않는다. 둘째, 치료 목표의 설정이다. 양성증상의 변화라면 내담자의 현재 경험에 집중하고 과민한 감각과 감정을 안정적으로 변화하는 것이며, 음성 증상의 변화라면 무의욕과 무기력의 내담자를 움직이게 하는 것이다. 셋째, 미술치료의 효과를 고려하는 것이다. 약물치료에서 미술 활동으로 관심의 변경, 약물치료의 부작용 완화를 위한 미술 활동, 불안, 우울, 두려움, 분노, 슬픔 등의 감정을 미술 활동을 통해 경험하는 것, 내담자가 표현한 작품과의 대화와 집단미술치료를 통한 대인관계의 연습이 필요하다. 넷째, 미술치료 진행 시 주의점을 인지해야 한다. 미술 작업을 좋아하는 내담자라면 자발적으로 선택할 기회를 주는 것, 내담자에게 추상적인 주제보다는 구체적인 주제를 제시하는 것, 망상 문제의 내담자에게 망상 자체를 미술로 표현하게 하고 망상 내용에 대한 내담자의 감정을 공감해 주는 것, 조현병 내담자와의 대화는 핵심부터 말하고 구체적이고 짧게 이야기하는 것이다.

• 조현병 미술치료의 주제 및 기법

☞현실감각 강화 주제는 병원에 입원 중인 자신을 그리게 하는 것으로 해체되고 혼란된 나에게 응집성과 조직성 부여에 도움을 준다(정여주, 2000).

☞현실적인 지각 능력과 집중력 강화 주제는 콜라주 작업으로 콜라주 작업은 사진의 명확성과 사실성을 부여하고 붙이는 작업은 고정성을 부여한다. 예를 들어 사진 3장을 오려 붙이고 각각 사진 밑에 사진과 관련된 글을 적게 하는 것이다.

☞분명한 경계선 강화를 위해서 농도 짙은 포스터컬러 그림을 그리는 것이다. 흐린 수채화 기법은 고정성을 부여하지 못하고 경계가 명확하지 않기 때문에 좋지 않고 판타지를 자극하는 난화도 좋지 않다.

☞부담감 많은 내담자에게는 공동화 기법을 사용하는 것이 좋다. 공동화는 분열된 자신의 그림 표현을 거부하여 불안해하는 내담자에게 좋다.

☞자신의 생활태도를 돌아보기 위해 '자기 집 평면도'를 그리게 한다. 입원하기 전 집안에서의 자신의 일상생활 동선을 그리게 하여 자신의 생활 태도를 돌아보게 한다.

☞공격성을 줄이고 긴장 완화를 위해서는 점토 작업을 진행한다. 점토 중 너무 무른 점토는 내적 통제력이 약한 내담자에게는 부적절하다.

• 조현병 내담자의 그림 경향성(Navratil, 1996; Prinzhorn, 1994; 최현진, 2004)

☞장난의 경향성으로 전체적 조화와 상관없이 충동 때문에 낙서하듯 그림을 그린다.

☞장식의 경향성으로 환경을 풍성하게 하고자 하는 욕구 때문에 장식적 요소나

무늬 그림을 그린다.

☞모사의 경향성으로 다른 사람 그림이나 주위에서 보는 그림 그대로 모방 그림을 그린다.

☞질서의 경향성으로 그림의 전체, 부분에 대칭, 리듬, 규칙이 나타난다.

☞전달의 욕구로 불확실에 대한 두려움을 극복을 위해 그림에 설명, 소제목, 단어를 넣으면서 의사 표현을 한다.

☞상징의 경향성으로 어떤 그림이 그려진 대상 자체보다 더 많은 의미를 내포한다.

- 조현병의 집, 나무, 사람(HTP) 표현양식

〈표 6-5〉 조현병의 집, 나무, 사람(HTP) 표현양식

구분	내용
형태	• 간단한 도형에 상징적 의미, 지나친 공상 • 단조롭고 전체 구성에 통일성이 없음 • 일반적으로 보이지 않는 것을 보이는 것처럼 현실을 부정하여 그림 • 정해진 곡선형과 둥근형, 각진 선 등이 상동적으로 반복되고 유사함 • 성적인 면 강조
집 (H)	• 집의 세 부분의 벽이 동시에 보이고 특히 중앙의 벽에 아무것도 그리지 않은 것은 논리성의 상실 문제를 반영 • 지붕만 있는 집은 공상 세계에 있음을 나타냄 • 지붕이 없거나 벽이 무너져 있거나, 벽의 기초 선이 없는 것은 환경과 내면으로부터의 압력으로 인한 긴장감 표현 • 연기가 좌우로 흐름은 현실 무시 • 진한 연기와 다량의 연기는 격렬한 마음의 긴장 반영 • 창의 위치가 벽면에 따라서 달라지거나 창의 구조가 같은 층이나 같은 벽에서도 다르게 표현된 경우는 통합력 상실 • 성인 그림에 꽃, 풀을 그림은 퇴행 관련 • 원근법의 상실이 보이며 입체감, 깊이가 없어 보이는 집은 음성 증상과 관련하여 대인관계, 환경에 대한 흥미 상실 반영
나무 (T)	• 지면에 드러난 뿌리를 강조한 것은 보상적으로 현실과 접촉하려는 강한 욕구 표현 • 뿌리의 강한 표현은 현실접촉의 부적절한 표현과 관련 • 뿌리가 지나치게 희미한 선으로 그려지고, 지면에 겨우 의존해 있는 것 같은 표현은 현실접촉의 결핍 시사 • 쓰러질 것 같은 나무, 말라죽은 나무는 현실접촉의 상실

사람 (P)	• 신체의 근육을 강조하고 의복을 그리지 않음은 눈을 감거나 눈동자 없는 얼굴의 경우로 자기애가 강하고 자기에 몰두 됨을 시사함 • 머리로부터 나온 팔, 다리 표현은 정신분열 또는 지체에서 흔히 나타남 • 얼굴, 손, 팔, 발 등의 주요 부분이 생략된 경우는 현실을 무시한 자폐적 사고와 관련 있음 • 옆얼굴이면서 2개의 눈과 입, 코가 중앙에 그려진 경우는 현실감각 상실 • 목과 몸통이 길고 가는 것은 분열 성격에 많음 • 날개 같은 팔은 성인의 경우 퇴행 • 생식기를 자세하게 표현하는 경우는 사회규범의 무시 또는 인격의 붕괴와 관련 • 발끝으로 선 인물상, 쓰러질 것 같은 인물상의 표현은 현실 접촉 상실 • 그림자의 윤곽만 그리고 음영은 없는 그림자는 사고의 기괴한 분열적 특성과 관련함

출처: 옥금자(2007). 미술치료 평가방법의 이론과 실제. 재인용.

② 양극성장애 미술치료

양극성장애 미술치료는 양극성장애 내담자의 조증과 우울증 증상을 미술활동을 통해 안정감 있게 조절하게 하는 것이다. 집단미술치료에서 조증 상태 양극성장애 내담자의 고양된 기분과 활기 넘치는 에너지는 다른 내담자에게 미술치료에 참여할 수 있도록 힘을 주기도 하지만 내담자 간의 갈등의 원인이 되기도 한다. 그러므로 양극성장애 내담자를 대상으로 집단미술치료를 진행할 때 상담자는 조정하고 중재하는 역할을 해야 한다. 양극성장애는 조현병처럼 대부분 입원 치료를 하기 때문에 주로 병원에서 만나는 경우가 많다. 양극성장애 내담자의 미술치료를 위해서 상담자는 양극성장애 내담자에게 약물치료의 필요성과 중요성을 인식시켜 지속해서 복용할 수 있도록 지도해야 한다. 양극성장애 미술치료의 목표는 내담자가 조증과 우울증의 감정을 표현하고 이해하며 조절하는 것에 목표를 두어야 한다. 입원 치료 내담자는 입원 생활을 견디며 적응하여 치료를 잘 받을 수 있도록 상담자는 격려와 지지를 해야 한다. 그러므로 자신의 증상에 대한 적응, 자아존중감의 향상과 긍정적인 자아상 형성, 입원 생활의 스트레스 조절, 대인관계 기술 향상에 목표를 두어야 한다.

- 양극성장애 미술치료의 주제 및 기법

☞상담센터에서의 양극성장애 내담자 미술치료는 병식을 먼저 확인하고 약물 복용 지도, 감정 상태, 금주, 가족 교육 등을 고려하여 교육과 심리치료를 병행해서 진행한다.

☞병원에서의 양극성장애 내담자 미술치료는 증상과 관련된 심리적 문제만 다루고 집단미술치료를 진행한다.

☞집단의 역동성과 상호관계를 확인할 수 있는 공동화 작업을 진행한다.

☞우울증일 때는 무기력하고 말수가 적기 때문에 미술 활동에 참여하도록 지지와 격려를 해주고 다양한 색의 점토를 사용한 작업으로 에너지를 얻을 수 있도록 한다.

☞조증일 때는 그림의 에너지가 넘치고 색채 사용이 다양하나 복잡하고 혼란스러운 작품이 나오며 작업 및 발표할 때도 산만하고 지리멸렬하기 때문에 다른 내담자에게 피해가 가지 않도록 상담자의 중재와 개입이 필요하고, 경계가 명확하고 감정을 조절할 수 있는 콜라주 작업을 하는 것이 필요하다.

- 양극성장애의 집, 나무, 사람(HTP) 표현양식(조증 상태)

〈표 6-6〉 양극성장애의 집, 나무, 사람(HTP) 표현양식(조증 상태)

항목	성취 욕구	자기 확대
위치 형태	• 용지 윗부분에 그림	• 필압이 강하고 진한 선을 사용하는 경우 자기주장이 강한 사람 • 크기가 큰 그림은 자기 확대 경향을 나타냄
집 (H)	• 수직형으로 그림 • 크고 좋아 보이는 집	• 굴뚝을 강조하면 자기 확대 또는 독립 욕구를 반영 • 용지를 꽉 채울 만큼 크게 그린 집
나무 (T)	• 수관이 큰 것은 강한 성취를 나타냄 • 윗부분이 꺾어진 줄기는 성취 욕구 상실과 관련이 있음 • 성취 욕구: 나뭇가지가 위로 뻗어 있고 밖으로 두드러지게 뻗어있음 • 성취 욕구 상실: 분재	• 처음에는 수관을 그리는 경우 겉치레의 허식을 구하는 사람이 많음 • 수관에 잎을 그림 • 청년의 그림에서 과일나무 • 큰 나무줄기 • 나무에 꽃을 그리는 것은 자기주장을 표현함

항목	성취 욕구	자기 확대
사람 (P)	• 팔이 길거나 근육이 두드러진 것은 성취 욕구와 신체적 강인함을 달성하려는 보상 욕구임 • 머리를 크게 그린다(뇌 기질 장애, 지적장애가 아닌 경우)	• 턱을 강조 • 넓은 어깨

출처: 옥금자(2007). 미술치료 평가방법의 이론과 실제. 재인용.

③ 우울장애 미술치료

우울장애 미술치료는 내담자에 대한 발생 원인을 정확하게 파악하는 게 중요한데, 신경생물학적 요인과 사회심리학적 요인으로 구분하여 적절하게 치료하는 것이 필요하다. 신경생물학적 요인은 약물치료를 우선으로 진행해야 한다. 미술치료는 내담자의 우울장애 원인을 사회심리학적 요인으로 보기 때문에, 미술치료 중 우울장애 내담자가 자살을 선택할 가능성이 있으므로 상담자는 위험 상황을 미리 인식하고 대비하여 치료 목표와 미술 매체를 준비해야 한다. 환경적 요인과 개인의 심리적 요인으로 발생하는 우울장애는 가장 효과적인 방법인 인지행동치료 미술치료를 적용하는 것이 필요하다. 인지행동치료 미술치료의 목표는 미술 활동을 통해 내담자의 비합리적이고 부적응적인 사고를 합리적이고 적응적인 사고로 교정하는 것이다. 이 과정에서 상담자는 미술 활동을 적용하여 심리교육, 인지적 오류 찾기, 인지적 재구조화 등을 진행한다.

• 우울장애 미술치료의 주제 및 기법

☞병원에서의 우울장애 내담자 미술치료는 자살 가능성이 있는 내담자가 있으므로 칼, 가위, 송곳, 날카로운 매체, 비닐봉지, 단단한 끈, 붉은색 물감 등의 매체 사용에 제약이 있다.

☞병원 미술치료는 내담자의 흥미를 유발하면서 안전할 수 있는 매체를 사용하기 위해 지속해서 개발하고 노력해야 하는데 단단한 끈 대신 화장지와 습자지를 이용한 종이 끈, 수채물감 대신 고체 물감 등을 적절하게 사용할 수 있다.

☞우울장애 내담자에게 가장 많이 사용하는 매체는 찰흙이며 다양한 종류의 찰흙 사용은 무기력하고 움직임이 없는 내담자에게 에너지를 생성하는 데 도움이 된다.

☞찰흙 대신 밀가루에 색을 섞어 내담자가 만들 수 있는 색 점토는 색을 통한 에너지를 받고 창조성을 발휘하여 우울장애 내담자에게 성취감을 경험하게 한다.

☞만든 색 점토로 음식을 만들어 집단미술치료에서 파티를 진행하면 사회성 향상에 도움이 된다.

- 우울장애의 집, 나무, 사람(HTP) 표현양식

〈표 6-7〉 우울장애의 집, 나무, 사람(HTP) 표현양식

위치와 형태	• 크기가 작음 • 용지 아래쪽에 그림	• 자세하지 않고 약한 선의 사용 • 대칭성 강조
집 (H)	• 조감도의 집 • 작고 공허한 느낌 • 집 그림에 석양 그림	• 침실 강조 • 한 면의 벽만 있는 집
나무 (T)	• 가지가 아래로 처져 있는 나무 • 나무 그림에 석양을 그림 • 지적장애의 의심이 없는데도 한 개의 선으로 된 줄기	• 잎이 없고 몇 개의 가지만 있음 • 고목나무
사람 (P)	• 검은 의복을 입은 사람 • 의자나 무언가에 기대어 앉아 있는 인물	• 팔, 다리 생략

출처: 옥금자(2007). 미술치료 평가방법의 이론과 실제. 재인용.

(5) 정신장애 미술치료사의 역할

정신장애 미술치료사는 정신장애 내담자의 진단명에 따른 증상과 심각도 등에 대해서 구체적이고 전문적인 지식을 갖추고 있어야 한다. 내담자의 정신장애에 대한 깊이 있고 폭넓은 이해는 내담자에게 적절한 심리치료이론과 미술치료 기법을 선택하고 적용하는데 중요한 기준이 된다. 내담자의 정신장애에 대한 이해 후 내담자의 상태를 정확하게 파악하는 것이 필요한데, 동일 정신장애라도 내담자의

가정환경, 가족력, 개인의 강점·약점 등에 따른 접근방법이 다르므로 내담자에 대한 깊이 있는 이해인 사례개념화를 세밀하고 명확하게 작성해야 한다. 또한, 정신장애 내담자 중 자발적이고 적극적인 참여가 어려운 경우 미술 작업의 참여 가능성에 대해서 잘 파악한 후 미술치료 개입을 제공해야 한다. 정신장애 미술치료사는 내담자에게 미술치료를 계획할 때 전체의 치료계획과 미술치료사의 접근이론 및 방법에 따라 미술치료 방법을 결정한다. 그러므로 정신장애별 특성에 맞는 미술치료를 계획할 때는 내담자에 대한 모든 면에 대해 통합적으로 고려해야 한다.

2 정신장애 미술치료 사례분석

1) 사례

조현병 청년의 대인관계 기능과 사회생활 기술 향상을 위한 미술치료

2) 연구대상

내담자는 23세 남성이며 조현병으로 전문대학교 1학년 2학기 때 중퇴하였다. 부모 및 형과 함께 생활하고 있다. 모와 형은 내담자에게 관심과 격려를 해주며 지지의 대상이지만 부는 내담자의 증상에 대해서 이해하지 못하고 자주 화를 내는 태도를 보여 내담자는 부를 무서워하고 있다. 조현병 진단을 받은 지 1년이 되었으며 증상이 처음 시작된 것은 고등학교 2학년이었다. 고등학교 1학년 같은 반 친구에게 왕따를 당한 후 2학년부터 친구들이 자신을 무시한다는 근거 없는 왜곡된 생각을 하게 되었다. 약물복용을 시작한 지는 진단 후부터 1년이 되었으며 약물 부작용으로 흐릿한 눈빛과 말의 속도와 행동이 느린 편이다. 집에서 환청을 매일 들어 힘들어하고 있으며 아르바이트하는 곳에서 사장과 직원의 반응에 왜곡된 생각을 하고 있어 관계 기능에 어려움이 있다. 친구 관계는 폭넓지 못하며 고등학교 2학년부터 알고 지내온 1명의 친구가 있다.

3) 주 호소 문제

(1) 내담자의 주 호소 문제

① 집에서 "너 못났다' '너는 아무것도 못한다' 등의 무시하는 말이 벽에서 들리고 위층에서 두드리는 소리가 계속 들린다.

② 아르바이트에서 사장과 직원이 '아르바이트 일을 하나도 못 하는 애'라고 무시하는 눈빛을 보내서 화가 나고 아르바이트 일에 집중을 못 한다.

(2) 치료사가 본 주 호소 문제

① 내담자는 부정적 자아상과 낮은 자아존중감으로 타인에게 비난받는 소리와 위층 소음이 환청으로 나타나 가정에서의 일상생활을 힘들어한다.

② 내담자는 아르바이트하는 곳에서 자신의 능력이 부족하다고 스스로 생각하기 때문에 사장과 직원에 대해서 피해망상, 관계망상, 사고 이입의 증상을 나타내고 있다.

4) 연구기간 및 장소

2019년 3월 15일~2019년 5월 31일까지 주 1회 50분씩 총 12회기 프로그램을 ○○○○상담센터에서 진행하였다.

5) 연구프로그램 및 실시절차(〈표 6-8〉 참조)

(1) 초기 단계는 내담자가 상담자와 안정적이고 친밀한 관계를 형성하고 자신의 현재 상태(환청, 피해망상, 관계망상, 사고 이입)를 인지하게 한다.

(2) 중기 단계는 고등학교 1학년 때의 외상을 치유하고 조현병 증상(환청, 피해망상, 관계망상, 사고 이입)을 이겨내는 방법을 습득한다.

(3) 후기 단계는 성장한 나를 칭찬하고 사랑하는 마음을 갖도록 한다.

6) 연구도구

(1) 질적 검사

사례연구, 동적 집-나무-사람(KHTP)검사, 풍경구성법(LMT) 검사

(2) 양적 검사

대인관계 기능 검사, 사회생활 기술 검사

7) 미술치료 프로그램

〈표 6-8〉 조현병 청년의 대인관계 기능과 사회생활 기술 향상을 위한 미술치료 프로그램

단계	회기	프로그램명	목표	활동내용	매체
초기	1	① 프로그램 소개 ② 사전검사	① 프로그램 규칙 이해 ② 현재의 상태 파악	① 서약서 작성 ② 동적 집-나무-사람(KHTP), 풍경구성법(LMT), 대인관계 기능, 사회생활 기술	서약서, 설문지, 4B연필, 지우개, A4용지, 검은색 사인펜, 크레파스, 색연필
	2	콜라주 (현재 나의 모습)	현재의 자신 바로 보기	잡지를 보면서 현재의 나, 나의 증상들을 표현하는 사진 오려 붙이기	잡지, 색종이, 가위, 풀, 크레파스, 색연필, 사인펜, 4B연필, 지우개, 8절지
중기	3	지금 생각나는 것 표현하기	현실지각 능력 키우기	지금 생각나는 것을 잡지에서 찾아오려 붙인 후 사진과 관련된 내용을 말풍선에 적기	
	4	아팠던 기억	외상 표현 및 치유	고1 때 외상의 장면을 표현하는 데 어려워하면 잡지 사진을 활용해서 표현 후 치유를 위해 필요한 것 작성하기	

단계	회기	프로그램명	목표	활동내용	매체
중기	5	자기 집(평면도) 표현하기	집에서 경험하는 조현병 증상 확인 및 대처	집의 평면도를 그리고 환청의 증상 표현 후 대처 방법 찾기	8절지, 4B연필, 지우개, 크레파스, 색연필, 사인펜, 스티커, 자
	6	사회 속 나의 모습 (남이 보는 나, 내가 보는 나)	타인과의 관계 속 나 인식 및 관계기술 습득	색종이에 윗집 사람, 아르바이트 사장, 직원의 표정과 3명을 만날 때 남이 보는 나와 내가 보는 나의 표정을 그리고 하드스틱에 붙인 후 상담자의 모델링을 통해 문제 상황에 맞게 대처법 연습하기	표정차트, 하드 스틱, 유성 매직, 색종이, 가위, 풀
	7	즐거웠던 기억	관계 속 긍정적 경험 인식	지금까지 지내오면서 관계에서 즐거웠던 때를 떠올리고 표현하는 데 어려워하면 잡지 사진을 활용해서 표현하기	잡지, 색종이, 가위, 풀, 크레파스, 색연필, 사인펜, 4B연필, 지우개, 8절지
	8	화분 만들기	성취감으로 자신감 습득	내담자가 좋아하는 색 파스텔을 갈아 소금에 묻히고 테이크아웃 잔에 담은 후 인조꽃을 담아 화분 만들기	테이크아웃 컵, 소금, 파스텔, 인조꽃, 가위, 스티커
	9	버킷 리스트	자신의 미래 계획하기	앞으로 자신이 실천할 수 있는 일을 찾아서 구체적으로 작성하기	8절지, 4B연필, 지우개, 색연필, 사인펜, 스티커,
후기	10	나에게 주는 선물	긍정적 자아상 및 자기애 형성	좋아하는 색의 아이클레이로 점토 놀이 후 자신에게 주고 싶은 선물 만들기	아이클레이, 조각칼
	11	성장한 나의 나무	성장한 나 인식	성장한 자신을 떠올리며 8절지에 색종이를 사용하여 나뭇잎을 만들어 붙이고 성장한 나의 나무를 표현하기	8절지, 색종이, 가위, 색연필, 사인펜, 크레파스, 스티커, 풀
	12	사후검사	변화된 상태 파악	동적 집-나무-사람(KHTP), 풍경구성법(LMT), 대인관계 기능, 사회생활 기술	설문지, 4B연필, 지우개, A4용지, 검은색 사인펜, 크레파스, 색연필

8) 연구결과

(1) 질적 검사

① 개인행동 변화

〈표 6-9〉 개인행동 사전 · 사후 변화

항목	사전	사후
대인 관계 기능	자신이 힘든 상황에서 주변에 도움을 요청하지 못하고 친구는 고등학교 친구 1명 밖에 없음. 윗집 사람, 아르바이트 사장, 직원과 접촉할 때 불안해하고 긴장감이 높으며 조리 있게 말하지 못함.	힘든 일이 있으면 상담사, 친구, 모, 형에게 도움을 요청하며 고등학교 친구가 소개해 준 새로운 친구를 사귐. 윗집 사람, 아르바이트 사장, 직원과 접촉할 때 편안하고 조리 있게 말하려 노력함.
사회 생활 기술	벽과 윗집에서 나는 소리를 확인하지 않고 윗집 사람이 나가면 쫓아가서 머뭇거리면서 제대로 말하지 못함. 아르바이트하는 곳 사장님과 직원의 눈빛에 대해 '아르바이트 일을 하나도 못 하는 애'로 받아들이고 상대방을 제대로 쳐다보지 못하고 머뭇거리면서 "저한테 뭐라고 하지 마세요"라고 말함.	벽과 윗집에서 나는 소리를 직접 녹음하고 녹음이 안 된 것을 확인 후 환청임을 인식함. 윗집에 직접 올라가서 소음이 들린다고 제대로 말을 하고 눈으로 확인 후 환청임을 인식함. 아르바이트하는 곳 사장님과 직원의 기분 나쁜 눈빛을 느낄 때 바로 상대방의 눈을 쳐다보며 적당한 억양으로 "저한테 할 말 있으세요?", "저에게 필요한 것이 있으세요?" 등을 구체적으로 물어보아 자신의 느낌을 확인하고 오해를 푸는 모습 보임.

② 그림투사 변화

〈**표 6-10**〉 그림투사 사전 · 사후 변화

항목	사전	사후
동적 집 나무 사람 (KHTP)	 **[그림 6-1]** 집-나무-사람 순으로 그렸으며 생존과 사회에 속하고 싶은 욕구를 표현하였으며 무력감과 불안감이 있고, 타인과 접촉하지 않고 외부와의 교류를 원하지 않는 모습 보임.	 **[그림 6-2]** 나무-집-사람 순으로 그렸으며 사전과 다르게 사후에는 생명력과 성장의 중요함, 자아 성장의 욕구를 표현하였고 타인 및 외부와 접촉하고 교류하기를 원하는 변화된 모습이 나타났으며 가정에서도 안정을 찾은 것으로 보임.
풍경 구성법 (LMT)	 **[그림 6-3]** 풍경을 조화롭게 구성하지 못하고 단편적으로 항목별로 그림을 그리는 모습 보임. 현실인식능력이 부족할 것으로 보이며, 상황과 관계를 고려하지 못하고 자신만의 왜곡된 생각에 빠져 있을 가능성이 보임.	 **[그림 6-4]** 사전과는 다르게 사후에는 풍경을 구성하는 변화된 모습 보임. 세부와 전체를 적절하게 묘사하고 구성하는 모습을 통해 현실인식능력이 생겨 상황에 적절하게 적응하는 변화된 모습 보임.

(2) 양적 검사

〈표 6-11〉 양적 검사 사전 · 사후 변화

항목	사전	사후
대인관계 기능	32점	105점
사회생활 기술	65점	20점

대인관계 기능은 최소 점수 23점에서 최고 점수 115점으로 점수가 높을수록 대인관계 기능 수준이 높은 것을 의미한다. 내담자는 사전에는 32점에서 사후에는 105점으로 73점 상승하였으므로 대인관계 기능이 사전보다 사후가 향상된 것으로 나타났다(〈표 6-11〉 참조).

사회생활 기술은 최소 점수 14점에서 최고 점수 70점으로 점수가 낮을수록 사회생활 기술 수준이 높음을 의미한다. 내담자는 사전에는 65점에서 사후에는 20점으로 45점 감소하였으므로 사회생활 기술이 사전보다 사후가 향상된 것으로 나타 나타났다(〈표 6-11〉 참조).

9) 미술치료 작품사진

〈표 6-12〉 미술치료 작품사진

3회기	4회기
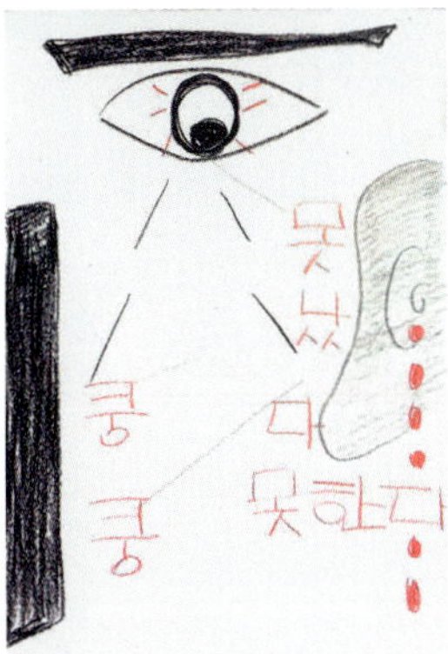	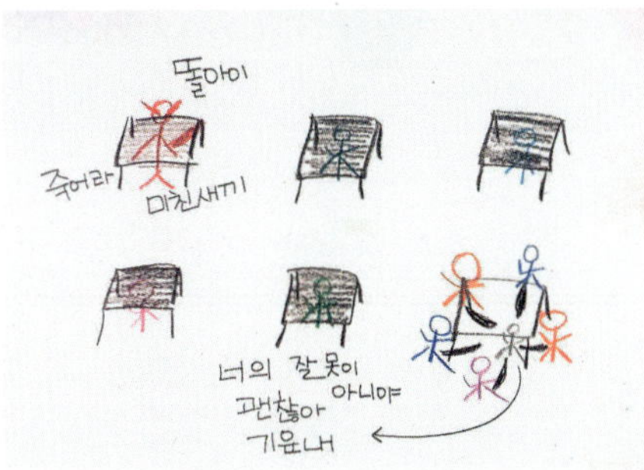
[그림 6-5] 지금 생각나는 것 표현하기	**[그림 6-6]** 아팠던 기억

5회기	8회기

[그림 6-7] 자기 집 (평면도)표현하기	**[그림 6-8]** 화분 만들기
10회기	11회기

[그림 6-9] 나에게 주는 선물	**[그림 6-10]** 성장한 나의 나무

3 정신장애 미술치료 실습

1) 미술치료 기법: 콜라주(현재 나의 모습)

앞 사례에서 내담자와 진행한 '콜라주' 기법을 실습 작업으로 소개하고자 한다(〈표 6-13〉 참조). 아래 실습 방법과 상담 과정 적용, 응용을 바탕으로 내담자의 증상과 상황에 맞게 적절하게 사용할 수 있다.

〈표 6-13〉 미술치료 실습(콜라주(현재 나의 모습))

미술 매체	다양한 잡지, 8절지 켄트지, 풀, 가위, 사인펜, 색연필, 크레파스
방법	① 상담자는 내담자에게 현재 나의 모습에 대해서 떠올려 보게 한다. 현재 어떤 생활을 하고 있는지, 어떤 어려움이 있는지 등을 생각해 보게 한다. ② 내담자는 잡지를 보면서 현재 나의 모습과 관련 있는 사진 3~4장을 선택하여 붙인다. ③ 내담자는 붙인 사진 밑에 자신의 모습과 연관 있는 내용을 글로 적는다. ④ 작품을 감상하고 자신의 작품을 소개한다.
상담 과정 적용	① 상담자는 내담자가 현재 자신의 모습 및 겪고 있는 상황에 대해 사실적 객체를 명확하게 묘사하여 현실감을 느끼게 해야 한다. ② 사진을 붙이고 사진과 관련된 글을 작성할 때 내담자의 현재 모습 및 상황과 연결하여 구체적으로 작성할 수 있도록 치료사는 내담자의 가족관계 및 개인력에 대해서 사전에 알고 있어야 한다. ③ 상담자는 내담자가 힘들어하는 증상보다는 증상으로 인한 부정적인 감정에 관해 관심을 두고 공감해 준다.
응용	① 현실 지각 능력과 집중력 강화가 필요한 내담자에게 적용할 수 있다. ② 아동, 청소년, 성인, 노인의 개인 및 그룹 작업에 적용할 수 있다. ③ 병원에 있는 나의 모습, 퇴원 후의 나의 모습, 과거 · 현재 · 미래의 나의 모습, 10년 후의 나의 모습, 내가 할 수 있는 일 등의 주제로 진행할 수 있다.

작품사진

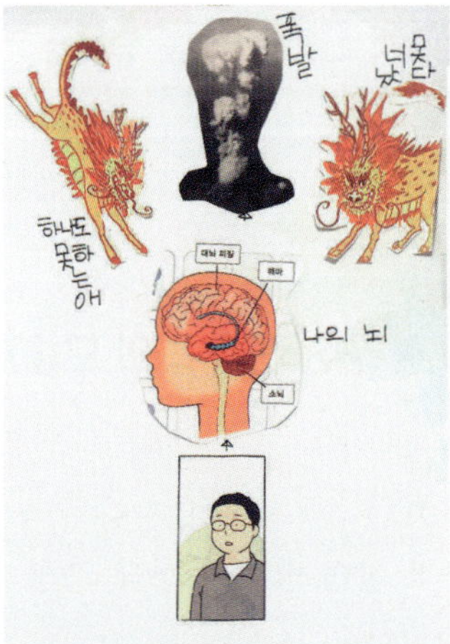

[그림 6-11] 콜라주(현재 나의 모습)

출처: 김은영(2013). 대상별 미술치료 & 임상사례분석.

2) 치료 회기기록지

앞 사례에서 실제로 진행했던 '콜라주' 기법을 작성한 치료 회기기록지이다(〈표 6-14〉 참조). 상담 과정에서 상담자가 내담자에게 '콜라주' 기법을 어떻게 진행하는지 핵심 부분 위주로 작성되었기 때문에 미술치료를 진행하는 상담자가 실제 적용 방법을 이해하고 습득하는 데 도움이 된다.

〈**표 6-14**〉 콜라주(현재 나의 모습) 치료 회기기록지

치료 회기기록지 (2) 회

날 짜	2019년 3월 22일	소요시간	pm 4:00-4:50
내 담 자 명	김○○(조현병)	상담자명	김○○
프로그램명	현재 나의 모습		
목 표	사진의 명확성과 사실성을 부여하여 현재의 자신의 모습에 대해서 정확하게 인지하여 지각능력을 향상시킨다		
준 비 물	다양한 잡지, 8절지 켄트지, 풀, 가위, 사인펜, 색연필, 크레파스		

	상담자의 언어 및 행동	내담자의 언어 및 행동
프로그램 전 분위기	(1) ○○님 한 주는 잘 지내셨나요? (3) 집과 아르바이트 하는 곳에서는 어떠셨어요? (5) 그런 소리 때문에 어떤 기분이 드셨나요? (7) 짜증이 났군요. (8) 오늘은 ○○님이 힘들어하는 현재 나의 모습에 대해서 미술 작업을 해 보려고 해요.	(2) 네. (4) 집에서는 여전히 쿵쿵 두드리는 소리랑 저에게 뭐라고 하는 소리가 계속 들렸어요. 아르바이트는 이번 주는 안 갔어요. (6) 짜증이 났어요. (9)네.
치료 과정	(10) ○○ 님이 지금 힘들어하는 상황과 연결해서 나의 모습을 표현할 수 있는 사진을 잡지에서 3~4장 선택해 붙여주세요. (13) 네, 가능합니다. (14) 이번에는 붙인 사진 밑에 ○○ 님과 연관 있는 내용을 글로 적어주세요. (16) 작품을 소개해주시겠어요? (18) 뇌가 폭발할 거 같다고 하셨는데 그런 이야기가 들리면 기분이 어때요? (20) 나도 알고 있었던 나의 모습에 대해 다른 사람에게서 들으니 화가 나시는군요. (22) 네~○○님이 그 그동안 많이 힘드셨을 거 같아요. 앞으로 저와 미술 작업을 통해서 ○○님을 화나게 하는 소리를 확인하고 화가 나는 감정을 없애기 위해서 소리 문제를 해결하는 미술 작업을 해보려고 해요.	(11) 네. (12) 5장을 선택해도 될까요? (15) 네(한참 고민 후 작성함). (17) 밑에 있는 사진은 저고요, 바로 위 사진은 저의 뇌고요, 저에게 뭐라 하는 소리예요. '하나도 못 하는 애', '너 못났다' 등의 이야기를 들어서 저의 뇌가 폭발할 거 같다는 거예요. (19) 너무 화가 나고, 사실은 제가 정말 그런 애인데 그런 말을 다른 사람들에게 들으니깐 더 화가 나요. (21) 네 맞아요. 다른 가족들은 제 기분을 얘기해도 모르는데 선생님은 아시네요. (23) 정말 해결이 되면 좋겠어요. 다시는 저도 이런 소리 때문에 화가 나지 않았으면 좋겠어요.
내담자 평가	내담자는 환청으로 인하여 일상생활에 어려움을 느끼고 있는 자신에 대해 사실적으로 표현하여 자신의 현재 상태를 확인하게 됨. 자신의 감정을 공감해 주는 상담자에 대한 믿음이 생겼으며 미술치료에 대한 의지를 갖게 됨.	
다음 회기 계획	지금 생각나는 것 표현하기	

4 정신장애 미술치료 프로그램

정신장애 미술치료 프로그램은 상담자가 현장에서 만날 수 있는 여러 정신장애 중 조현병으로 대인관계에 어려움을 경험하고 있는 성인의 사회성 향상을 위한 미술치료 프로그램으로 내담자의 조현병 증상 정도에 맞게 적절하게 활용할 수 있다.

1) 집단 미술치료 프로그램

2) 대상

조현병 성인의 사회성 향상을 위한 집단 미술치료 프로그램

3) 회기별 미술치료 프로그램

〈표 6-15〉 정신장애 성인의 사회성 향상을 위한 집단 미술치료 프로그램

단계	회기	프로그램명	목표	활동내용	매체
초기	1	① 오리엔테이션 ② 사전검사	① 프로그램과 규칙 이해 ② 현재 상태 파악	① 서약서 작성 ② 풍경구성법(LMT), 공동화 그리기	서약서, A4용지, 전지, 크레파스, 사인펜, 색연필
	2	현재	타인과의 관계 속 나 인식	잡지에서 나를 표현하는 사진 3장을 오려 붙인 후 사진과 연관해서 적기(타인과의 관계 속 나)	잡지, 8절지, 가위, 풀, 사인펜, 색연필, 크레파스, 4B연필, 지우개

단계	회기	프로그램명	목표	활동내용	매체
중기	3	공동만다라	일체감과 사회 기술 경험	4명이 한팀이 되어 전지의 네 꼭지에 개인 원과 가운데 공동 원을 그리고 원 안에 점토로 개인 및 공동만다라 만들기	아이클레이, 조각칼, 전지, 사인펜, 크레파스, 색연필
	4	나에게 필요한 것, 버려야 할 것(콜라주)	나의 변화 필요성 인식	나에게 필요한 것과 버려야 할 것들을 잡지에서 찾아 붙인 후 구체적으로 적기	잡지, 8절지, 가위, 풀, 사인펜, 색연필, 크레파스, 4B연필, 지우개
	5	우리의 세상 만들기	일체감과 사회 기술 경험	4명이 한팀이 되어 우드락 위에 조화를 사용하여 공동으로 꽃밭 만들기	조화, 우드락, 가위, 색 모래, 딱풀, 물티슈
	6	콜라주 (현재, 미래의 나)	긍정적 자아상 경험	현재의 나, 미래의 나를 표현하는 사진을 잡지에서 찾아 붙인 후 사진과 연관해서 현재(힘들어하는 나), 미래(변화된 나)의 나에 대해서 적기	잡지, 8절지, 가위, 풀, 사인펜, 색연필, 크레파스, 4B연필, 지우개
후기	7	① 롤링페이퍼 ② 새로 테어난 나	① 관계에서의 애착 재형성 ② 성장한 나 인식	① 롤링페이퍼로 자신이 꾸민 8절지를 돌리면 구성원들이 긍정적인 지지와 격려의 말만 적기 ② 케이크 꾸미고 생일 축하하며 새롭게 태어난 서로에게 칭찬해주기	8절지, 사인펜, 색연필, 스티커, 빵, 생크림, 초, 빵칼, 과자
	8	사후검사	변화된 상태 확인	풍경구성법(LMT), 공동화 그리기	전지, A4용지, 크레파스, 사인펜, 색연필

제7장

부부미술치료

1 부부미술치료의 이해

1) 부부상담의 의미

(1) 부부상담의 정의

초기 부부상담의 전통적인 의미는 인지적, 정서적, 행동적으로 부부의 체계와 관련된 여러 가지 신경정신 질환의 진단과 치료를 하는 것이었다. 오늘날 부부상담의 의미는 기혼자의 가치관과 일상생활에서 문제 되는 상호작용의 패턴에 개입하는 것에 초점을 두며 부부 모두에게 개입을 하는 서비스 활동이다(Jacobson & Gurman, 1986; 최규련, 2015). 또한 부부의 갈등과 결혼생활문제를 바탕으로 기혼 남녀의 문제와 정신 병리적인 측면을 체계적 관점에서 진단하고 해결을 지원하는 서비스 활동이다(Glick et al., 2000; 최규련, 2015).

(2) 부부상담의 특성

부부상담의 특성은 다음과 같다. 첫째, 부부상담은 개인상담과 구별하여 고유성을 갖는데 부부상담자는 부부의 역동을 잘 이해하고 관계 기능에 관심을 기울여야 한다. 둘째, 부부상담은 개인상담에 비해서 개인, 가족 간의 관계를 다루고 여러 복합적인 요인을 고려하기 때문에 부부 상담자는 부부가 동등하고 수평적인 관계와 수직적 세대 간의 관점을 동시에 갖고 있어야 한다(최규련, 2015). 셋째, 부부상담은 개인과 집단 및 가족상담 보다 더 효과적일 수 있기에 다른 상담에 비해서 더 어렵고 복잡한 상담이 될 수 있다. 넷째, 가족상담의 시작점은 가족 중 중심 내담자의 주 호소 문제의 원인을 가족체계로 보고 접근하지만, 결론적으로는 부부 관계에 초점을 두게 되는 데 이것은 가족상담의 핵심이 부부상담임을 나타내준다. 다섯째, 부부상담의 원인이 되는 부부갈등은 여러 측면에서 나타나는데 가치관, 정서, 인지, 행동 등 복합적인 요인에 대한 통합적인 접근이 필요하다.

2) 부부상담 이론

부부상담은 부부관계에서의 긍정적인 상호작용과 의사소통방법 습득, 부부의 애정확인 및 친밀감 향상, 부부의 조망능력 변화, 부부 각각의 긍정적인 행동 변화 등을 목적으로 진행된다. 이런 목적을 위해 부부상담에 대한 다양한 연구로 가족상담 이론과 개인상담 이론을 접목한 보웬의 다세대이론, 경험적이론, 체계이론, 대상관계이론, 인지행동이론, 정신역동이론을 적용한 통합적인 연구를 하였다. 부부상담에서 부부문제의 원인과 해결을 어떻게 할 것인가는 중요한 부분인데 여러 이론은 대부분 체계적 관점에서 접근하는 경향이 있으며 공통으로 존재하는 요소는 의사소통 기술이다(박우철, 2016). 체계적 관점의 부부상담은 부부사이의 상호작용뿐만 아니라 부부와 다른 가족원, 친척, 동료, 학교, 직장 등과의 상호작용도 변화시키는 작업이다. 최근에는 여러 상담이론을 절충한 통합적인 부부치료모델이 개발되어 부부상담에 활용되고 있다(최규련, 2015 재인용).

이 장에서는 대표적인 부부상담이론으로 가족상담과 개인상담적 요소를 가지고 있는 보웬의 다세대 부부상담이론, 대상관계 부부상담이론, 인지행동 부부상담이론, 구조·전략적 부부상담이론, 사회구성주의 부부상담이론을 살펴보려 한다. 하지만 이 이론들은 현장에서 부부상담이론으로 적용하기에는 한계점이 있으므로 최근 많이 사용되고 부부간의 정서적 교류와 표현에 초점을 맞춘 정서중심 부부치료모델, Gottman 부부치료모델, 이마고 부부치료모델에 대해서도 알아보고자 한다.

(1) 보웬의 다세대 부부상담이론

① 상담목표

보웬의 다세대 부부상담이론은 부부문제의 원인을 배우자가 원 가족과 자아 분화하지 못한 정서적 과정을 반복하면서 결혼생활에서 역기능이 발생하는 것으로 보았다. 그러므로 상담의 목표는 부부 모두 원 가족과의 정서 과정에서 자아 분화로 불안을 낮추고 개별성과 연합성의 균형을 이루는 체계로 변화하는 것이다.

② 상담 과정과 기법

보웬의 다세대 부부상담이론의 상담 과정은 총 3단계로 이루어지는데 1단계는 불안의 감소와 상담 목표의 설정 및 상담의 구조화, 2단계는 원 가족의 정서 과정에서 자아 분화되도록 변화를 계획하고 실행하는 것, 3단계는 현재의 결혼생활에서 자아 분화하여 관계에서 적절한 대처로 결혼생활의 성장을 가져오게 하는 것이다. 기법으로는 가계도 작업, 탈 삼각화, 관계 실험, 정서 과정과 관계에 대한 질문과 경청, 원 가족에게 편지 쓰기, 원 가족 방문하기, 코칭 등이 있다.

③ 상담자의 역할과 적용 부부

상담자는 부부 각자가 원 가족과의 미해결된 과제를 다양한 치료기법으로 해결하도록 도움을 주며 자기 이해와 자기 표현을 통해 부부 각자의 불안을 감소시키게 한다. 또한, 이성적인 관계 형성의 방법을 코치하면서 자기 분화 수준을 높이고 결혼생활에서 오는 갈등 상황에 적절하게 대처하여 성숙한 결혼생활을 하도록 한다. 적용 가능한 부부는 체계적 관점에서 원 가족과의 정서 체계를 바꾸고 통찰하여 자기 이해와 자기 변화가 필요한 부부이다.

④ 한계점

보웬의 다세대 부부상담이론의 한계점은 부부 중에 원 가족과의 관계 및 성장 과정에서 외상의 경험이 깊어 자아 분화 수준이 매우 낮고 불안이 높아 상담을 통해 자기 이해가 어려운 배우자에게는 적용하기 어렵다.

(2) 대상관계 부부상담이론

① 상담목표

대상관계 부부상담이론은 부부갈등의 원인을 배우자가 유아기 부모와의 관계에서 자아가 발달하지 못해 분열된 자아를 형성하는 것으로 보았다. 이는 부부 각자 내면의 억압된 대상들이 배우자의 행동에 대해 불안을 느끼거나 투사적 동일시를 사용함으로써 갈등이 시작되는 것이다. 그러므로 상담의 목표는 부부 각자 분리, 개별화 과정을 통해 분열된 자아에서 벗어나 통합된 자아를 형성하여 성장을 돕는 것이다.

② 상담 과정과 기법

대상관계 부부상담이론의 상담 과정은 James Donovan의 5단계 상담 과정(최규련, 2015 재인용)으로 1단계는 부부갈등에 대해 탐색하기, 2단계는 성격특성, 갈등, 원 가족 내력에 대한 초점 삼각형 조사하기, 3단계는 방어, 불안, 숨겨진 소망과 감정 등 갈등 삼각형 탐색 및 싸움 도식 밝히기, 4단계는 방어, 불안, 숨겨진 소망과 감정 등 갈등 삼각형 변화시키기, 5단계는 갈등을 극복하고 해결을 위한 도구를 개발하는 것이다. 기법으로는 정서적 지지, 명료화, 공감, 전이, 투사, 해석의 기법 등을 사용한다.

③ 상담자의 역할과 적용 부부

상담자는 부부의 성장 배경을 검토하고 해석의 기법을 사용하여 문제의 원인을 찾은 후 부부의 억압을 발산시킨다. 또한 부부가 과거의 갈등 대상과 직면하는 것을 도와 결혼생활에서 재현되는 문제를 해석적으로 개입하여 통찰 후 무의식적 대상관계를 의식화하도록 한다. 적용 가능한 부부는 원 가족의 영향으로 외상과 성격 문제가 있거나 만성적이고 복잡한 이유로 부부싸움을 하는 부부이다.

④ 한계점

대상관계 부부상담이론의 한계점은 1~2년이 소요되는 장기치료로 비용과 시간의 문제와 우리나라 부부갈등의 특성인 복합적인 요인을 고려하지 않고 해석, 개인 무의식, 통찰 등의 부분만을 강조한 면이 적용하기에는 어려움이 있다.

(3) 인지행동 부부상담이론

① 상담목표

인지행동 부부상담이론은 부부갈등의 원인을 부부가 성장해오면서 형성된 부적응적 사고와 행동으로 보았다. 그러므로 상담의 목표는 부부 각자의 부적응적 사고를 적응적 사고로 변화시켜 감정과 행동에 긍정적인 영향을 주고, 의사소통과 문제 해결의 기술 변화로 부부생활의 갈등을 감소시키고 관계를 개선하는 것이다.

② 상담 과정과 기법

인지행동 부부상담이론의 상담 과정은 부부 각자 자신의 왜곡되고 부적응적인 사고를 변화시키기 위해 분위기를 조성하고 갈등 문제에 대한 객관적인 증거를 수집하며, 부부 각자 변화를 위한 계약 수립 및 부적응적 사고로 인한 행동 패턴을 변화하게 한다. 기법으로는 인지적 왜곡 찾기와 바로잡기, 배우자에 대한 수용 범위의 확대, 의사소통 기술, 문제해결 기술, 관계 기술의 향상 등이 있다.

③ 상담자의 역할과 적용 부부

상담자는 부부에게 인지행동 부부상담에 대해 교육하고 부부 각자 부부갈등의 원인이 되는 부적응적 사고를 찾게 한 뒤 과제 및 다양한 기법을 활용하여 적응적 사고로 변화하도록 하고 행동 모델을 적용하기도 한다. 이러한 상담자의 태도는 교육자, 지도자, 코칭자, 행동 변화 전문가 등의 다양한 역할을 한다. 적용 가능한 부부는 상황에 대한 인지가 가능하고, 부부 각자 자신의 왜곡되고 부적응적인 사고의 변화가 필요하다고 인지하고 이로 인해 행동의 변화가 필요한 부부이다.

④ 한계점

인지행동 부부상담이론의 한계점은 현대사회에서 부부갈등의 원인은 다양하고 부부의 정서와 동기 차이도 부부 싸움의 중요한 요소인데, 이 부분은 간과하고 부부 각자의 관계 및 개인의 부적응적 사고와 행동에만 초점을 맞추고 사고의 변화에 목표를 둔것이다.

(4) 구조·전략적 부부상담이론

① 상담목표

구조·전략적 부부상담이론은 부부갈등의 원인을 부부 체계로 보고 있으며 구조적 모델의 상담 목표는 역할과 권력, 경계선, 제휴를 변화시키는 것이고, 전략적 모델의 상담목표는 상호작용의 연쇄 행동을 변화시키는 것으로 부부체계를 변화시킴으로써 문제를 해결하고 증상을 제거하는 것이다.

② 상담 과정과 기법

구조·전략적 부부상담이론의 상담 과정 공통점(최규련, 2015 재인용)은 첫째, 상담의 구조화 및 합류하기, 둘째, 상호작용에 관여하며 문제 정의하기, 셋째, 사정 및 가설 설정과 상담 목표 설정하기, 넷째, 치료적 개입과 과제 부여하기이다. 또한, 회기마다 사정, 목표 설정, 치료적 개입을 반복적으로 하면서 부부 상호작용의 양상과 구조의 변화의 문제 해결을 시행하는 것이다.

- 구조적 모델의 상담 과정과 기법의 1단계는 순응, 추적, 모방 기술과 강점 인식 기술을 사용하여 부부체계에 합류하기, 2단계는 문제를 정의하기 위해 초점 기술을 사용하기, 3단계는 문제의 기능을 사정, 가설과 목표를 설정하기 위해 실연 기법을 사용하기, 4단계는 치료적 개입단계이다(최규련, 2015 재인용).
- 전략적 모델의 상담 과정과 기법의 1단계는 상담 과정 소개 및 사회적 단계,

2단계는 문제를 규명하고 정의하기 위해 문제에 관한 각자의 관점을 교환하기, 구체적이고 확인 가능한 문제를 찾고 재정의 기법을 사용하여 문제 정의하기, 3단계는 문제를 유지하는 상호작용의 연쇄를 사정, 가설 및 목표 설정하기, 4단계는 치료적 개입단계이다(최규련, 2015 재인용). 기법은 역설적 기법, 가장 기법, 지시 기법 등을 사용한다.

③ 상담자의 역할과 적용 부부

- 구조적 모델 상담자는 부부의 상호작용에 직접 관여하여 부부의 문제를 재정의하고 강점을 찾아 지지와 칭찬을 하면서 부부 각자와 동맹을 맺고 잘못된 상호작용과 역할을 바로잡으며, 다른 체계와 적응하는 방법을 가르치고 부부 체계를 강화하기 위해 적극적으로 안내하고 지지한다. 적용 가능한 부부는 부부와 확대가족과의 갈등 문제, 자녀 문제, 불평등과 역할 불균형을 보이는 부부에게 도움이 된다.
- 전략적 모델 상담자는 부부가 상담에 협력하고 행동 변화하도록 권위와 통제력을 갖추고 권위자, 지지자, 활동가의 역할을 하는 것이다. 적용 가능한 부부는 현재의 증상과 문제를 중심으로 실용적인 단기 해결과 상담자가 주도적인 역할이 필요한 부부이다.

④ 한계점

구조적·전략적 부부상담이론의 한계점은 부부갈등의 현재 문제를 중심으로 부부상담이 진행되기 때문에 과거부터 부부싸움의 원인이 된 다양한 경험과 미해결 문제를 가진 우리나라 부부에게는 사용하기에 어려움이 있다.

(5) 사회구성주의 부부상담이론

① 상담목표

사회구성주의 부부상담이론에는 해결중심치료와 이야기 치료가 있다. 해결중심치료의 상담목표는 부부가 현재 문제에 대한 해결 방법을 상담자와 함께 찾고 생활에서 실천하도록 하는 것이다. 이 과정은 부부에게 유익하고 중요하므로 상담자와 합의가 이루어져야 한다. 이야기 치료의 상담 목표는 부부의 주 호소 증상을 단기적으로 유연하게 하거나 감소시키는 것이다. 부부 각자 대안적 사고와 긍정적 경험을 찾아서 자신에게 만족과 긍정의 힘을 줄 수 있는 새로운 이야기를 갖도록 하는 것이다.

② 상담 과정과 기법

- 해결중심치료의 상담 과정은 상담자와 관찰 팀이 함께 상담에 참여하며 상담자의 상담, 관찰 팀과의 의논, 메시지 주기가 진행된다. 첫 회기에는 상담의 구조화, 상담 경위와 문제 파악, 상담자와 부부의 관계 유형을 사정한다. 2 회기부터 종결 회기까지는 매회기가 지난 회기에 일어난 변화를 확인하고 상담목표 달성 정도를 파악하며 유지하고 확대한다. 상담 과정 중에 상담자는 대처질문, 척도질문, 예외질문을 적절하게 사용한다. 종결 회기에는 변화유지 질문과 척도질문을 사용하여 부부의 변화를 유지하고 자신감을 확인 후 부부가 종결을 결정하도록 한다. 기법은 첫 면접 전에 부부에게 기적질문, 변화질문, 척도질문, 예외질문, 관계성 질문, 대처질문, 메시지 주기, EARS(Eliciting; 이끌어내기, Amplifying; 확장하기, Reinforcin; 강화하기, Start again; 다시 시작하기)기법을 사용한다.
- 이야기 치료의 상담 과정은 부부의 내재된 문제를 외현화하고 지배적인 주제에서 벗어나 내담자의 문제와 정체성을 분리하도록 하는 것이다. 이 과정 중에 독특한 결과를 찾고 이것을 통해 대안적인 새로운 이야기를 만들고 대안적인 정체성을 구축해 나가는 데 지지집단의 격려와 지지를 받게 한다. 상담기법은 1단계 문제의 외재화(문제 명명하기, 문제의 영향 탐색하기, 문제의 영향 평가하기), 2단계 독특한 결과 탐색(독특한 결과의 외재화, 독특한 결과의 영향 탐색하기, 독특한 결과의 영향 평가하기, 평가의 근거 찾기), 3단계 외부의 증인 활용, 4단계 치료적 문서 활용(자기에게 보내는 편지, 선언

문 작성, 변화 의지를 다짐하는 메모, 증서 수여 등)이 있다(최규련, 2015 재인용).

③ 상담자의 역할과 적용 부부

해결중심치료와 이야기 치료에서 공통된 상담자의 역할은 다음과 같다.

- 첫째, 문제를 가진 사람으로 내담자를 보지 않고 개인마다 능력을 갖춘 자로 존중한다.
- 둘째, 내담자를 자신의 문제를 스스로 해결할 수 있는 지식을 가지고 있는 존재로 여기고 상담자의 전문지식보다는 내담자의 의견에 우선을 둔다.
- 셋째, 상담자는 내담자의 이야기에 관심을 두고 내담자 스스로 답을 찾을 수 있도록 한다.
- 넷째, 상담자는 내담자와 함께 문제를 해결해 나가는 협력자 역할을 한다.
- 다섯째, 내담자가 자신의 능력을 발현할 때 내담자의 강점을 찾고 확대한다.
- 여섯째, 문제 중심보다는 해결 중심의 대화를 하고 대안적 이야기에 초점을 맞춘다.
- 일곱째, 과거보다는 현재에 초점을 두며 감정보다는 행동에 초점을 둔다.
- 여덟째, 내담자의 변화에 대해 예측하고 변화에 대한 내담자의 내적 힘을 인정하고 지지해 준다.

적용 가능한 부부는 문화적인 편견이 있을 수 있는 재혼부부, 동거부부, 다문화부부에게 효과적이며 일반적인 부부상담에도 적절하다.

④ 한계점

사회구성주의 부부상담이론은 부부의 정서적 경험과 과거에 대해서 무시하고 단지 행동의 변화에만 초점을 맞추는데, 우리나라는 대부분의 부부문제 원인이 원 가족에서의 외상과 가치관 충돌, 부부 권력의 불균형이기 때문에 사회구성주의 부부상담이론으로 적용하기에는 한계점이 있다.

(6) 정서중심 부부치료모델

① 상담목표

정서중심 부부치료모델의 1차 목표는 부부의 불안전한 애착과 정서 반응에 초점을 두고 재경험하여 재조직 후 부부가 안전하게 결합하고 연결을 경험하도록 부부의 반응성과 접근성을 유도하는 것이며, 2차 목표는 부부가 새로운 상호작용을 만들도록 안전하게 결합한 협상 기술을 사용하게 하고 부부의 안전한 애착으로 결합이 이루어지고 성장하게 하는 것이다.

② 상담 과정과 기법

정서중심 부부치료모델의 상담 과정과 기법은 첫 번째, 1~4단계로 치료적 동맹의 형성, 부정적 상호작용의 고리 평가 및 약화(1~2단계의 기법은 재구성, 반영, 총알받이, 인정 등이며, 3~4단계의 기법은 질문, 인정, 환기적 반영, 재구성, 공감적 추측 등)단계, 두 번째, 5~7단계로 정서 경험에 접근하여 재구조화(기법은 강조, 재구성, 환기적 반응, 공감적 추측 및 질문 등)단계, 세 번째, 8~9단계로 안전기지의 강화와 통합(기법은 새로운 해결책 촉진, 긍정적 고리 형성 유지)단계이다.

③ 상담자의 역할과 적용 부부

상담자는 부부의 소통 방해 요인이었던 두려움, 불안을 변화시키기 위해 정서를 사용하는데, 부부가 서로에게 어떤 식의 애착 욕구를 표현하는지 관찰하고 부부의 욕구와 애착의 정서를 확인하고 수용하도록 적절한 상담기법을 사용한다. 적용 가능한 부부는 불안정 애착 유형 부부, 정서적 상처가 있는 부부이다.

④ 한계점

부부 중 우울증, 성격장애, 폭력 문제, 약물중독, 이별을 준비하거나, 원 가족과 성장기에서 심각한 애착 손상이 있는 경우, 부부가 가치관과 생활방식 및 종교 등이 서로 너무 다른 경우에는 적합하지 않는다는 한계점이 있다.

(7) Gottman 부부치료모델

① 상담목표

Gottman 부부치료모델의 상담 목표는 부부에게 변화된 대화 방법을 코칭하고 자신들의 문제에 대해 스스로 개입할 수 있도록 하여 안정적인 결혼생활을 할 수 있게 유지하게 하는 것이다(Gottman & Gottman, 가트맨연구소 역, 2010; 정동섭 외 공역, 2014; 최규련, 2015).

② 상담 과정과 기법

Gottman 부부치료모델의 상담 과정과 기법은 먼저, 치료적 동맹과 상담의 구조화, 체크리스트 평가, 치료 계약 작성 등이 이루어진 후 여러 상담 중 적절한 상담을 선택하여 진행한다. 상담의 형식에는 3시간 일 회기 상담, 주말 워크숍, 일주일간 매일 합동 상담, 부부 합동 상담, 일 회 상담, 독서치료, 이혼 중재, 단기 치료 모듈이 있다. 치료 원리의 개입은 '건강한 결혼의 집'의 방법으로 진행하는데, 1단계는 사랑의 지도 개발하기, 2단계는 호감과 존중 발달시키기, 3단계는 다가가는 대화를 통해 정서 통장 잔액 늘리기, 4단계는 영향력을 수용하고 긍정적인 영향 미치기, 5단계는 해결 가능한 문제를 대화로 해결하기, 6단계는 영속적 갈등문제 속에 있는 꿈을 대화로 풀어가기, 7단계는 함께 삶의 의미를 만들어가기이다(Gottman, 한국 결혼지능연구소 역, 2003; Gottman & Gottman, 가트맨연구소 역, 2010; Gottman, 정동섭 외 공역, 2014; 최규련, 2015 재인용).

③ 상담자의 역할과 적용 부부

상담자는 부부에게 받은 설문지와 체크리스트를 기준으로 결혼생활에서의 갈등, 문제들을 확인하고 구체적인 주제를 정하여 '건강한 결혼의 집'(최규련, 2015) 개입방법에 따라 부부관계의 변화를 위한 관계기술을 가르치고 부부의 노력을 지지해 주고 코칭해 주는 역할을 한다. 적용 가능한 부부는 상담에 부부 모두 지속해서 참여할 수 있으며, 심리적으로 안정적인 상태로 감정 조절 능력이 있고 갈등에 대한 대화기술 습득이 가능한 부부이다.

④ 한계점

Gottman 부부치료모델을 진행하기 위해서는 부부가 모두 상담에 계속 참여해야 하고 여러 종류의 체크리스트와 설문지를 작성해야 하는 어려움이 있다. 또한, 부부 중 한쪽이나 모두가 어린 시절 상처가 깊어 자신의 감정을 조절하고 대화기술을 습득하는 데 어려움이 있는 경우에는 적용하는 데 한계가 있다.

(8) 이마고 부부치료모델

① 상담목표

이마고 부부치료모델은 부부 각자 온전한 개인이면서 배우자와 안전하게 관계를 유지하도록 친밀한 관계를 맺게 하는 부부상담모델이다. 상담 목표는 이마고 부부대화 과정 훈련을 진행하여 부부가 서로의 상처를 공감하고 안전감을 경험하여 부부의 친밀감을 향상하고 인생의 동반자로서 치유와 성장의 관계로 변화하는 것이다.

② 상담 과정과 기법

이마고 부부치료모델의 상담 과정 및 기법은 부부가 함께 참여하여 강의를 듣고 실습으로 훈련을 받으며 회기 중간부터 과제를 해오는 교육 프로그램이다. 6회기를 기본으로 회기당 90분이며 상황에 따라 관계 기술을 위한 훈련을 통해 12회기까지 연장하기도 한다. 6회기의 상담 과정은 1회기는 에너지, 뇌, 부부대화 과정 다루기이며, 2회기는 발달 과정과 어린 시절의 상처, 배우자 선택 다루기, 3회기는 공감 능력발달과 배우자 이미지 재구성, 4회기는 첫 사랑과 낭만적 관계 회복하기, 5회기는 좌절감 재구조화, 6회기는 분노 해결 및 수용하기이다(Luquet, 송정아 역, 2004; 최규련, 2015 재인용).

③ 상담자의 역할과 적용 부부

상담자는 부부가 상담 과정 중에 안정감을 느끼도록 공감, 반영, 인정, 수용을 해주면서 부부의 대화 과정에 참여하고 어린 시절 부모와의 관계에서 경험한 이마고(imago)를 발견하게 한다. 부부의 대화 과정 훈련에서 서로의 어린 시절 상처를 공감해 주고 서로의 욕구를 이해하여 치유와 성장을 돕는 협력적인 관계가 되도록 도와준다. 부부에게 대화 방법, 돌봄, 분노 수용 등을 가르쳐주고 관계를 강화하고 촉진시켜 지속해서 훈련하도록 지지해 주는 역할을 한다. 적용 가능한 부부는 부부가 함께 참여할 수 있으며 어린 시절 상처에 대해서 솔직하게 표현하고 서로의 상처를 공감해 줄 수 있는 마음과 자세를 갖춘 부부이다.

④ 한계점

이마고(imago) 부부치료모델은 통합적 치료 모델이기 때문에 상담자가 임상 이론과 치료이론에 대한 전문적인 이해와 기술을 적용할 수 있어야 하며 상담자 자신이 결혼 관계에서 이마고를 정확하게 이해하고 상담회기 내용을 직접 경험하는 것이 필요하므로 이마고 상담자로서의 전문적인 훈련을 체계적으로 받은 상담자만이 상담을 할 수 있다. 상담 과정 중 부부가 함께 참여할 수 있어야 하며 부부가 어린 시절 상처를 솔직하게 개방하지 못하고 최소화하거나 공감 능력이 부족한 부부들에게는 치료의 어려움이 있다.

3) 부부미술치료

(1) 부부미술치료의 의미

부부미술치료는 부부 상담이론과 미술치료 이론을 통합시킨 이론으로 부부상담에 미술치료 기법을 사용하여 부부관계에서 외현화되지 않고 숨겨져 있는 수면 아래에 있는 여러 가지 문제를 거부감 없이 표현하게 한다. 부부상담에서의 미술치료는 상담을 좀 더 효과적으로 진행할 수 있는 도구이며 내면의 억압된 감정과 왜곡된 사고를 안정적으로 표현할 수 있게 도와준다. 특히 부부가 서로 대화에 어려움이 있는 경우 미술치료는 더욱 효과적이다. 언어로 표현하지 못하는 것을 그림과 만들기 작업을 통해 표현함으로써 무의식의 나를 안전하게 만날 수 있다. 미술 작업은 상징성의 표현이기 때문에 부정적인 표현에도 직접적인 언어 표현보다는 배우자가 수용하기에 거부감과 방어가 없는 편이다.

자유롭게 떠오르거나 생각나는 것을 이미지로 그리거나 만드는 미술 작업은 평소에 틀에 박힌 생각에 갇혀 있는 부부에게 각자 자유롭게 생각하고 느끼는 감정을 새로운 방식으로 표현하게 함으로써 창조성을 갖게 한다. 이런 표현들은 부부 각자 및 서로 간의 익숙했던 가치관, 생활 태도, 생각, 감정, 행동에서 벗어나 조금은 낯설지만 새로울 수 있는 부부 각자의 사고와 감정을 경험하게 된다. 이런 미술 작업은 내재하여 있는 서로의 욕구를 안정적으로 표현하고 인식하며 수용할 수 있도록 도와준다. 또한, 부부갈등의 원인을 대부분 상대방의 문제로 인식하는 경우가 많은데 부부미술 치료에서는 각자 자신의 내면을 방어 없이 미술로 표현하게 함으로써 작품에 있는 각자의 문제를 마주하게 하여 상황에 대한 깊이 있는 이해와 통찰을 경험하게 한다. 부부가 함께 참여하는 부부공동미술 작업은 하나의 목표를 위해 갈등을 해결하고 상호보완하는 공동체 의식을 갖게 하는데 이는 부부 각자의 욕구뿐만 아니라 부부공동의 욕구를 충족시키고 미래에 대해 함께 노력하는 과정에서 친밀감과 상호보완성을 경험하게 된다. 이런 체험은 평소 일상생활에서 경험하지 못하는데 부부미술치료의 경험은 부부갈등 문제를 해결하는 예행연습의 역할을 한다. 미술치료 현장에서 변화된 부부의 모습은 일상생활에도 나타나는데 부부가 친밀감과 믿음 속에서 서로 존중하고 격려하는 모습이 되며 특히, 부부싸움이나 갈등상황에서 문제를 찾고 해결하는 방법이 현명하게 의사소통하는 모습으로 변화된다.

(2) 부부미술치료의 장점

부부미술치료는 의사소통 방식, 부부의 갈등문제, 부부 각자의 문제 등을 여러 번의 만남에서 파악할 수 있는 언어상담과 다르게 첫 회기의 상담에서 부부의 다양한 관계의 양상과 문제점을 파악할 수 있다(Barth & Kinder, 1985). 이러한 부부미술치료의 장점(Wadeson, 1980)을 미술치료의 장점과 연계하여 다음과 같이 살펴볼 수 있다.

첫째, 비언어적 작업이므로 부부의 언어적 갈등이 감소한다. 잘못된 대화로 인해 부부는 이미 깊은 상처를 경험한 경우가 많은데, 이런 대화를 통한 싸움으로 부부는 심각한 갈등 관계이거나 단절된 상태일 가능성이 크다. 부부 모두 자신의 감정과 생각을 언어를 사용하여 구체적이고 사실적으로 정확히 전달한다는 것은 매우 어려운 작업이다. 때로는 왜곡되게 전달할 수도 있고 실제로 느끼는 감정과 다르게 배우자에게 오해의 소지를 불러일으킬 수도 있다. 그러므로 대화로 인한 부부의 상처와 왜곡은 비언어적 미술 작업을 통해 감소되거나 치유될 수 있다. 그뿐만 아니라 부부 싸움을 침묵으로 회피하는 부부에게도 비언어적 작업은 편안함과 안정감을 줄 수 있다. 둘째, 미술치료의 상징성을 통해 부부의 무의식을 파악할 수 있다. 미술작업과 작품을 통해 부부의 내면을 표현하게 되는데 부부의 내면은 일상생활에서 나타나는 의식적 표현이 아닌 생각하지 못했던 마음속 깊은 상처, 욕구, 요구, 소망 등이 그림과 조형 작업으로 표현된다. 부부는 각자 자신이 의식하지 못했던 새로운 정보를 알게 되고 부부가 서로에 대한 무의식적 욕구들을 만나게 되면서 해결할 수 없었던 갈등의 실마리를 찾게 되는 경험을 한다. 셋째, 억압된 다양한 감정을 표현하고 해소함으로써 편안함을 느끼게 한다. 부부생활에서 경험하는 부정적 감정들을 서로에게 상처 주는 방법으로 풀었다면 미술치료에서는 안정적이고 편안한 환경과 매체를 사용하여 표현함으로써 억압된 감정을 표출하고 정화할 수 있게 하여 마음의 안정감과 편안함을 경험하게 한다.

(3) 부부미술치료의 기법

부부미술치료는 부부가 언어로 표현하기 힘든 갈등 문제에 대해서 불편하거나 거부감 없이 미술로 표현할 수 있으며, 배우자에게 부정적인 감정을 언어로 직접 표현하는 것보다 미술로 상징적인 간접 표현을 하게 되면 배우자가 자신의 문제를 직면하고 수용하는 데에 거부감 없이 수용할 수 있다. 부부미술치료 과정에서는 부부 싸움의 원인, 부부 각자의 사고와 감정, 배우자를 탓하는 이유 등을 좀 더 잘 통찰하기 위해서 효과적인 기법이 필요하다. 하지만, 현재 부부미술치료에 대한 국내외 연구가 부족하므로 이 장에서는 김순초(2018)의 부부미술치료 연구에서 효과가 좋았던 치료기법(긍정적인 분위기 형성, 근본적인 상처 치유, 근원적인 불안감, 감정 표현 학습)과 미술치료 기법을 접목하여 부부미술치료의 효과적인 기법을 제시하고자 한다.

① 정서적으로 긍정적인 분위기 형성하기

부부상담에서 가장 주의해야 할 부분이 서로에 대해 비난을 하지 않는 것인데, 비난하지 않으면서 상담에 참여하는 것은 매우 중요하면서도 어려운 것이다. 부부가 서로의 비난과 비판을 줄이고 본격적인 갈등의 원인에 대해서 파악할 수 있는 기초가 되는 것은 정서적으로 안정적이고 긍정적인 분위기를 형성하는 것이다. 정서적으로 긍정적인 분위기를 형성하는 것은 상담자의 역할 중 중요하고 어려운 작업이다. 미술치료 현장에서는 미술 매체의 사용과 미술 작업을 통해 긍정적인 분위기를 제공하는 데 이때 사용하는 기법이 '색 점토로 자유롭게 표현하기', '물감 꾸미기'이다. 부부가 서로 감정적으로 예민하고 날카로워져 있는 상태에서 점토와 물감 등 습식 매체의 사용은 부부의 감정을 이완시키는 데 도움을 준다. 또한, 감정을 색으로 표현하고 시각적으로 느끼게 함으로써 서로를 비난하고 비판하고 싶은 감정을 해소하고 부드럽게 완화하는 데 도움을 준다.

② 깊은 상처 치유하기

결혼생활에서 부부 싸움과 갈등의 근본적인 원인을 찾아보면 부부 각자 자신의 어린 시절에서 받은 상처 때문이라고 한다(Hendrix, 1988). 결혼하기 전 부부는 각자 한 가정 즉, 원 가족의 일원으로서 생활해왔으며 성장 과정에서 경험한 부정적, 긍정적 체험들이 성인이 되었을 때 영향을 미친다. 특히 부모와 어떤 관계를 맺었고 어떤 양육과 훈육을 받고 성장했는지, 형제와의 관계는 어떠했는지 등에 따라 인간관계 특히, 부부관계에 미치는 영향은 매우 크다. 부부싸움의 원인이 배우자에게 있는 것이 아닌 부부 각자 자신의 원 가족과 해결하지 못한 문제에 있다면 이 부분을 인식하고 해결하도록 하는 것이 매우 중요하다. 부부미술치료에서는 부부 각자 원 가족과의 관계에서 경험한 어린 시절의 상처를 표현하고 직면하게 하는데 '어린 시절 나 표현하기', '생애 그래프 표현하기', '인생 이야기', '요람 그리기' 등의 주제로 진행할 수 있다. 이런 주제는 부부가 편안하고 안정적으로 과거 원 가족과의 관계에서 상처받은 무의식 속 어린 시절의 나를 만나고 치유할 수 있게 해준다.

③ 내재한 불안감 표현하기

부부상담에서 서로에 대한 공격성은 내재한 불만에 대한 표현인데 정서 중심 부부치료에서는 애착 이론을 바탕으로 공격성을 파악하고 있는데 배우자에 대한 잠재된 불안감에서 온다고 보았다(Johnson & Greenberg, 1988). 영유아기 부모와의 애착은 안정 애착과 불안정 애착으로 구분할 수 있는데 안정 애착은 관계에서 안정감을 경험했기 때문에 타인과의 관계에서도 신뢰감을 형성하고 적절한 자기 표현을 할 수 있다. 하지만 불안정 애착은 관계에서 불안이 항상 존재하기 때문에 타인과의 관계에서 불안의 표현을 공격성으로 나타내기도 한다. 이런 관계의 양상은 부부관계에 그대로 나타나는데 부부가 가진 불안한 감정의 근본적인 원인을 찾게 하고 표현하게 하여 배우자에 대한 분노와 적개심을 바르게 바라볼 수 있게 해야 한다. 배우자가 느끼는 불안과 공포의 근본 원인을 찾으면 부부 각자 가진 분노와 적개심에 대해 재해석할 수 있다. 부부가 각자 내면에 있는 불안과 공포심에 대한 깊이 있는 탐색을 위해 '상처받은 나 표현하기', '내 마음의 아픈 곳 표현하기', '신체 아픈 곳 표현하기' 주제로 미술치료를 진행하면 내면의 불안감을 표현하여 배우자에 대한 공격성의 원인을 찾고 해결할 수 있게 도움을 준다.

④ 긍정적인 감정 표현 훈련하기

부부는 평소 가정생활에서 익숙해져 있는 의사소통 방법을 사용하고 이런 익숙한 의사소통 방법은 부부갈등의 원인이 되는데 대부분 갈등의 원인은 부정적이고 잘못된 의사소통 방법을 사용했기 때문이다. 솔직하게 감정을 표현하지 못하는 부부, 침묵으로 의사를 표현하는 부부, 배우자를 무시하고 비판하며 공격하는 의사 표현을 하는 부부 등이 의사소통의 문제가 있다고 할 수 있다. 부부가 평소 따뜻한 언어로 지지와 격려를 해주며 감정과 생각을 왜곡 없이 솔직하게 표현한다면 부부갈등은 현저히 줄어들 것이다. 미술치료에서는 부부에게 작은 표현이라도 긍정적으로 표현할 수 있는 감정 표현을 훈련하게 하는데 '배우자에게 감사한 편지 쓰기', '배우자의 장점 찾기', '석고 손 본뜨기', '점토 인형 만들기', '부부 이미지 표현하기' 등이 결혼생활에서 느끼지 못했거나 놓쳐버렸던 배우자의 소중함과 감사한 마음을 표현할 수 있는 기법이다. 평소 배우자에 대한 애정과 사랑의 표현은 낯설고 익숙하지 않을 수 있는데 미술치료를 통해 표현하는 방법을 습득하면 미술치료 현장 및 가정에서도 표현할 수 있게 도움이 된다.

(4) 부부미술치료사의 역할

부부미술치료 상담자는 부부가 그동안 함께 살면서 이루어온 가치관과 세계관, 관계의 역동에 대해 미술 활동과 작품을 통해 파악하고 틀에 박혀 있는 부부관계의 패턴에 대해서 해석한다. 또한, 상담 과정 중에 다양한 이론에 접근하고 상황에 맞는 적절한 미술치료 기법을 사용하여 부부관계를 새롭게 변화시킬 수 있다(Riley & Malchiodi, 1994; 김순초, 2018). 상담자는 부부간의 역동 파악 및 중재뿐만 아니라 부부 개개인의 내적 영역의 욕구와 문제를 파악하는 것도 간과해서는 안 된다. 뿐만 아니라 부부의 내적 에너지와 능력을 믿고 부부 스스로 자신의 문제를 변화시키고 새로운 관계를 맺을 수 있도록 지지자, 협력자, 코칭자, 해석자 등의 역할을 해야 한다.

2 부부미술치료 사례분석

1) 사례

다문화부부 의사소통 향상을 위한 미술치료 프로그램

2) 연구대상 및 주 호소 문제

〈표 7-1〉 연구대상의 특징과 주 호소 문제

대상	결혼방법	자녀	나이	성별	국적	특징	주 호소 문제
부부1	결혼정보업체	1남	C1 (45)	남	한국	결혼 10년, 고졸, 회사원	직장 생활의 힘듦을 술로 푸는 모습이 많음.
			C2 (33)	여	베트남	결혼 10년, 고졸, 아르바이트, 한글 읽고 쓰기 가능	남편이 자신과 자녀를 챙기지 않는 것에 대해 불만이 많으며 납납해함.
부부2	연애결혼	3녀	C3 (52)	남	한국	결혼 17년, 고졸, 일용직	사업 실패 후 사람을 불신하며 술로 답답함을 풀고 있어 부부 싸움을 자주 함.
			C4 (42)	여	중국	결혼 17년, 고졸, 아르바이트, 한글 읽고 쓰기 가능	남편이 보기 싫어 남편에게 자주 화를 냄.
부부3	중매결혼	1녀	C5 (43)	남	한국	결혼 10년, 전문대졸, 사업	아내가 보기 싫으며 아내에 대한 불만을 표현하기보다는 속으로 참고 침묵함.
			C6 (36)	여	일본	결혼 10년, 고졸, 아르바이트, 한글 읽고 쓰기 가능	남편과 자녀에게 소리 지르고 화를 자주 냄.

<table>
<tr><th>대상</th><th>결혼방법</th><th>자녀</th><th>나이</th><th>성별</th><th>국적</th><th>특징</th><th>주 호소 문제</th></tr>
<tr><td rowspan="2">부부4</td><td rowspan="2">결혼정보 업체</td><td rowspan="2">1남</td><td>C7 (48)</td><td>남</td><td>한국</td><td>결혼 12년, 고졸, 택배기사</td><td>자녀만 챙기는 아내가 미워서 아내를 무시함.</td></tr>
<tr><td>C8 (35)</td><td>여</td><td>태국</td><td>결혼 12년, 고졸, 아르바이트, 한글 읽고 쓰기 가능</td><td>남편에 대한 분노를 자녀에게 화풀이하고 죄책감을 느낌.</td></tr>
</table>

3) 연구기간 및 장소

2016년 9월 23일~2016년 11월 11일까지 주 1회 90분씩 총 8회기 프로그램을 ○○○상담센터에서 진행하였다.

4) 연구프로그램 및 실시절차(〈표 7-2〉 참조)

(1) 초기 단계는 부부집단 미술치료 프로그램에 대한 이해 및 부부의사소통의 문제를 파악한다.

(2) 중기 단계는 부부가 각자 살아온 삶에 대한 이해와 부부간의 공통점과 차이점을 인식하고 부부애를 재경험한다.

(3) 후기 단계는 부부가 서로 긍정적 지지와 이해를 통해 효과적인 부부의사소통 방법을 체득한다.

5) 연구도구

(1) 질적 검사

사례연구, 비언어적 부부공동화검사

(2) 양적 검사

부부의사소통 검사

6) 미술치료 프로그램

〈표 7-2〉 다문화부부 의사소통 향상을 위한 미술치료 프로그램

단계	회기	프로그램명	목표	활동내용	매체
초기	1	① 프로그램 소개 ② 사전검사 (비언어적 부부 공동화, 의사소통 설문지)	① 프로그램 이해와 규칙 약속 ② 현재의 부부관계 문제 확인	① 프로그램 소개 및 서약서 작성 ② 비언어적 부부 공동화 그리기(부부가 크레파스에서 원하는 색을 각자 선택하여 바꾸지 않고 끝까지 그린 후 제목 정할 때만 말하기), 의사소통 설문지 작성하기	크레파스, 4B연필, 지우개, 4절지 켄트지, 설문지
	2	부부 소개하기(별칭)	① 자신과 부부에 대해 인식하고 표현하기 ② 부부 의사소통 경험	① 얼굴표정차트를 보고 부부 각자 자신의 표정(속과 겉)을 꾸미고 부부가 서로의 작품을 소개하기 ② 부부 공동작업으로 얼굴표정차트를 보고 부부가 상의하면서 부부의 표정을 우드락에 그리고 부부의 별칭 작성하고 소개하기	우드락, 크레파스, 칼, 유성 매직, 스티커, 표정차트, 물티슈, 휴지
	3	동물가족화	부부의 무의식에 있는 가족구성원 관계에 대한 공통점과 차이점 인식	① 부부가 개별로 자신의 가족구성에 대해 상징하는 동물을 선택하여 붙이고 채색한 후 관계 표시를 하고 부부가 서로의 작품을 소개하기 ② 부부별 발표 후 부부 각자 가족구성원에 대해 상징했던 동물의 차이점과 공통점 찾기	동물그림, 8절지 켄트지, 얼굴표정차트, 가위, 풀, 색연필, 사인펜, 4B연필, 지우개, 물티슈, 휴지

단계	회기	프로그램명	목표	활동내용	매체
중기	4	나의 생애그래프	① 배우자의 삶과 차이점에 대한 인식과 이해 ② 부부의사소통 문제의 공감대 형성과 해결방법 찾기	① 부부가 개별로 자신의 생애 그래프(행복지수)를 표현하고 부부가 서로의 작품을 소개하기 ② 부부별 발표 후 부부 각자 다른 삶에 대한 차이점과 공통점 찾기	8절지 켄트지, 4B연필, 지우개, 사인펜, 색연필, 자, 스티커, 물티슈, 휴지
	5	나의 장·단점, 배우자에게 바라는 점	배우자와의 갈등 원인 찾기 ① 배우자의 소망과 바램을 이해하고 수용하기 ② 긍정적인 의사소통 연습	① 부부가 개별로 손가락 장·단점과 배우자에게 바라는 점을 표현(한 손에는 자신의 장·단점, 다른 손에는 배우자에게 바라는 점)한 후 서로의 작품을 소개하기 ② 부부가 공동으로 부부의 소망(한 손에는 남편 손, 다른 한 손은 아내 손)을 표현 후 부부별 발표 후 서로가 욕구에 대해 수용하고 격려와 지지, 배려하기	8절지 켄트지, 4B연필, 지우개, 사인펜, 색연필, 스티커, 물티슈, 휴지
	6	석고 손 본뜨기 (서로의 손 선물 만들어 주기, 편지 전달)	① 부부애를 경험하고 사랑과 믿음에 대한 만족감 형성 ② 긍정적인 의사소통 연습	① 부부가 서로의 손에 마사지하면서 로션을 발라주고 원하는 손의 모양에 석고 붕대를 붙인 후 마르면 작품을 꾸미고 배우자에게 감사의 카드를 적어 전달하기 (석고 본뜨는 순서를 부부가 상의하여 정하기) ② 부부가 서로 활동과정과 작품에 대해서 느낀 점을 나눈 후 부부별 발표하기	석고 붕대, 가위, 신문지, 카드, 4B연필, 지우개, 사인펜, 상자, 붓, 수채화 물감, 팔레트, 물통, 종이컵, 로션, 물티슈, 휴지
후기	7	부부의 소망 나무	부부가 서로 배려하고 이해하는 의사소통기술 습득	① 부부가 함께 대화하면서 열매나 잎에 부부의 소망을 작성하여 부부의 소망 나무를 함께 꾸미기 ② 부부 서로 활동과정과 작품에 대해서 느낀 점 나눈 후 부부별 발표하기	머메이드지, 가위, 스카치테이프, 스티커, 포스트잇, 꾸미기 재료, 색종이, 4B연필, 지우개, 우드락, 네임펜, 색연필, 사인펜, 물티슈, 휴지

단계	회기	프로그램명	목표	활동내용	매체
후기	8	사후검사 (비언어적 부부 공동화, 의사 소통 설문지)	변화된 부부관계 확인	비언어적 부부 공동화 그리기 (부부가 크레파스에서 원하는 색을 각자 선택하여 바꾸지 않고 끝까지 그린 후 제목 정할 때만 말하기), 의사소통 설문지 작성하기	크레파스, 4B연필, 지우개, 4절지 켄트지, 설문지

7) 연구결과

(1) 질적 검사

① 개인행동 변화

〈표 7-3〉 의사소통 개인행동 사전 · 사후 변화

대상		사전	사후
부부1	C1	직장 생활의 힘든 부분을 아내에게 표현하지 않고 매일 술을 먹으면서 푸는 모습 보임.	직장 생활의 힘든 부분을 아내에게 표현하고 술 먹는 횟수도 감소하였고 아내와 자녀에게 관심을 보이기 시작함.
	C2	남편이 술만 먹고 자신과 자녀에게 무관심한 태도에 대해 불만이 많았으나 속으로 참으면서 표현하지 않음.	남편에게 자신의 불만을 솔직하게 표현하고 남편도 힘든 일상을 보내고 있다는 것을 이해하게 됨.
부부2	C3	사업 실패 후 매일 술을 먹으며 아내와 자녀들에게 화를 내고 부부 싸움을 자주 함.	술 먹는 횟수가 감소하였고 화를 내지 않고 이성적으로 대화하는 횟수가 증가함.
	C4	남편이 사업 실패 후 인간관계를 두려워하는 모습이 보기 싫어 남편에게 짜증과 화를 자주 내는 편임.	남편이 인간관계에 대해 두려워하는 모습을 이해하고 남편에게 짜증 내지 않고 솔직한 감정과 생각을 언어로 표현함.
부부3	C5	힘든 일이 있어도 아내에게 말하지 않고 아내에 대한 불만을 표현하기보다는 속으로 참고 침묵함.	힘든 일이 있거나 아내에게 불만이 있으면 침묵하거나 참지 않고 아내에게 솔직하게 표현함.
	C6	남편이 원하는 데로 해주지 않으면 남편과 자녀에게 짜증과 화를 내고 자주 울기도 함.	남편에게 원하는 부분을 정확히 표현하고 짜증, 화, 우는 횟수가 감소하였고 자녀에게도 짜증과 화를 내지 않음.

대상		사전	사후
부부4	C7	자신에게 관심 두지 않는 아내에게 살림을 못 한다고 무시하면서 서운함을 표현함.	아내에 대한 서운함을 솔직하게 표현하고 아내를 칭찬해주고 인정해줌.
	C8	남편에게 화가 나면 소리를 지르면서 자녀에게 화풀이함.	남편에게 화가 나면 어떤 부분이 화가 났는지 남편에게 직접 표현하고 자녀에게 화풀이하지 않음.

② 그림투사 변화

〈표 7-4〉 비언어적 부부 공동화 사전 · 사후 변화

대상	사전	사후
부부1	 **[그림 7-1]** 따로따로 남편은 하늘색, 아내는 분홍색을 선택함. 남편이 먼저 시작하였으며 남편은 혼자 술을 먹는 장면을 그리고 아내는 자녀와 TV를 보는 장면을 그림. 부부는 각자 자신의 그림만을 그렸으며 그리는 동안 상대방의 그림을 보지 않았음. 남편은 알코올중독 가능성 보이며 아내는 남편에게 무관심하고 자녀하고만 밀착 보임. 제목 정할 때도 남편 혼자 무심히 적는 모습 보임. 부부가 소원한 관계로 무관심한 상태로 보임.	 **[그림 7-2]** 봄 소풍 남편은 연두색, 아내는 주황색을 선택함. 남편이 먼저 시작하였으며 아내는 남편이 그린 나무에 열매를 그리고 남편은 아내가 그린 꽃에 나비를 그려줌. 제목을 정할 때는 부부가 서로 의논하면서 한마음으로 제목을 정함. 사전보다 사후에는 부부가 친밀감이 생기고 서로를 존중해 주고 공감해 주는 모습으로 변화 보임

부부2	 [그림 7-3] 우울 남편은 파란색, 아내는 보라색을 선택함. 남편이 먼저 큰 바위와 구름을 그렸으며 아내는 남편이 그린 구름에서 나오는 비와 바닷물을 그림. 부부 모두 우울한 감정이 많을 것으로 보임. 남편은 답답한 상태이며 부부간의 의사소통은 없으나 아내는 남편에게 불만족스러움을 표현하는 것으로 나타남.	 [그림 7-4] 해외여행 남편은 녹색, 아내는 다홍색을 선택함. 남편이 먼저 그렸으며 아내와 남편 모두 상대방의 그림을 관찰하면서 자신의 그림을 그리는 모습 보임. 남편은 아내가 비쳐주는 등대를 향하여 항해하는 배를 그렸으며 아내는 남편이 그린 바다에 사는 물고기 등을 그림. 사전보다 사후에는 부부가 서로에게 관심을 두고 서로의 의견을 수용하고 지원해주는 변화된 모습을 보임.
부부3	 [그림 7-5] 분노 남편은 빨간색, 아내는 검은색을 선택함. 남편이 먼저 창 모양의 그림을 여러 개 그리고 인형을 그렸으며 아내는 창 모양과 인형에 화살을 쏘는 그림을 그림. 아내는 남편과 상의 없이 혼자 제목을 작성함. 남편은 억압된 분노가 쌓여 있으며 아내는 평소 불만을 남편과 딸에게 화를 내면서 표현하는 것으로 보임.	 [그림 7-6] 동네 모퉁이 남편은 초록색, 아내는 다홍색을 선택함. 남편이 산, 집, 구름, 꽃, 나무 등을 그렸으며 아내는 남편의 그림에 색칠을 해주거나 주변을 꾸며주는 그림을 그림. 제목은 부부가 서로 존중하면서 정하였고 남편이 작성함. 사전보다 사후에는 서로에게 관심을 두고 도와주며 지지해 주는 변화된 모습 보임.

<table>
<tr>
<td rowspan="3">부부4</td>
<td>
</td>
<td>
</td>
</tr>
<tr>
<td>[그림 7-7] 벽</td>
<td>[그림 7-8] 여름휴가</td>
</tr>
<tr>
<td>남편은 갈색, 아내는 남색을 선택함.
남편이 먼저 산과 나무, 벽을 그렸으며 아내는 연못과 물고기 두 마리를 그림. 부부는 그리는 동안 서로 보지 않고 자신의 그림에만 몰입하는 모습 보였으며 제목은 의논하지 않고 남편 혼자 벽이라고 작성함. 남편은 아내와의 사이에서 답답함을 느끼는 감정을 벽을 그림으로써 표현하였고 아내는 남편과 소원한 상태이고 아들과는 밀착되어 있고 친밀한 관계를 맺고 있음.</td>
<td>남편은 파란색, 아내는 주황색을 선택함.
남편이 먼저 아내, 바다, 자신을 그렸으며 아내는 파라솔과 아들, 해를 그림. 남편은 아내를 가장 먼저 그렸고 아내는 남편을 더 위에서 막아줄 파라솔을 그림. 사전보다 사후에서 부부는 서로를 챙겨주고 보살펴주는 친밀한 관계의 그림을 그렸으며 제목을 정할 때는 부부가 서로의 의견을 존중해 주면서 함께 작성하는 모습 보임.</td>
</tr>
</table>

(2) 양적 검사

〈표 7-5〉 의사소통 사전 · 사후 변화

대상		사전	사후
부부1	C1	113점	135점
	C2	110점	130점
부부2	C3	100점	132점
	C4	82점	125점
부부3	C5	105점	142점
	C6	112점	138점
부부4	C7	95점	135점
	C8	90점	140점

부부의사소통 검사는 최저 30점부터 최고 150점으로 점수가 높을수록 부부의사소통 수준이 높은 것을 의미한다. C1은 사전검사에서는 113점, 사후검사에서는 135점으로 총 22점이 향상되었고, C2는 사전검사에서는 110점, 사후검사에서는 130점으로 총 20점이 향상되어 부부1은 모두 의사소통의 향상이 나타났다. C3는 사전검사에서는 100점, 사후검사에서는 132점으로 총 32점이 향상되었고, C4는 사전검사에서는 82점, 사후검사에서는 125점으로 총 43점이 향상되어 부부2는 모두 의사소통의 향상이 나타났다. C5는 사전검사에서는 105점, 사후검사에서는 142점으로 총 37점이 향상되었고, C6은 사전검사에서는 112점, 사후검사에서는 138점으로 총 26점이 향상되어 부부3는 모두 의사소통의 향상이 나타났다. C7은 사전검사에서는 95점, 사후검사에서는 135점으로 총 40점 향상되었고, C8은 사전검사에서는 90점, 사후검사에서는 140점으로 총 50점 향상되어 부부4는 모두 의사소통의 향상이 나타났다. 부부의사소통 점수의 사전·사후 변화에서 가장 높게 나타난 내담자는 남자 중에서는 C7이고 여자 중에서는 C8였으며 부부 중에서도 부부4가 가장 큰 변화를 보였다(〈표 7-5〉 참조).

8) 미술치료 작품사진

〈표 7-6〉 미술치료 작품사진

2회기	3회기

[그림 7-9] 우리 부부 소개(별명)	[그림 7-10] 동물가족화

4회기	5회기
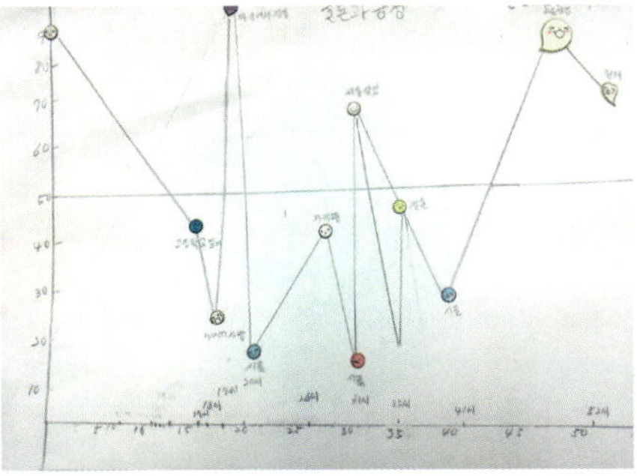	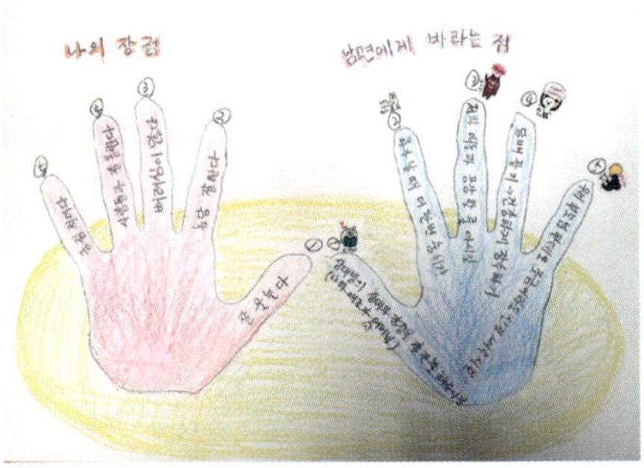
[그림 7-11] 나의 생애그래프	**[그림 7-12]** 나의 장 · 단점, 배우자에게 바라는 점
6회기	7회기
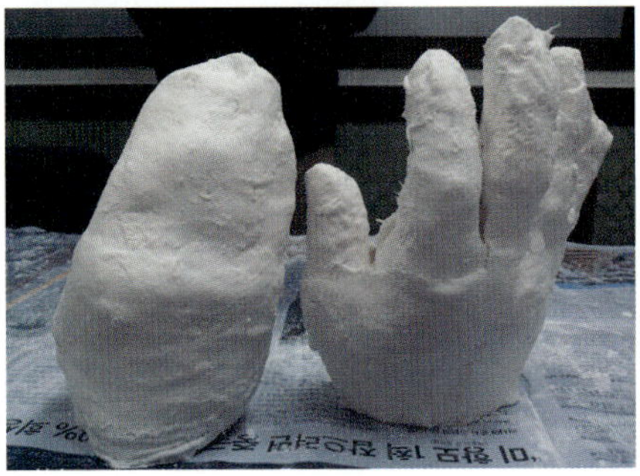	
[그림 7-13] 서로의 손 선물 만들어 주기(편지 전달)	**[그림 7-14]** 부부의 소망나무

3 부부미술치료 실습

1) 미술치료 기법: 석고 손 본뜨기

앞 사례에서 내담자와 진행한 '석고 손 본뜨기' 기법을 실습 작업으로 소개하고자 한다(〈표 7-7〉 참조). 아래 실습 방법과 상담 과정 적용, 응용을 바탕으로 내담자의 증상과 상황에 맞게 적절하게 사용할 수 있다.

〈표 7-7〉 미술치료 실습(석고 손 본뜨기)

미술 매체	석고 붕대, 가위, 신문지, 카드, 4B연필, 지우개, 사인펜, 상자, 붓, 수채화 물감, 팔레트, 물통, 종이컵, 로션, 물티슈, 휴지
방법	① 손에 로션을 바르고 석고 붕대를 적당한 크기에 맞추어 자른 후 물에 담갔다가 다양한 손 모양 위에 붙인다. ② 자신의 감정이나 자신을 표현할 수 있는 다양한 손 모양을 표현한다. ※ 지시문 ※ "이 손은 바로 당신입니다. 이제는 당신의 손을 보고, 자신이 어떤 모습인지, 자신이 어떤 감정이 있는지를 생각한 후 꾸며보세요."라고 지시한다. ③ 석고 붕대가 마른 후 다양한 무늬나 색으로 채색한다. ④ 자신을 표현할 수 있도록 시간을 제공하고, 자신의 모습을 다 표현하였으면, 작품을 소개하도록 한다. ⑤ 내담자가 작품을 완성하면서 느낀 점을 표현하고, 내담자가 심리적으로 상담자의 피드백을 받아들일 준비가 된 상태라면 상담자가 느낀 점이나 미처 내담자가 생각하고 있지 않은 부분에 대해 피드백한다.
상담 과정 적용	내담자에 따라서는 작업이 오랜 시간 소요될 수 있으며, 내담자를 깊게 들여다 볼 수 있는 계기가 된다. 상담자는 내담자가 작업을 마칠 수 있도록 기다려주고, 내담자가 무엇을 느끼고, 작업하고 있는지를 잘 관찰한다.
응용	① 상담자와 내담자의 상호작용 관계에서 작업할 수 있다. ② 나의 긍정적 감정과 부정적 감정들을 다양하게 표현해 본다. ③ 남이 보는 나(손등), 내가 보는 나(손바닥)를 표현해 본다. ④ 집단미술치료 작업을 할 때 2명이 한팀이 되어 진행하고 팀원은 서로 친밀감이 있는 관계에서 진행한다. 예) 부부관계, 부모 · 자녀관계, 형제관계, 친구관계, 지인관계 등

작품 사진	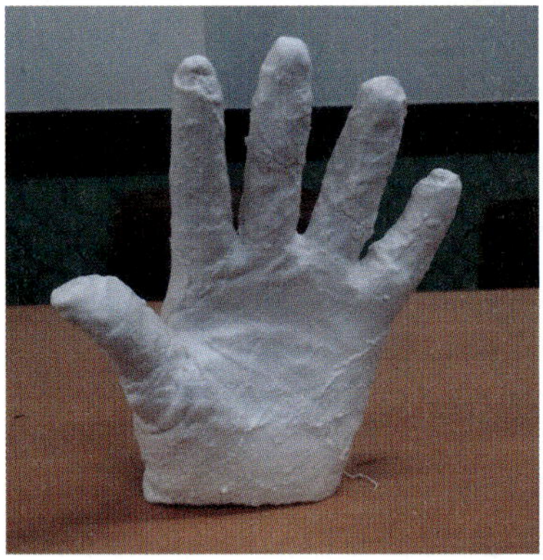 **[그림 7-15]** 석고 손 본뜨기

출처: 김은영(2013). 대상별 미술치료 & 임상사례분석.

2) 치료 회기기록지

앞 사례에서 부부에게 실제로 진행했던 '석고 손 본뜨기' 기법을 작성한 치료 회기기록지이다(〈표 7-8〉 참조). 상담 과정에서 상담자가 부부 내담자에게 '석고 손 본뜨기' 기법을 어떻게 진행하는지 핵심 부분 위주로 작성되었기 때문에 미술치료를 진행하는 상담자가 실제 적용 방법을 이해하고 습득하는 데 도움이 된다.

〈표 7-8〉 석고 손 본뜨기(서로의 손 선물 만들어 주기: 편지 전달) 치료 회기기록지

치료 회기기록지 (6) 회

날 짜	2016년 10월 28일	소요시간	pm 7:00–8:20
내 담 자 명	부부1, 부부2, 부부3, 부부4 (전체 부부 중 부부4에 대한 예시를 첨부)	상담자명	김○○
프로그램명	석고 손 본뜨기: 서로의 손 선물 만들어 주기(편지 전달)		
목 표	(1) 부부애를 경험하고 사랑과 믿음에 대한 만족감 형성 (2) 긍정적인 의사소통 연습		
준 비 물	석고 붕대, 가위, 신문지, 카드, 4B연필, 지우개, 사인펜, 상자, 붓, 수채화 물감, 팔레트, 물통, 종이컵, 로션, 물티슈, 휴지		

	상담자의 언어 및 행동	내담자의 언어 및 행동
프로그램 전 분위기	(1) 한 주도 편안히 잘 지내셨는지요? (3) 그러셨군요~서로 노력을 많이 하셨나 보네요. (5) C7님이 노력하시는 모습이 너무 보기 좋습니다. C7님이 노력하신 만큼 싸움의 횟수도 줄어들고 있네요. 아내는 남편의 노력하는 모습을 보시면서 무엇을 느끼셨나요? (7) 네~잘하셨습니다. 고마움을 느낄 때는 지금처럼 바로 표현해 주시는 것이 좋고 그래야 C7님에게 C8님의 마음이 전달될 거 같아요.	(2) C8: 네~이번 주 저희 부부는 처음으로 싸우지 않고 한 주를 보낸 거 같아요. (4) C7: 네~저도 아내를 무시하지 않으려고 노력했고요. 그러다 보니 아내와도 덜 싸우게 되더라고요. (6) C8: 남편한테 고마움을 느꼈고 그래서 "노력해 주어서 고맙다"라고 얘기했어요. (8) C8: 네.
치료과정	(9) 이번 시간에는 부부가 서로의 손을 선물로 만들고 서로에게 편지를 전달하는 시간을 가져보려 합니다. (12) 네~먼저 누가 손의 석고 붕대를 붙일 것인지 순서를 정해주시고요. 받으실 분 손에 해주실 분이 로션을 발라 사랑하는 마음으로 마사지해 주시면 됩니다. 그다음 석고 붕대를 크기에 맞게 오려서 물에 적신 후 붙여주시면 됩니다. (16) 다 붙이셨으면 10분 정도 굳은 후 띄어 내시면 됩니다. (18) C7님이 손을 빼내고 나니 시원하신가 보네요. (20) 네, 제가 보기에도 C7님의 손이 무척 멋져 보입니다. C8님에게 손 마사지와 석고 손 본뜨기 작업을 받으면서 C7님의 기분이 어떠셨는지 말씀해 주시겠어요? (22) C7님이 아내에게 사랑받는 기분이 드셨군요. C8님, C7님의 이야기를 들으니 어떠신가요?	(10) C7: 어떻게 하는 거예요? 궁금하고 신기하네요. (11) C8: 손을 선물로 만들어 준다고요? 어떤 건지 궁금해요. (13) C8: (로션을 많이 발라 C7의 손 전체를 부드럽게 마사지해준다) (14) C7: (눈을 감고 미소를 지으면서 C8이 해주는 마사지를 받는다) (15) C8: (마사지 후 C7의 손에 물에 적신 석고 붕대를 붙여준다) (17) C7: (자신의 손을 석고 손 본뜨기에서 빼낸 후) 아, 시원하다. (19) C7: 네, 시원하고 멋지네요. (21) C7: 아내가 제 손을 마사지해줄 때 사랑받는 기분이 들어서 행복했어요. (23) C8: 늘 아이들에게만 마사지를 해주고 남편에게는 해준 적이 없었는데, 남편이 이렇게 좋아할 줄 몰랐어요. 앞으로는 남편에게도 종종 마사지를 해주어야겠어요.
내담자 평가	부부4는 자연스러운 스킨십을 통한 긍정적인 의사소통으로 아내에게 사랑받고 싶어하는 남편의 마음을 인지하였고, 사랑을 주고 받는 경험을 통해 부부애와 만족감을 형성하게 되었다.	
다음 회기 계획	부부의 소망 나무	

4 부부미술치료 프로그램

부부미술치료 프로그램은 부부상담이 필요한 부부 중 성 문제가 부부 갈등의 원인이 되는 부부에게 필요한 프로그램으로 부부의 성 문제에 맞게 적절하게 활용할 수 있다.

1) 집단 미술치료 프로그램(부부 함께 참여)

2) 대상

성 문제로 갈등이 있는 부부

3) 회기별 미술치료 프로그램

〈표 7-9〉 부부 성 문제 갈등회복을 위한 미술치료 프로그램

단계	회기	프로그램명	참가자(작품)	활동내용	매체
초기	1	① 부부미술치료 소개 ② 사전검사(질적 검사: 동적 가족화, 비언어적 부부공동화, 양적 검사: 부부 성 의식 검사, 부부 의사소통 검사)	부부	① 부부미술치료 서약서 작성 ② 사전검사(질적 검사: 동적 가족화, 비언어적 부부공동화 그림투사 실시, 양적 검사: 부부 성 의식 설문지, 부부 의사소통 설문지 작성)	4절지, A4용지, 4B 연필, 지우개, 크레파스, 설문지
	2	생애그래프	부부(개인)	부부 각자 자신의 생애그래프를 그린 후 자신의 삶을 소개하고 느낀 점 나누기	8절지, 4B연필, 지우개, 사인펜, 색연필, 자, 스티커

단계	회기	프로그램명	참가자 (작품)	활동내용	매체
중기	3	성의 시작과 경험	개인 (개인)	성에 대한 다양한 경험 중 기억에 남는 이미지를 콜라주 작업 후 현재의 성 가치관과 연결하여 소개하기	8절지, 잡지, 가위, 풀, 색연필, 사인펜, 4B연필, 지우개
	4	불편했던 성	부부 (개인)	부부 각자 부부 성생활 중 불편했던 성 경험에 대해서 콜라주 작업 후 소개하고 공통점과 차이점 나누기	8절지, 잡지, 가위, 풀, 색연필, 사인펜, 4B연필, 지우개
	5	좋았던 성	부부 (개인)	부부 각자 부부 성생활 중 좋았던 성 경험에 대해서 콜라주 작업 후 소개하고 공통점과 차이점 나누기	
	6	나의 성	부부 (개인)	부부 각자 자신의 전신화 그림에 스킨십을 할 때 좋은 부분, 싫은 부분을 그림이나 채색으로 표시한 후 나누기	전신화 이미지가 그려진 8절지, 색연필, 스티커, 사인펜, 4B연필, 지우개
	7	배우자의 성	부부 (개인)	부부 각자 배우자의 전신화 그림에 스킨십을 할 때 좋을 부분, 싫을 부분을 그림이나 채색으로 표시한 후 공통점과 차이점에 대해서 나누기	
	8	나와 배우자의 장 · 단점	부부 (개인)	부부 각자 자신의 양손 테두리를 그리고 한 손에는 나의 장 · 단점, 다른 손에는 배우자의 장 · 단점을 적고 나누기	8절지, 색연필, 스티커, 사인펜, 4B연필, 지우개
	9	부부의 장 · 단점	부부 (공동)	부부가 함께 하나의 종이 위에 부부 각자의 손 테두리를 그리고 한 손에는 부부의 장점, 다른 한 손에는 부부의 단점을 서로 의논해서 작성 후 나누기	
후기	10	부부 성 버킷 리스트	부부 (공동)	부부가 함께 서로 의논하면서 부부 성에 대한 버킷 리스트를 실천 가능한 순서부터 구체적으로 작성한 후 나누기	4절지, 색연필, 스티커, 사인펜, 4B연필, 지우개

단계	회기	프로그램명	참가자(작품)	활동내용	매체
후기	11	석고 손 본뜨기(서로의 손 선물 만들어 주기, 편지 전달)	부부(개인)	부부가 상대방의 손을 로션으로 마사지해준 후 상대방이 원하는 모양 손에 석고 붕대를 붙여 서로의 손 선물을 만들어 준 후 서로에게 감사의 편지를 작성해서 전달하기(누가 먼저 받을 것인지 순서 정함)	석고 붕대, 신문지, 로션, 가위, 종이컵, 붓, 수채화 물감, 카드, 4B연필, 지우개, 사인펜, 상자, 물티슈, 휴지
	12	사후검사(질적 검사: 동적 가족화, 비언어적 부부공동화, 양적 검사: 부부 성 의식 검사, 부부 의사소통 검사)	부부	사후검사(질적 검사: 동적 가족화, 비언어적 부부공동화 그림투사 실시, 양적 검사: 부부 성 의식 설문지, 부부 의사소통 설문지 작성)	4절지, A4용지, 4B연필, 지우개, 크레파스, 설문지

제8장

가족미술치료

1 가족미술치료의 이해

1) 가족미술치료의 태동

1960년대 정신의학분야에 가족연구에 대한 새로운 경향이 등장하였다. 가족 전체를 대상으로 한 역동적 가족 상담기법이 고안되었다. 퀴아코스카(Kwiatkowska, 1962)는 나움버그(Naumburg), 크레머(Kramer) 등에 의해서 확립된 정신분석적 미술치료의 연장으로 가족미술치료법(FAT:Family Art Therapy을 창시하였다. 그는 다른 치료법과 달리 가족 전원이 동시에 참가하여 언어를 개입시키지 않고 표현행동으로 미술 과제를 시행하게 하는 방법을 사용하였다. 내담자로 하여금 언어적 표현이 나타나지 않도록 가족 간 '동시에 상반되는 감정'으로 혼란한 상태에 서서히 직면하도록 하는 통찰을 사용하였다. 루빈(Rubin), 랜드가든(Landgarten), 워더슨(Wadeson), 그롤드(Grold), 지에러(Zierer), 심(Sheam), 뮬러(Muller) 등의 연구를 통해 기법이 개발되었다. 1970년대 전후 번스(Burns, 1970)가 개발한 동적 가족화(Kinetic Family Drawing:KFD(가족원 각각 무엇인가를 하고 있는 모습을 그리게 하여 가족구성원간의 역동적 관계 파악에 응용)와 빙(Bing, 1970)의 합동가족미술치료(CFD: 가족전원이 상담과 함께 둥근 테이블에 앉아 누가 어떤 부분을 그렸는가를 분석하기 위하여 각자 다른 색의 재료를 사용한 한 장의 가족화를 그리게 하는 방법), 워더슨(Wadeson, 1980)의 부부치료 미술적용기법 등이 있다. 번스가 개발한 동그라미 중심가족법(Family Centered Circle Drawing: FCCD)이 소개되며 가족미술치료 분야에서 활발히 사용되고 있다.

(1) 가족미술치료의 개념

가족미술 심리치료는 가족체계이론과 정신역동에 기초한 미술치료이론(Naumburg, 1966)을 토대로 만들어졌다. 모든 가족미술치료는 정신분석적, 경험적, 다세대, 구조적, 전략적, 의사소통 이론과 행동수정, 해결 중심 이론 등에 의하여 실시되며, 상담자에 따라 이 중의 하나 혹은 여러 개의 이론들을 바탕으로 하고 있다. 가족미술치료는 이러한 이론들의 모든 치료 개념들과 상호의존적이다. 다양한 이론적인 배경을 토대로 진단과 치료의 주요 수단으로서 응용정신치료학에서 필요로 하는 기술적인 기능을 지니고 있다.

(2) 가족미술치료의 목표

최근에는 두 가지 요점 즉, 문제 해결과 가족생활주기 발전단계 〈표 8-1〉에 병행하는 가족 과업을 편안한 방향으로 촉진하는 것에 일치된 의견을 보이고 있다.

가족문제의 특수성에 따라 다음 중 하나 혹은 전부가 해당될 수 있다.

① 핵가족에서 제외된 사람과 확대가족에 포함된 사람과의 문제에 적절하게 개입
② 명료한 의사소통과 의사소통에 대한 전폭적인 지지
③ 자아의 개별화
④ 갈등 해소를 위한 상호 협력적인 접근
⑤ 자녀 양육과 가족체계 유지를 위한 적절한 지도력을 제공하는 강한 부모 동맹과 부부 하위체계 강화
⑥ 부부 두 사람 사이에 갈등, 긴장이 생겨날 때 제삼자를 끌어들이지 않고 두 사람이 대면해서 문제해결
⑦ 가족구성원들의 독립성, 주도성, 자발성 획득
⑧ 가족구성원의 전이와 투사적인 왜곡의 해소, 현실을 있는 그대로 인지할 수 있는 능력 획득
⑨ 가족구성원의 정서적인 면 자발적이고 자연스럽게 나눌 수 있게 함
⑩ 가족의 삶이 보다 희망적이고 만족스러워지는 것

〈표 8-1〉 가족의 삶의 주기에 따른 발달단계 과업(Duvall, 1957)

가족의 주기적 발달단계	구성원의 가족 내의 지위들	달성해야 하는 발달과업
1. 아이가 없는 신혼부부	아내, 남편	서로 만족스러운 부부관계 확립하기 임신과 부모가 되는 것에 적응하기 친족 관계에 참여하기
2. 자녀의 출산	아내-어머니 남편-아버지 아기-딸, 아들	유아가 발달하도록 환경을 조성하고 그에 적응하고 격려하기 부모와 유아에게 만족스러운 가정 만들기
3. 학령기 전 아동	아내-어머니 남편-아버지 딸-자매 아들-남자형제	성장을 촉진시키는 방법으로 학령기 전 아동이 가지고 있는 욕구나 흥미에 적응하기 에너지의 고갈이나 사생활이 줄어드는 부분에서 적응하기
4. 학령기 자녀	아내-어머니 남편-아버지 딸-자매 아들-남자형제	학령기 가족들의 공동체에 참여하기 아이가 학업 부분에서 성취할 수 있도록 격려하기
5. 청소년기 자녀	아내-어머니 남편-아버지 딸-자매 아들-남자형제-삼촌	자유와 책임의 균형 유지하기 부모의 관심과 경력 형성하기
6. 중간세대가 되는 시기	아내-어머니-할머니 남편-아버지-할아버지 딸-자매-이모/고모 아들-남자형제-삼촌	청년에게 적절한 예식과 필요로 하는 도움을 주면서 떠나보내기 지지적인 가정의 토대를 유지하기
7. 중년기의 부모	아내-어머니-할머니 남편-아버지-할아버지	결혼 관계를 다시 확립하기 나이 든 세대와 젊은 세대와 친족 관계 유지하기
8. 노년기	남편사별-과부-아내-어머니-할머니 부인사별-홀아비-아버지-할아버지	사별과 혼자 사는 것에 적응하기 가정을 종료하거나 노령에 적응하기 퇴직에 적응하기

(3) 가족치료에서의 미술치료 적용

① 정신분석적 상담자는 중립적인 자세를 취하며 내담자의 행동에 해석자로서의 역할을 한다.

② 경험주의에서는 발달적 성장을 도우면서 능동적인 역할, 내담자의 지각과 이해를 도와주기 위해 새로운 경험들을 제공한다.

③ 보웬의 다세대 치료에서는 삼각관계 개념을 강조하며 내담자가 목표로 하는 있는 것들에 대하여 개별화와 독립화 할 수 있도록 돕는다.

④ 구조주의는 상담자가 감독자로서의 치료스타일로 가족의 평소 행동을 바꾸고 재구조화하도록 중재한다.

⑤ 의사소통에서는 연쇄반응의 효과를 보이는 순환적 인과관계 모델을 사용하는 '공동 미술체험'을 하도록 하며 가족의 의사소통 양상과 결정을 내리는 방법들을 관찰한다. 치료는 명쾌한 의사소통과 문제해결 능력을 가진 가족구조를 이루는 것이다.

⑥ 전략적 관점에서는 체계적인 입장을 유지하면서 미술 작업을 처방적, 역설적인 개입을 위한 도구 내지 수단으로 사용하여 문제해결을 도울 수 있다.

⑦ 행동주의 관점에서는 바람직한 행동을 동기화하고 그것의 긍정적인 강화 등을 교육 목적으로 하여 미술 활동을 도입하고 있다.

⑧ 해결 중심적 접근은 가족 문제를 다루는데 있어 그들의 성공 경험과 강점, 자원 그리고 능력에 일차적인 초점을 두고 무엇이 잘못되었는지를 보기보다 잘 된 것과 그 활용에 관심을 가지며, 문제(problem)가 아닌 해결(solution)에 중점을 두고 접근한다.

(4) 가족체계와 미술과제

① 가족치료에서 미술이 갖고 있는 치료적인 가치

a. 가족문제의 진단을 돕는다.

b. 무의식적인 의사소통과 의식적인 의사소통을 표출하는 수단이 된다.

c. 가족 역동의 지속적인 증거를 보여준다.

▷ 상담자는 내담자의 작품 속 미묘함과 섬세함, 감추어진 메시지를 놓치지 않아야 한다.

② 가족관계에서 나타나는 양상

a. 미분화되어 뒤엉킨 자아

가족원의 심리적 경계가 흐려져 서로 뒤엉켜 있음을 의미한다. 가족이 함께 미술작업을 하게 되면 누가 무엇을 그렸는지 판별해내기 어려우므로 먼저 개별화를 지향하는 작업이 필요하다.

b. 삼각관계

두 사람이 자신들의 불만을 제삼자에게 집중시키는 것으로 표현된다.

c. 부모화

부모와 자녀의 역할이 부적절하게 뒤바뀌는 것으로 표현된다.

d. 결혼생활의 분열이나 왜곡

부부가 분열된 상태에서 적개심이나 성격의 불일치 등을 나타낸다. 가끔 조화로운 그림이 나타날 수 있는데 이는 그들의 역할이 상호보완적이기 때문이다. 주도권이 있는 남편에게 의존심 많은 아내는 상호 보완적일 수 있다.

e. 가성상호성

외형적으로는 긍정적인 가족의 모습을 보여준다. 이들은 외부의 위협에 함께 대항하나 서로 친밀하지 않다. 이 경우 가족치료 시 가족원이 동맹하여 완강하게 거부하거나 저항 할 수 있다.

f. 이중구속

애매하고 모순된 지시를 함으로써 상대방을 병적이고 혼란스럽게 하는 의사소통 방법이다. 이중 메시지의 하나는 표면상의 의미이고 반대 메시지는 표면 밑에 숨겨져 있다.

(5) 가족미술치료사의 역할

① 가족의 역할들, 연합관계들, 그리고 의사소통의 모형들과 구성원 집단의 형태 등을 관찰하여 참가자들에게 적절한 미술 재료를 선별할 수 있어야 한다.

② 가족치료에 사용하는 경우에는 미술 작업을 통하여 표출된 정보를 이야기하거나 활용하는 데 적정량의 시간을 할애해야 한다.

③ 미술체험의 잠재력(특정 문제와 관련된 정서는 미술 작품의 구체성에 의해 분명해짐, 작품은 가족에게도 구체적인 증거를 제공해줌)을 이해해야 한다.

⇒ 상담자들은 숨겨진 은유적인 표현에 주의를 기울이고 개인의 비밀을 알아내는데 신중해야 하며 참가자의 감정을 불러일으켜 정면 대립하지 않아야 한다.

④ 미술 재료, 지침, 과정에 대하여 인지적인 관점을 지녀야 한다(임상미술치료에 관한 지식에 근거).

※ ③, ④는 가족이 경험하는 문제적 증상제거와 그들의 삶의 질을 향상시키는 행동을 취하게 되는 실행과정에서 창조적으로 결합하게 된다.

(6) 가족미술치료의 효과

① 미술치료는 가족들로 하여금 상호관계를 촉진하고 개방된 태도와 직관력을 키워준다.

② 새로운 역할들과 의사소통 스타일을 연습해 볼 수 있는 무대를 제공하기도 한다.

2) 가족미술치료의 평가

첫째, 미술치료는 일차적으로는 작업 과정에서, 이차적으로는 작품 내용에서 가족 간의 의사소통 유형을 파악할 수 있다.

둘째, 상담자는 작품을 근거로 활동을 기록함으로써 인과관계를 관찰할 수 있고, 가족 간의 강점과 약점, 가족 전체의 강점과 약점을 평가할 수 있다.

(1) 랜드가든의 가족체계 진단 절차

① 첫 번째 단계: 묵언상태에서의 팀 작업

가족을 팀으로 나눔(가족 동맹 확인: 팀이 형성되는 방식을 통해 권력 통제 확인) → 자신들의 팀을 나타내는 색깔을 선택해 전 과정에서 사용(가족원 각자의 참여 정도 관찰 확인) → 팀별로 하나의 종이를 주고 함께 작업(색깔 있는 유점토나 공작용 색종이 유용: 각 팀은 계속해서 자신의 색깔 "특별한 색깔"을 사용) → 작품 완성 되면 침묵 깨고 각 팀들은 자신의 작품에 이름을 정하고 제목 적기

※ 작업 중이나 끝났을 때 말이나 신호, 쪽지를 보내서는 안 된다.

② 두 번째 단계: 묵언상태에서의 가족미술작업

전 가족이 하나의 종이 위에 함께 작업(언어차원의 의사소통 금지: 개인은 계속해서 자신의 색깔을 사용) → 작품 완성 되면 침묵 깨고 작품에 이름 정하고 제목 적기

③ 세 번째 단계: 언어적 가족미술작업

가족의 언어적 미술 작업은 세 번째 기법이다. 가족들은 단 하나의 그림을 그리도록 지시받는다.

랜드가든의 가족체계 진단 절차를 진행하는 동안 상담자는 〈표 8-2〉와 같이 총 17개의 항목을 관찰해야 한다.

〈표 8-2〉 관찰해야 할 사항(총 17개 항목)

① 누가 그림을 처음 시작했으며, 그 사람으로 하여금 처음 시작하도록 이끄는 과정은 무엇이었는가?
② 구성원 중의 나머지 사람들은 어떤 순서로 참가했는가?
③ 어느 구성원의 제안이 채택되었으며, 어느 구성원의 제안은 무시되었는가?
④ 각자의 개입 정도는 어떠했는가?
⑤ 반대편 사람들과 자기편 사람들 중에서 전혀 미술과업에 참여하지 않은 사람은 누구였는가?
⑥ 누군가의 그림 위에 대신 첨가함으로써 처음 사람이 한 것을 "지워버린" 사람은 누구였는가?
⑦ 어떤 형태의 상징적인 접촉이 이루어졌으며, 누가 이것을 시도했는가?
⑧ 구성원들은 교대로 했는가, 집단으로 했는가, 혹은 두 가지를 동시에 했는가?
⑨ 각자의 위치는 어떠했는가?(중앙, 끝, 구석)
⑩ 만일 방법에 있어서 변화가 있었다면, 무엇이 변화를 촉진했는가?
⑪ 각자는 얼마나 많은 공간을 차지했는가?
⑫ 각자의 분담이 상징적으로 의미하는 것은 무엇인가?
⑬ 어느 구성원이 독자적으로 행동했는가?
⑭ 누가 시초자로 행동했는가?
⑮ 누가 추종자 혹은 반응자였는가?
⑯ 정서적 반응들이 있었는가?
⑰ 가족의 직업형태는 협동적, 개별적, 혹은 비협조적이었는가?

(2) 퀴아코스카의 가족미술평가

미술치료 영역에서 특히 가족에 대한 관심과 임상 실제를 실현한 사람으로 심각한 심리적 문제로 입원한 청소년이나 성인 가족을 대상으로 가족 미술치료를 실시하였다. 다음은 Kwiatkowska가 처음 가족을 만났을 때 실시하는 방법이다.

① 자유화: 생각나는 대로 자유롭게 그린다.
② 가족화: 자신을 포함하여 가족 개개인을 그린다. 인물의 부분만 그리지 말고 전체를 모두 그리도록 한다.
③ 추상적 가족화
④ 개인난화
⑤ 공동난화
⑥ 자유화

(3) 루빈의 가족미술평가

가족 그림 검사로 세가지 과제를 연속적으로 한다.

① 개인난화: 가족 각자 자신의 난화를 그린 후 이젤에 그림을 세워 그림설명 후 가족들에게 피드백을 받는다.
② 가족초상화: 가족원 각자 자기 가족을 상징하는 그림이나 조형물을 만든다. 작업이 끝난 후 가족원들의 작품을 배열하여 한 번에 볼 수 있도록 한다. 자신의 작품을 설명하고 서로의 작품에 대해 이야기 나눈다.
③ 공동벽화: 벽에 90×180cm 넓은 종이를 붙이고 가족원이 함께 공동작업을 한다. 가족의 상호작용을 확인한다.

(4) 위더슨의 가족미술치료 기법

부부와 다가족 미술치료(multiple-family art therapy)작업을 개척했다(1980).

① 말하지 않고 공동그림 그리기: 한 장의 종이에 말하지 않고 두 사람이 그림을 그린다. 비언어적 의사소통 방식을 확인할 수 있다.

② 결혼관계 추상화 그리기: 결혼관계에 대한 자신의 생각을 추상적으로 표현한다. 부부 서로에 대한 감정적 반응을 살펴볼 수 있다.

③ 자화상을 그려 배우자에게 준다: 자화상을 그려 배우자에게 주면, 배우자는 상대방의 그림에 추가하고 싶은 부분을 추가하여 그릴 수 있다. 완성된 작품을 소개하고 서로의 감정을 교류한다.

(5) 상담자의 역할(평가 작업)

① 언어적, 비언어적 상호작용과 더불어 가족체계에 관한 정보를 치료자에게 제공한다.

② 자아의 강약, 할당한 역할, 행동 형태, 의사소통유형, 그리고 가족의 상호작용 형태를 포함한다.

③ 상담자는 미술과제의 숨은 의미를 인지하지만, 가족구성원들은 그들이 은연중에 나타낸 의미를 인식하지 못한다. 왜냐하면 그림은 개방적인 의사소통이기 때문이다.

④ 그림이 완성됨에 따라 여기-지금의 경험에 초점을 맞추도록 도와주는 것이 필요하다(부모들이 사용하는 방어기제인 가족사에 대한 보고를 그만두게 하는 것)

⑤ 가족의 역할에 대해 토론하도록 함으로써 가족은 자기반성을 하게 된다.

⑥ 면접이 끝나기 전 상담자는 가족과정의 유지를 위해 그가 관찰한 것을 언급해야 한다.
(상담자가 언어적으로 진술한 상호작용의 평가는 시각적인 작품을 통해 더욱 명백해진다)

⑦ 미술과제는 상담자의 통찰력을 위한 기반으로 항상 언급되며, 전이현상으로 내담자들이 상담자를 전지전능한 존재로 생각하는 것을 방지해 주는 역할을 한다.

(6) 평가지침

M. Abrams에 의해 공식화된 지침을 소개한다. 정신역동적 공식화에 근거한 자료로 아동과 가족, 아동이나 가족에 대한 목표에 기초한 공식화, 이들 목표와 관련된 장·단기 목적들, 여기서 혹은 다른 어떤 곳에서 보다 더 서비스를 제공해 줄 수 있는 특별한 제안, 그리고 치료계획의 여러 가지 측면에 소요되는 시간 제시 등에 대한 설명을 독자에게 전달하기 위해서이다(권기덕·김동연·최외선, 2000).

① 정보규명(identifying information)

이름, 나이, 성별, 인종, 출생순위, 형제 수, 학교, 학년, 종교, 양친의 결혼상태를 포함한 생활상황(환경), 기타 가정에서의 생활 등. 의뢰된 이유와 배경 정보를 제공해 준(대개 부모) 사람의 정보에 대한 신뢰도를 판단한다.

② 현재 문제(presenting problems)

여기서 도움을 구하는 적당한 이유를 부여해 주는 부모의 말을 간단하게 인용한다. 그리고 도움을 받으려는 부모 태도, 또한 우리의 서비스에 대해 가지고 있는 부모의 기대 등도 언급한다. 부모가 말하는 증상이나 관심, 자신의 문제에 대한 아동, 청소년의 견해도 진술해 둔다. 왜 지금(보다 일찍 혹은 나중이 아니라) 도움을 찾는지도 진술해 둔다.

③ 과거력(past history)

도움을 요구하는 문제의 시작과 과정을 재검토한다. 도움을 요청하는 예를 들면, 부모나 환자의 주관적 불편함의 증가, 대인 문제 혹은 가족 내 문제의 증가, 학교에서의 충돌 등이다.

④ 이전의 정신병력(previous psychiatric history)

이전의 정신병력 상황의 특성, 사건을 촉발시킨 기간을 요약한다. 과거 혹은 현재의 투약 양, 빈도와 같은 의학적 치료도 주목한다. 내담자의 상황이나 이전 대리인들에게서 받았던 정보, 관련된 서비스를 제공한 전문가들에 대해서도 간략히 기술한다.

⑤ 치료력(medical history)

부모가 어떤 내과적/외과적 문제로 치료를 받았는지, 혹은 받지 않았는지, 처방된 약물 복용을 하고 있는지를 기록한다. 만약 그렇다면 ④에 기록한 것과 같은 정보를 제공해 준다.

⑥ 발달력(developmental history)

심리성적 발달과 관련된 정보는 과거의 스트레스나 외상, 성 경험 및 그에 대한 태도 등을 포함한다. 태아기 경험 및 출생 시 문제(출생 시 합병증)도 여기에 기록되어야 한다.

⑦ 사회력(social history)

부모에 대한 태도 및 관계(그리고 혹은 대리인들), 형제들에 대한 태도 및 관계, 또래 집단관계(친근감, 소외, 고립 등의 정도에 주의한다). 학교 적응, 학업 및 교육에 대한 자기 기대, 부모의 기대, 성취 및 실패 등을 포함한다.

⑧ 가족력(family history)

결혼생활 상태, 결혼력, 그리고 부모에 대한 진술을 간략하게 규명하는 것도 포함된다. 문제와 관련되는 자신의 배경에 대한 간략한 압축이 된다. 각 형제에 관련된 보다 자세한 정보도 포함된다. 가계도를 응용해 보아도 좋다.

⑨ 가족내 관계

a. 일반적 인상

가족 구성원들과 그들 상호작용에 대한 전체적인 인상을 요약하여 기술한다.

b. 정서표현

가족 구성원들 사이에서의 과잉흥분, 경직성, 연약함, 감수성, 둔감성 등과 같은 현저한 가족의 유형을 드러내는 정서를 확인한다.

c. 중요하게 살펴볼 부분은 다음과 같다.

- 의사소통 체계 – 구성원들은 서로에게 어떻게 말하는가?
- 가족의 역할 – 가족 내 어떤 역할이 만들어져 있는가, 그것들이 실제적이고 적합하며 안정되어 보이는가?
- 정서 교환 – 분노나 부드러움이 어떻게 표현되어지고 그것에 어떻게 반응하는가?
- 가족 내 연합, 분열 – 누가 누구와 연합되어 있는가? 분열되어 있는가?
- 갈등 해결 – 가족원들이 갈등을 어떻게 해결하는가?
- 자율성과 독립성 – 연령에 맞는 자율성에 대한 격려나 인식이 있는가?
- 분리 태도 – 분리를 어떻게 다루는가?

⑩ 정신상태(Mental status)

a. 일반적 인상

전체 성격으로 환자를 기술하며 그리고 의복, 걸음걸이(걷는 모양), 예의. 상담자에 대한 반응, 신체적 약점, 언어적 약점 등도 참고한다. 휴게실에서의 부모–아동 간의 상호작용에 대한 관찰도 포함된다. 확실한 지능과 언어적 의사소통에 대한 타당성, 언어의 특성과 명확성(명료화), 사고내용의 수준, 기억의 질(최근 대 과거), 정서 특성, 경계의 정도, 환각이나 망상 과정들의 증거, 독특한 행동이나 자세, 구체적 생각, 판단손상의 정도, 심리적 통찰 정도, 주의 집중, 시간 등에 관한 전체적 진술, 신경학적 혹은 손상의 증거를 포함한다.

b. 정서 표현

분노, 죄의식, 불안, 약한 감정 등을 나타내는지 주목한다.

c. 자아기제

방어기제를 주목하며 자아의 유동성, 감정, 경직성 등을 평가한다. 아동의 이상적 자아와 자아상을 평가한다. 퇴행, 의존성-부인, 빈약한 욕구좌절 내성 등에 대한 증거가 있는가?

⑪ 역동적 공식화(dynamic formulative)

성격장애가 생애 초기의 박탈 경험이나 외상(전 오디푸스기pre-oedipal)과 관련된 것인지 혹은 주로 오이디푸스기의 빈약한 훈습 경험이 표현에서 비롯된 것인지를 확고히 한다. 아동의 문제들이 가족 심리 역동적 유형들 속에서 어떻게 적절하게 보이는지 혹은 어떻게 가족 심리 역동적 유형들의 부분이 되는지를 명백히 한다. 아동은 적개심의 전치대상(희생양)인가? 그는 부모들을 위한 특별한 애착의 대상인가(대리인 욕구충족)? 그는 부모와 담합하고 있는가? 그는 가족을 위해 실패의 특별한 성취를 상징화하는가? 형제 유형은 어떠한가?

내담자에 있어서 어떤 심리 내적 기제들(방어 및 정신기제들)이 현저하며, 이것들이 현재 가족 관계에서 어떻게 강화되었는지를 설명하도록 한다. 덧붙여서 아동 및 가족 내에 어떤 강점들이 있는지도 설명한다.

⑫ 요약(summary)

평가에 대한 주요 생활력, 공식적 문제들을 요약한다.

⑬ 진단 시사(diagnostic impression)

a. 진단 범주 – 표준학명, DSM–V(diagnostic and statistical manual)

b. 나타난 상태를 보다 자세히 기술할 수 있는 기술적 진단 표현

⑭ 가족미술치료 회기의 전반적 평가서(권기덕 외, 2000).

a. 상황

병원이나 다른 유사 기관에서 실시

b. 가족

- 참여한 가족의 이름과 나이(참여하지 않은 가족도 동일하게 조사)
- 외모에 대한 간단한 서술
- 사회경제적 지위, 교육 정도
- 치료받게 된 경위
- 세션에 대한 가족의 태도

c. 특수사항

- 세션 직전에 어떤 일이 일어났는가? 그림이나 가족 행동에 영향을 미칠 요인은?
- 평가자의 입장–지도자, 참여자, 직원, 아는 사람, 평가자의 평가전의 기분

d. 미술작품

- 가족원의 이름
- 작품의 제목
- 그림의 의미있는 부분에 대한 간단한 서술
- 가족들의 언급과 평가자의 언급

e. 집단과정

그림을 바탕으로 한 가족역동성과 상호작용에 관한 관찰과 가족체계에 있어서의 변화(분열, 연합, 지배, 복종, 지도력)

f. 특기사항

그림과 가족의 의사소통을 기초로 한 진단과 시험적인 결론, 핵심적인 갈등과 그 해결책 및 세션 동안 수집된 각종 자료를 포함

g. 주관적인 반응

세션 동안 혹은 세션 후 평가자의 감정과 의식적이거나 무의식적으로 간과해 버린 중요한 것들을 포함

h. 평가자가 직면한 문제와 장애요소

가족 구성원들 각각 구별하여 평가하기

2 가족미술치료 사례분석

1) 사례

불안정한 가족의 관계회복을 위한 가족미술치료

2) 연구대상

본 연구대상 가족은 아버지, 어머니, 아들(고1), 딸(중2)로 구성된 4인 가족이다. 아버지와 어머니의 갈등이 심하고 부모-자녀 관계가 원만치 않다. 소통의 어려움이 크고 친밀감이 매우 부족하다.

3) 주 호소 문제

(1) 자녀의 주 호소 문제

부모님의 다툼이 심하여 집에 있는 것보다 밖에 있는 것이 더 좋다. 집이 편안하지 않다.

(2) 부모님의 주 호소 문제

- 아버지: 아내와 말이 통하지 않는다. 아내는 자기주장이 너무 심하고 입이 거칠다
- 어머니: 남편은 책임감이 없다. 결혼 후 지금까지 나를 너무 고생시킨다.

(3) 상담자의 주 호소 문제

부모님의 잦은 다툼으로 가정은 편안치 않은 곳이다. 자녀들은 집보다 밖이 더 편하다 하며 집에 머물기를 불편해한다. 부부 및 부모-자녀 관계 회복이 시급한 상황이다.

4) 연구기간 및 장소

2018년 7월 5일~2018년 9월 13일 까지 주 1회 총 8회기 프로그램을 ○○상담센터에서 진행하였다.

5) 연구프로그램 및 실시절차(〈표 8-3〉 참조)

(1) 초기 단계는 상담자와의 라포를 형성하며 가족의 역동성을 파악한다.
(2) 중기 단계는 감정에 대한 이해 및 표현, 표출을 통해 억제된 내면을 이완시킨다.
(3) 종결 단계는 가족 서로에 대한 이해를 통해 건강한 가족상을 구축한다.

6) 연구도구

사전·사후 가족체계진단법(언어적 가족화) 실시

7) 미술치료 프로그램

〈표 8-3〉 불안정한 가족의 관계회복을 위한 미술치료 프로그램

단계	회기	프로그램명	목표	활동내용	매체
초기	1	① 프로그램 소개 ② 사전 가족 체계진단법 (질적 검사)	① 프로그램 소개 ② 가족 역동파악	① 가족원 자기소개 및 가족의 문제 표현 ③ 가족 공동의 가족화 그리기(언어표현 가능)	색연필, 크레파스, 4절켄트지
	2	9분절 통합회화	자기이해 및 가족의 이해	부부 각각 도화지를 9개의 칸으로 나누어 자기와 관련된 9가지 그림을 그린다. 이후 작품을 발표한다.	도화지 2장, 색연필, 사인펜
	3	콜라주	내가 진심으로 원하는 것은? 욕구탐색	잡지, 신문 등에서 내가 원하는 것과 관련한 그림을 찾아 도화지에 붙인다. 이후 내가 원하는 삶과 관련한 것들은 무엇인지 이야기 나눈다.	도화지, 잡지류, 풀, 가위, 사인펜 등
중기	4	우드락격파	(부부참석) 억제된 내면의 감정을 자유롭게 표출, 발산한다.	우드락 판에 힘들게 했던, 속상했던 부정 감정 관련한 그림, 글 등을 적은 후 격파하여 부순다. 부부 서로를 힘들게 했던 상황들을 이야기하며 서로의 힘든 마음을 이해하고 위로한다.	우드락판 2장, 컬러 매직, 비닐봉지
	5	감정꾸러미	(자녀참석) 부정감정의 표출, 발산	신문지를 자유롭게 찢고 던지며 발산 활동을 한다. 이후 신문지 조각을 모아 소중한 나만의 감정꾸러미를 만든다.	신문지, 색한지, 매직, 리본, 테이프 등
후기	6	우리가족 강점꾸미기	우리가족 강점발견, 칭찬, 인정하기	강점 관련 작품을 완성 후 롤링페이퍼 형식으로 서로의 작품에 강섬을 석어준다	도화지, 색상지, 색종이, 풀, 가위, 색연필, 사인펜 등
	7	가면꾸미기	긍정적 자아상구축, 가족 서로의 긍정이미지 칭찬, 응원하기	희망하는 나의 가장 긍정적인 모습을 클레이, 컬러펜 등을 사용하여 가면으로 표현한다.	종이가면, 폼 클레이, 컬러점토, 유성매직, 색연필
	8	사후 가족 체계진단법 (질적 검사)	① 가족정서 및 역동 확인 ② 가족 서로에게 바라는 마음 속 이야기 전하기	사후 가족 공동의 가족화 그리기(언어사용 가능)	4절 켄트지, 크레파스, 색연필 등

8) 연구결과

(1) 질적 검사

① 개인행동 변화

〈표 8-4〉 개인행동 사전 · 사후 변화

항목	사전	사후
1. 가족의 정서 2. 가족의 역동 3. 가족관계	– 아버지: 딸에 대한 애정은 잘 표현되는 편이었으나 아내, 아들에 대한 애정, 친밀감은 없는 편. 우울감 있으며 아내에 대한 불만이 큼 – 어머니: 남편에 대한 미운 감정과 공격성 매우 심함. 자녀들에 대한 과도한 집착 행동으로 자녀들 불편해함 – 아들: 가족 일에 관심 없으며 친구들과 밖에서 대다수의 시간 보냄 – 딸: 아빠에 대한 좋은 감정은 있는 편이나 엄마와의 소통 힘들어함	– 아버지: 아내에 대한 미안함 표현하며 사과함. 자신의 우울한 감정을 이해하고 (자신을 실패자로 인식) 삶에 활력을 주는 방법을 찾고자 노력함 – 어머니: 남편의 감정을 이해하고 자신의 역기능적 소통 방법을 이해함. 남편에게 애정을 표현하며 행복한 가정으로의 변화를 다짐함 – 아들: 부모님의 변화 노력을 보며 자신도 가족 일에 좀 더 신경 쓸 것을 표현함 – 딸: 엄마와 긍정적인 대화를 하게 되며 편안해진 가족 분위기 만족스러워함

② 그림투사 변화

〈표 8-5〉 그림투사 사전 · 사후 변화

항목	사전	사후
가족체계 진단법 (언어적 가족화)	 **[그림 8-1]** 가족이 둘러앉아 식사하는 장면으로 평소의 모습이라고 함. 즐거운 식사 자리는 아닌 것 같다고 함. 그림의 일부분을 표현하지 않음(빈 공간을 채우지 못해 아쉬워함). 엄마 주도하에 가족들 눈치 보며 빈 공간에 그림 채움	 **[그림 8-2]** 엄마의 주도하에 가족원 각각 역할을 나누어 그림을 완성함. 밀어주고 끌어주는 가족, 나누며 사는 여유로운 마음을 가진 건강한 가족을 표현함 남편에 대한 애정어린 아내의 응원 메시지가 돋보임

9) 미술치료 작품사진

〈표 8-6〉 미술치료 작품사진

2회기	3회기	4회기
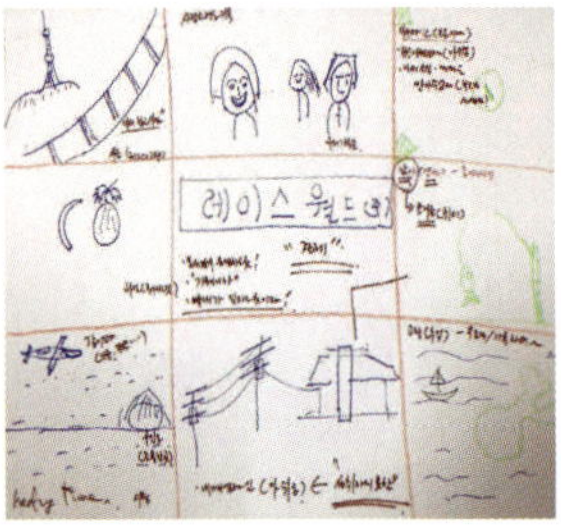		
[그림 8-3] 9분절통합회화	**[그림 8-4]** 콜라주	**[그림 8-5]** 우드락격파
5회기	6회기	7회기

[그림 8-6] 감정꾸러미	**[그림 8-7]** 우리가족 강점꾸미기	**[그림 8-8]** 가면꾸미기

3 가족미술치료 실습

1) 미술치료 기법: 우리가족 강점꾸미기

앞 사례에서 진행한 '우리가족 강점꾸미기'를 소개하고자 한다(〈표 8-7〉 참조). 아래 실습 방법과 상담 과정 적용, 응용을 바탕으로 내담자 상황에 맞게 적절하게 사용할 수 있다.

〈표 8-7〉 미술치료 실습(우리가족 강점꾸미기)

미술 매체	색상지, 잡지, 색종이, 풀, 가위, 색연필, 사인펜, 크레파스 등 컬러매체
방법	① 가족원 각자에게 희망하는 컬러의 색상지를 선택하도록 한다. 그림, 글 등을 적기 때문에 어두운 색상지는 제시하지 않는다. ② 각각 선택한 색상지에 잡지 속 사진이나 색종이, 그림 등으로 자신의 강점을 표현한다. ③ 가족 모두의 작품이 완성되면 한 명씩 돌아가며 자신의 작품을 소개한다. 작품 속 그림을 통해 표현한 강점을 가족들이 찾아 맞추어 보도록 한다. ④ 가족원들의 작품을 칭찬하고 표현한 강점을 인정하며 서로를 지지한다.
상담 과정 적용	① 우리 가족 강점발견의 중요성을 설명하며 미술활동 참여의 동기부여가 되게 한다. ② 치료사는 비지시적인 방법과 지시적인 방법을 적절하게 사용하여 자연스럽게 미술활동에 참여하도록 독려한다. ③ 치료사는 가족들이 먼저는 자신의 강점을 발견할 수 있도록 독려하며 이어 가족원들이 서로의 강점을 칭찬, 지지하는 분위기가 될 수 있도록 유도한다.

<table>
<tr><td>응용</td><td>① 이후 롤링페이퍼 형식으로 가족 각각의 작품을 옆으로 돌리어 자신이 생각하는 가족의 강점을 2~3개 정도 작품에 글로 적어준다. 이때 가족원들 각각 다른 컬러펜을 사용하도록 한다.
② 예를 들어, 작품을 오른쪽으로 돌리어 남편의 작품을 첫 번째 받았다면 남편의 작품에 남편의 강점을 적은 후 자신의 오른쪽에 앉은 가족에게 남편의 작품을 넘긴다. 이어 아들 작품을 받으면 아들의 강점을 적고 다시 오른쪽 옆에 앉은 가족에게 작품을 넘긴다. 이러한 순서로 자신의 작품이 가족원 모두를 지나 다시 자신에게 돌아오면 종료한다.
③ 이후 가족 한 명씩 자신의 작품에 적혀있는 강점을 크게 읽게 하며 적힌 강점 중 가장 마음에 드는 내용은 어떤 것인지, 강점내용이 마음에 드는지, 지금 기분은 어떤지 등을 질문한다.
④ 우리가족 강점꾸미기 활동을 하며 느낀 점, 도움이 된 점, 가족들에게 느끼는 현재의 감정 등에 대해 함께 이야기 나눈다.</td></tr>
<tr><td>작품 사진</td><td>
[그림 8-7] 우리가족 강점꾸미기</td></tr>
</table>

2) 치료 회기기록지

제시하는 치료 회기기록지는 미술치료 기법으로 소개하였던 '우기가족 강점꾸미기' 를 작성한 치료 회기기록지이다(〈표 8-8〉 참조). 상담 과정에서 상담자가 가족들에게 어떻게 진행하는지 핵심부분 위주로 작성하였다.

〈표 8-8〉 우리가족 강점꾸미기 치료 회기기록지

치료 회기기록지 (6) 회

<table>
<tr><td>날 짜</td><td>2018년 8월 16일</td><td>소요시간</td><td>pm 3:00-3:50</td></tr>
<tr><td>내 담 자 명</td><td>김○○씨와 아내, A(고등생 아들), B(중등생 딸)</td><td>상담자명</td><td>양○○</td></tr>
<tr><td>프로그램명</td><td colspan="3">우리가족 강점꾸미기</td></tr>
<tr><td>목 표</td><td colspan="3">가족의 강점을 발견하고 칭찬, 지지하며 서로를 격려한다.</td></tr>
<tr><td>준 비 물</td><td colspan="3">색상지, 잡지류, 색종이, 풀, 가위, 색연필, 사인펜, 크레파스 등 컬러매체</td></tr>
<tr><td rowspan="2">프로그램 전 분위기</td><td colspan="2">상담자의 언어 및 행동</td><td>내담자의 언어 및 행동</td></tr>
<tr><td colspan="2">(1) 안녕하세요~ 지난주 잘 지내셨나요?
(3) 네, 가족분들 표정이 좋아 보이세요. 우리 A와 B도 잘 지냈나요?
(5) 네, 그럼 가족분들 모두 별일 없이 잘 지내셨던 것으로 알고 오늘 진행할 프로그램 말씀드리겠습니다.</td><td>(2) 가족들: 네, 안녕하세요.
엄마: 네, 별일 없이 잘 지냈습니다.
(4) A, B: 네, 그냥 지냈어요.
(6) 아버지: 네, 진행하시죠.</td></tr>
<tr><td>치료과정</td><td colspan="2">(1) 먼저 테이블에 있는 다양한 색상지 중 각각 원하시는 컬러의 색상지를 하나씩 선택하시고 이후 여기 잡지 속 그림이나 색종이 아니면 본인이 그리고 싶은 것들을 그려 작품을 만들면 됩니다. 작품의 주제는 나의 강점발견으로 자신의 강점과 유사한 그림을 붙이거나 그림으로 표현하면 됩니다.
(3) 맞아요. 우리 B가 정확히 이해하였네요. 가족분들 각각의 강점을 색상지에 잘 표현해주세요.
(5) 자, 다들 완성되었나요?
(7) 네, 너무 잘하셨습니다. 아버지들 미술 작업 많이 어려워하시는데 아버님은 너무 잘하셨네요. 어머니, A,B 모두 잘하셨습니다. 지금부터는 돌아가며 자신의 작품을 설명해주시기 바랍니다.
(13) 모두 말씀 너무 잘하셨습니다. 아버지의 작품에서 아버지의 강점을 가족들이</td><td>(2) B: 먼저 좋아하는 색상지를 고르고 내 장점을 여기 책 사진이나 직접 그리거나, 색종이로 꾸미면 된다는 거죠?
(4) 네
(6) 아버지: 네, 뭐 그냥 했습니다. 사진 중 내 장점 비슷한 표현이 있는 것 같아 그런 것도 붙이고 여기 글로도 적었어요.
(8) 아버지: 제가 도화지에 붙인 그림은 시계와 돈, 산 그림이고 글로는 운동, 낚시를 적었습니다.
(9) B: 나 그림이 뭐를 말하는 건지 알 것 같아요. 시계는 시간 지키기고 산 그림은 등산을 좋아해서인 것 같은데?
(10) A: 등산을 좋아하기도 하고 산을 잘 오르셔서 산그림을 붙인 것 같은데요
(11) 엄마: 하트는 아마 애들에 대한 마음일 것 같은데요</td></tr>
</table>

	상담자의 언어 및 행동	내담자의 언어 및 행동
치료과정	이렇게 잘 찾을 수 있다니 대단하십니다. 특히 인상적인 부분은 한 번도 표현하지 않았던 가족에 대한 사랑..하트의 표현입니다. 사랑은 표현하셔야 하는데 왜 그동안 표현하지 못하셨을까요? (14) 아버지 말씀을 들으니 가족분들은 어떠세요? (16) 좋은 마음은 표현해야 하는데 비밀로 하지 않아도 되는 것을 그동안 너무 비밀로 하신 거예요. 이제는 좋은 마음을 숨기지 마시고 자주자주 표현하시면 좋을 것 같아요. 다음은 우리 어머니, 이어서 A, B 이렇게 돌아가면 작품 설명 부탁드릴께요 ———— 중략 ———— (17) 오늘 가족 모두 작품을 통해 자신의 강점을 잘 표현하셨고 또 미처 몰랐던 서로의 마음도 알 수 있었던 시간이었던 것 같습니다. 서로의 단점을 비난하고 질책하는 것은 마음의 상처를 만드는 것입니다. 하지만 강점을 칭찬하고 인정해주고 용기를 주는 것은 살아가는 힘을 불어넣어 주는 정말 좋은 영양제와 같습니다. 우리 가족분들 더욱 서로를 칭찬하고 사랑하며 사시면 좋겠습니다. (18) 모두 수고하셨습니다.	(12) 아버지: 맞아요. 제 장점은 시간 지키기, 등산, 운동, 낚시..고기를 잘 잡거든요. 하트는 애들뿐 아니라 우리 집사람에 대한 제 마음이에요. 이런 것 표현한 적 없는데 마침 잡지에 사진이 있어 붙여봤어요. (13) 그러네요. 왜 표현하지 못했을까요? (15) 엄마: 한 번도 없었어요. 저도 여기 하트를 표현했는데...남편하고 맨 날 싸우기만 해서 이런 하트를 표현할 거라고 생각 못 했어요. 그런데 아니네요. 저도 남편처럼 애들뿐 아니라 남편까지 사랑하는 마음이 있는 것 같아요 ———————————— (18) 아버지: 네, 오늘 정말 힘이 납니다. 감사합니다. (19) 어머니: 오늘 기분 좋네요. 남편, 애들 이야기도 듣고 좋은 점도 발견하고 칭찬해주니 정말 기분 좋아요 (20) A: 가족이랑 함께 좋은 이야기 나누어 좋은데 특히 아빠, 엄마가 우릴 많이 사랑하는 걸 알 것 같아요 (21) B: 사실 엄마, 아빠가 이제 서로 좋은 점만 보고 많이 안 다투면 좋겠어요.
내담자 평가	가족 모두 적극적으로 참여함. 특히, 아버지가 자신의 강점과 미처 표현치 못했던 가족 사랑을 전하며 그동안 잘 표현치 못했던 안타까움 표현함. 어머니 아버지의 마음표현을 들으며 본인 역시 남편에 대한 애정이 있음을 인식하고 그동안 남편에게 충족지 못한 애정을 자녀들에게 과잉 표현한 것 같다고 함. 엄마의 과잉 애정표현은 자녀들을 자유롭지 못하게 하고 이러한 영향은 친구들과의 관계에서도 부정적으로 나타나고 있음을 인식함	
다음 회기 계획	가면꾸미기(희망하는 나)	

4 가족 미술치료 프로그램

가족 미술치료 프로그램은 불안정한 정서 및 역동으로 인해 관계개선, 회복을 필요로 하는 가족을 위한 프로그램으로 상황에 맞게 적절하게 활용할 수 있다.

1) 가족 미술치료 프로그램

2) 대상

관계개선, 회복을 필요로 하는 가족

3) 회기별 미술치료 프로그램

〈표 8-9〉 가족 관계회복을 위한 미술치료 프로그램

회기	프로그램명	활동내용	기대효과
1	사전검사 : 가족체계진단법 (언어적, 비언어적)	1. 비언어적 방법: 가족이 함께 한 장의 종이에 말없이 각자 선택한 색으로 그리고 싶은 것을 그린다. 2. 언어적 방법: 가족이 함께 한 장의 종이에 자유롭게 대화하며 그림을 그린다.	가족의 위치, 역동, 정서의 탐색
2	가족의 상징	원하는 가족의 모습에 대해 이야기 후 찰흙으로 각자가 원하는 가족의 모습을 상징적으로 만들어 본다.	가족에 대한 인식 향상, 가족의 바램 간접 성취 경험

회기	프로그램명	활동내용	기대효과
3	콜라주 : 우리가족의 행복한 기억	가족이 함께했던 기억 또는 개인이 느끼고 있는 행복했던 가족의 기억을 콜라주로 표현한다.	가족 상호관계의 인식과 수용, 가족의 소중함 인식
4	가족 공동 만다라 : 행복한 우리 집	둥그런 큰 원을 가족 수 만큼 나누어 자른 후 가족들 각각 자신이 생각하는 행복한 우리 집을 표현한다. 이후 각각의 그림을 모아 원래 모양으로 만든다.	가족의 협동심, 창의성, 가족의 바램 표현
5	소중한 꾸러미(팀 작업)	경쾌한 음악과 함께 신문지를 마음껏 찢어본다. 다 찢은 후 조각들을 날려보고 그 위에서 구르며 즐긴 후 가족을 팀으로 나누어 팀별로 소중한 꾸러미를 만든다.	감정의 표출, 카타르시스의 경험, 팀별 협력 증진
6	가족벽화	벽에 큰 전지를 붙인 후 정원, 동물원, 수족관, 가족 여행 장면 등 가족이 함께 그린다.	가족 내 자기인식, 가족의 정체성, 가족의 협동심 발휘
7	신체꾸미기	각자의 신체 외곽을 본뜬 후 가족 모두가 함께 신체화에 긍정적인 글이나 칭찬, 느낌 등을 표현한다.	자아존중감 향상, 가족의 소중함, 가족사랑 인식
8	사후검사 : 가족체계진단법 (언어적, 비언어적)	사전작업과 동일	가족의 위치, 정서, 역동 등 사전검사의 변화 정도 확인

제9장

미술치료의 단계별 치료기법

미술치료의 목표는 초기면접과 양적, 질적 심리검사를 통해 정해지게 된다. 치료 목표가 설정되면 치료의 계획 단계로 접어들게 되는데, 이때 상담자는 치료에 대한 내담자의 동의를 받아야 하고 비밀 보장이나 윤리적인 사항들을 확인하며 치료의 준비작업을 하게 된다.

상담자는 설정된 목표를 달성하기 위해 구체적인 미술치료 프로그램을 계획하게 되는데, 이때 상담자마다 자신이 중심으로 두고 있는 심리이론과 임상경험에 따라 선택하는 프로그램 내용이 다를 수 있다. 프로그램의 내용은 진행의 과정에서 수정할 수 있고 때로는 내담자에게 가장 적절하다고 생각하는 자신만의 프로그램을 상담자가 고안하는 것도 좋은 방법이다.

미술치료 단계는 3단계(초기 단계 – 중기 단계 – 종결 단계) 혹은 4단계(초기 단계 – 표출 단계 – 실천 단계 – 종결 단계) 등으로 나눌 수 있으나 치료의 흐름은 거의 유사하다고 할 수 있다.

이 장에서는 4단계의 흐름으로 각 단계에 적용할 수 있는 치료기법을 살펴보고자 한다. 단계별 기법이라고 하여 반드시 그 단계에 국한되어 적용해야 하는 것은 아니고 다른 단계에서도 적절한 치료목표에 따라 적용할 수 있다.

1 초기 단계

미술치료의 초기 단계의 목표는 상담자와 내담자의 관계 형성, 미술표현과 매체에 대한 적응이라고 할 수 있다. 미술치료를 진행하기로 동의했다 하더라도 미술표현에 대한 두려움이 있거나 익숙하지 않은 내담자는 이 단계에서 저항을 보일 수 있다. 따라서 상담자는 내담자가 편안하게 자신의 내면을 표현할 수 있는 분위기를 조성하여 내담자의 미술표현에 대한 두려움을 극복할 수 있도록 도와주어야 한다. 미술표현에 대한 거부감을 감소시키고 내담자의 미술표현을 촉진시킬 수 있는 기법들을 살펴보도록 한다.

1) 출발그림

출발그림은 그림을 그릴 때의 저항이나 두려움을 감소시키고 그림 그리기를 자극하고 촉진하는 데 사용할 수 있다. 도화지에 상담자가 잡지의 그림을 오려 붙여주거나 그려주는 방법이다.

(1) 목표

미술표현에 대한 저항과 두려움을 감소시키고 표현을 촉진한다.

(2) 준비물

도화지, 잡지, 가위, 풀, 색연필, 사인펜, 크레파스 등

(3) 내용

① 상담자는 잡지를 보고 적절한 사진을 오려서 도화지에 붙여주거나 간단한 도형을 그려준다.

② 내담자는 그 사진이나 도형에 더하여 자유롭게 원하는 대로 그림을 완성한다.

③ 작품에 제목을 붙이고 이야기를 나누어 본다.

(4) 적용

① 개인 상담에서는 상담자가 내담자의 표현을 촉진할 수 있는 사진이나 그림을 적절하게 선택하여 제시한다.

② 몇 가지 사진이나 그림을 붙이거나 그려진 그림을 제시하고 내담자가 마음에 드는 것을 선택하는 방법도 있다.

③ 난화게임의 도형을 선택하여 표현할 수도 있다.

2) 별칭 짓기

집단상담의 경우 첫 회기에서 내담자들로 하여금 자기소개를 하도록 유도하는데, 이때 상담자는 내담자에게 지지와 격려를 제공하여 편안하게 자기표현을 할 수 있도록 하는 것이 중요하다.

(1) 목표

초기 단계의 어색함을 줄여주고 미래의 긍정적인 자신의 모습을 생각하면서 자신의 존재 의미와 중요성을 인식하고 자신이 지향하는 삶의 방향을 알 수 있도록 한다.

(2) 준비물

도화지, 색연필, 파스텔, 크레파스, 사인펜 등

(3) 내용

① 자신이 자주 불리던 별칭을 생각해 본다. 그 별칭이 마음에 들면 그 별칭을 적는다.
② 그 별칭이 마음에 들지 않는 경우 자신의 긍정적인 미래상을 생각하면서 자신이 불리고 싶은 별칭을 지어 본다.
③ 별칭이 가지고 있는 의미를 생각해 보며 별칭을 예쁘게 꾸며주고 별칭이 주는 이미지를 상징적으로나 사실적으로 표현한다.
④ 그림이 완성되었으면 각자의 별칭에 대해 이야기를 나누면서 자신을 소개한다.

(4) 적용

① 미술표현을 하기 전과 마친 후 자신의 모습에 대해 어떠한 생각이 들었는지 이야기를 나눈다.
② 별칭에 나타난 상징이나 의미에 대해서 서로 이야기를 하고 느낌을 나눈다.
③ 집단치료의 경우 자신이 별칭을 정하지 못하면 다른 집단원들이 별칭을 지어주는 방법도 있다.
④ 자신의 이름을 가지고 이름의 의미와 상징에 대해 이야기를 나누어도 좋다.
⑤ 대안적 기법으로 이름 꾸미기, 문패 만들기 등이 있다.

[그림 9-1] 별칭 짓기

3) 난화(scribble)

난화는 내담자가 자유롭게 하는 표현을 통해 미술표현에 대한 저항을 감소시키고 내면에 자리 잡은 무의식을 표출하도록 하는 기법이다.

(1) 목표

① 상담자와 내담자 간의 신뢰감을 형성하며 내담자의 저항감을 줄일 수 있다.
② 내담자 자신의 무의식을 의식화하는데 도움을 준다.

(2) 준비물

도화지, 연필, 크레파스, 색연필

(3) 내용

① 돌아다니거나 팔을 돌리고 전신을 움직이면서 경직되고 억압된 몸과 마음을 이완시킨다.

② 도화지에 낙서하듯 자유롭게 선을 그린다.
③ 그려진 선을 이리저리 돌려 보면서 이미지를 떠올린다.
④ 이미지가 떠오르면 선을 첨가하거나 색칠을 하여 이미지를 구체화한다.

(4) 적용

① 연상 작업을 통하여 난화에서 찾은 그림을 내담자의 심리 및 생활과 관련지어 이야기를 나눈다.
② 그림이 자신에게 보내는 메시지를 찾아본다.

4) 난화게임

난화게임은 내담자에게 선이나 도형을 그려주고(직선, 곡선, 지그재그, 원, 삼각형, 사각형, 마름모 등) 그 선이나 도형을 사용하여 그림을 완성하는 방법으로 진행한다.

(1) 목표

상담자와 내담자와의 의사소통을 증진시키고 친밀감을 형성하며, 내담자로 하여금 자신의 내면을 표출하도록 한다.

(2) 준비물

도화지, 연필, 지우개, 크레파스나 색연필

(3) 내용

① 상담자가 종이에 한 가지 색으로 단순한 선(직선, 곡선, 지그재그선, 원 등)

이나 도형(삼각형, 사각형, 마름모 등)을 그려 내담자에게 제시한다.

② 상담자는 내담자에게 제시한 선이나 도형을 이용하여 그리고 싶은 것은 무엇이든지 그려도 좋다고 이야기한다.

③ 내담자는 상담자가 그려준 선이나 도형을 이용하여 그리고 싶은 것을 그려 난화를 완성한다.

④ 선으로만 그려도 좋고 색을 칠해도 좋다고 말한다.

⑤ 그림을 완성했을 때 상담자는 그림의 내용과 그릴 때의 느낌에 대해 내담자와 이야기를 나눈다.

(4) 적용

① 집단상담에 적용할 때는 집단원들을 두 명씩 짝을 지어 서로 선이나 도형을 제시하고 또 완성하도록 진행한다.

[그림 9-2] 난화게임

5) 만다라 그리기(색칠하기)

만다라 그리기 혹은 색칠하기는 내면의 억압된 감정을 표현하고 정화를 경험할 수 있으며 크레파스나 색연필을 사용하여 그림을 그리거나 색칠을 해 볼 수 있다.

(1) 목표

① 내면에 억압된 스트레스를 안정된 환경에서 표출하고 해소한다.
② 만다라 표현을 통해 감정의 표현, 정화와 내면의 치유적인 효과를 경험해 본다.
③ 만다라 작업을 통해 심리적, 정서적 안정감을 느끼며 자신 안의 새로운 에너지를 발견할 수 있다.

(2) 준비물

다양한 만다라 문양, 도화지, 접시나 컴퍼스, 색연필, 크레파스, 사인펜 등

(3) 내용

① 준비한 재료를 앞에 놓고 편안하게 앉아서 몸과 마음을 이완 한다.
② 눈을 감고 내면에 떠오르는 색, 형태, 느낌 등으로 이미지를 바라본다.
③ 눈을 뜨고 접시를 엎어놓거나 컴퍼스로 동그라미를 그리고 그 안에 마음속에 그리고자 하는 그림을 자유롭게 그려 본다.
④ 또는 여러 가지 문양 중에서 마음에 드는 것을 선택하여 원형 속에 색을 채워 넣는다. 원의 중심부터 혹은 가장자리부터 시작한다.
⑤ 작업이 끝난 후에는 그림을 돌려가며 여러 각도에서 바라보고 적절한 방위가 결정되면 위쪽 상단에 't'자를 표시한다.
⑥ 완성된 만다라를 마주하고 앉아 떠오르는 단어나 느낌을 적고 제목을 붙인다. 연도를 포함한 날짜와 시간을 적고 하루에 1개 이상 그렸다면 그린 순서대로 번호를 매겨 놓는다.

(4) 적용

① 조용한 음악을 들으면서 작업을 하면 마음을 안정시키는 데 도움이 된다.
② 원형 안에 그림을 그리고 나서 필요하면 원 밖에도 그림을 그려보도록 한다.
③ 중심부에 칠해진 색이나 가장 넓은 부분을 차지하는 색은 의미가 있으니 색채 분석을 함께해 보아도 좋다.

[그림 9-3] 만다라 색칠하기

6) 과자 만다라

뻥튀기 위에 물엿과 작은 과자류를 이용하여 구상 만다라를 제작한다.

(1) 목표

내면의 표출과 라포 형성, 그리고 만다라 작업을 통한 심신의 평화와 안정, 이완과 즐거움을 체험해본다.

(2) 준비물

뻥튀기, 물엿, 나무젓가락, 종이컵, 여러 가지 종류의 과자, 비닐백, 물티슈, 도화지 등

(3) 내용

① 눈을 감고 음악을 듣거나 조용한 분위기를 조성하여 내면의 목소리에 귀를 기울여 본다.

② 도화지 위에 뻥튀기를 1~2개씩 올려놓은 다음, 종이컵에 물엿을 1/4정도 담고, 나무젓가락으로 물엿을 찍어서 뻥튀기 위에 바르고 나서 그 위에 여러 가지 과자를 붙여 자신의 마음이 가는 대로 표현을 해 본다.

③ 완성된 작품을 가지고 이야기를 나눈다. 작품을 만들기 전의 느낌, 만들 때의 느낌과 만들고 난 후의 느낌을 이야기한다.

(4) 적용

① 과자를 이용하기 때문에 아동, 성인, 노인 모두 좋아하는 매체로서 임상의 1회기나 초기 단계에 적용하면 미술치료에 대한 기대를 높여주고 상담자와 내담자 간의 라포 형성에 도움이 된다.

② 과자는 가볍고 작은 것일수록 표현이 자유롭다.

③ 내담자가 가져갈 수 있도록 비닐백이나 쇼핑백을 준비해주면 좋다.

[그림 9-4] 과자 만다라

2 표출 단계

표출 단계는 내담자의 내면에 있는 여러 가지 감정과 욕구가 자유롭게 표출되는 단계이다. 상담자는 내담자의 다양한 심리표현을 위해 자신의 창조성을 발휘하여 서두르지 말고 내담자에게 개방적으로 접근을 해야 한다. 이때 상담자는 자신의 이론적 틀을 활용하여 일관되게 치료과정을 이끌어나가는 것이 바람직하다. 내담자의 감정에 집중하여 공감해주고 내담자가 침묵할 때 이를 수용해주며, 내담자가 자신의 문제를 분명하게 인식할 수 있도록 도움을 제공하게 된다.

1) 콜라주

(1) 목표

내담자의 현재의 심리적 상황에 대해 인식하고, 미술표현에 대한 두려움을 감소시키며 내담자로 하여금 편안하게 미술치료에 참여하도록 한다.

(2) 준비물

도화지, 다양한 종류의 잡지, 풀, 가위 등

(3) 방법

* 지시문 – "잡지에 있는 사진이나 그림, 숫자, 글 중에서 당신이 마음에 드는 것(좋아하는 것)을 오리거나 찢어서 종이에 붙여보세요."

① 콜라주는 처음 미술치료를 접할 때 쉽게 접근할 수 있는 매체이므로 그림을 그리는 것보다 훨씬 쉽게 자신을 표현할 수 있다.

② 자신이 선택한 그림이나 글자의 의미를 언어로 표현하도록 한다.
③ 이때, 상담자는 내담자가 표현한 상징적인 내용과 자신의 모습을 통찰할 수 있도록 도와준다(상담자는 내담자에게 적절한 질문을 통해 내담자가 자신에 대해 생각할 수 있는 기회를 줄 수 있다).
④ 내담자가 자신의 작품을 언어로 표현할 수 있도록 상담자는 여유 있게 기다려 준다.

(4) 적용

① 잡지를 준비할 때 내담자의 연령이나 성별을 고려해서 준비해야 한다. 예를 들어 아동인 경우 아이들이 볼 수 있는 잡지를 준비하고 남자인 경우 남자들의 관심거리들이 있는 낚시, 자동차 등에 관한 잡지를 준비하는 것이 좋다.
② 콜라주 작업은 미술치료 초기에 실시하면 작업 참여에 대한 어색함과 미술에 대한 부담감을 줄이고 쉽게 미술치료 장면으로 몰입할 수 있도록 하는 장점이 있다.
③ 콜라주를 실시할 때 다양한 오브제 재료(예: 여러 가지 재활용 제품이나, 곡물, 자연물) 등을 사용하는 것도 좋은 방법이다.

[그림 9-5] 콜라주

2) 핑거페인팅

(1) 목표

(2) 준비물

밀가루 풀, 물감, 아크릴판이나 아세테이트지, 도화지, 신문지, 물티슈 등

(3) 내용

① 밀가루 풀을 아크릴판이나 아세테이트지에 적당한 양만큼 올려놓는다.
② 원하는 색깔의 물감을 밀가루 풀에 손으로 섞는다.
③ 풀물감이 만들어지면 손으로 자유롭게 문지르거나 섞어 마음껏 표현하도록 한다.
④ 도화지에 풀물감을 찍어보거나 직접 그려보기도 한다.
⑤ 표현하고 난 후 내담자의 느낌이 어떤지 이야기를 나누어 본다.

(4) 적용

① 계절에 따라 풀의 온도를 적절하게 하여 내담자에게 제공하면 편안함을 줄 수 있다(예, 여름에는 시원하게, 겨울에는 따뜻하게).
② 핑거페인팅은 매체가 유연하므로 긴장감을 줄이고, 내담자를 이완시킬 수 있다.
③ 핑거페인팅을 할 때, 다른 찰흙이나 지점토, 색 모래 등을 섞어서 사용할 수도 있다.

[그림 9-6] 핑거페인팅

3) 가면 만들기

(1) 목표

내담자의 내면에 감추어져 있는 모습을 표현하게 하고 이를 통해 내담자가 자신에 대한 깊은 이해를 할 수 있도록 돕는다.

(2) 준비물

석고 붕대, 연필, 지우개, 아크릴물감, 크레파스, 붓, 물통, 또는 유성 매직, 반짝이 풀, 다양한 장식재료

(3) 내용

① 일상 속에서의 위장된 모습이나 타인과의 관계 속에서 자신의 진정한 모습은 어떤 것인지 생각해 본다.

* 지시문: "당신이 어떤 모습으로 생활하는지, 당신이 생각하는 타인과의 관계 속에서의 자신의 모습을 표현해 보세요. 자신의 얼굴 모양을 본뜬 가면 위에

자신의 모습을 그려보세요"

② 두 사람씩 짝을 지어 석고 붕대를 적당한 크기로 자른 후 물을 묻혀 서로의 얼굴 위에 올려놓고 본을 뜬다.

③ 석고 붕대가 적당한 두께로 고르게 붙여졌으면 굳어질 때까지 기다렸다가 얼굴에서 떼어내고 그 위에 아크릴물감으로 자신의 가면을 그려 본다.

④ 작품이 완성되면 내담자에게 자신의 가면에 대해 설명하도록 한다.

(4) 적용

① 내담자가 자신의 어떤 모습을 가면으로 표현하였는지 주로 어떤 사람 또는 상황에서 이러한 가면을 쓰고 생활하는지, 가면을 쓰고 살아갈 때 자신의 감정 등을 표현하도록 한다. 또 완성된 가면을 직접 써보도록 하고 느낌을 표현하도록 한다.

② 가면 틀을 준비하여 유성 매직과 반짝이 풀로 표현하거나 도화지에 크레파스를 이용하여 평면적으로 표현할 수도 있다.

4) 풍선 터뜨리기

(1) 목표

내담자의 감정 표출을 통해 스트레스를 해소하고 카타르시스를 경험하도록 한다.

(2) 준비물

풍선, 유성 매직, 사인펜 등

(3) 내용

① 여러 가지 색의 풍선 중 선택하고 싶은 풍선을 고른다.
② 신나는 음악에 맞춰 풍선을 손으로 튕기기, 주고받기 등을 하며 놀이를 한다.
③ 풍선에 자신의 스트레스 상황, 자신을 힘들게 하는 사람을 그리거나 생각, 감정을 쓰도록 한다.
④ 자신의 스트레스에 관한 이야기를 나눈다.
⑤ 풍선을 어떻게 터뜨리고 싶은지 방법에 관해 이야기를 나누고 터뜨린다.
⑥ 터뜨리고 나서의 감정에 대해 이야기한다.

(4) 적용

풍선이 터지는 소리를 무서워하는 내담자의 경우는 상담자가 터뜨려주어도 된다.

5) 신문지 찢기와 감정꾸러미

(1) 목표

자신의 현재 감정을 인식하고 자유롭게 표출할 수 있도록 한다.

(2) 준비물

충분한 양의 신문지, 잡지, 에어캡, 여러 가지 색의 한지, 끈, 리본, 테이프

(3) 내용

① 신문지와 잡지를 찢고 에어캡을 손으로 터뜨리거나 밟으며 자신의 스트레스를 마음껏 푼다.
② 신문지가 산처럼 쌓일 때까지 계속해서 찢고 구기며 마음속의 감정을 마음껏 발산한다.

③ 신문지가 소복이 쌓인 곳에 누워보고 뒹굴어보며 신체적 에너지를 발산하고 또 뿌려보기도 한다.
④ 평소에 느끼는 자신의 감정들을 생각한 후 그 감정의 양만큼 종이를 가져온다.
⑤ 각각의 감정들을 그 감정에 어울리는 색의 한지를 선택하여 묶는다.
⑥ 크기가 너무 크면 테이프로 고정을 하고 나서 지끈이나 리본으로 묶는다.
⑦ 각각의 감정을 담은 꾸러미에 이름을 붙이고 이야기를 나눈다.

(4) 적용

① 어떤 경우에 이런 감정들을 느끼는지 또 작업하기 전의 느낌과 지금의 느낌은 어떠한지를 이야기 한다.
② 다양한 감정에 대해 이야기를 나누다 보면 힘들고 무거운 감정에 접근할 수도 있는데 이를 극복할 수 있도록 내담자에게 격려와 지지를 제공하고 '힘이 되었던 것은 무엇이었는지'에 대해 이야기를 나누는 것이 좋다.

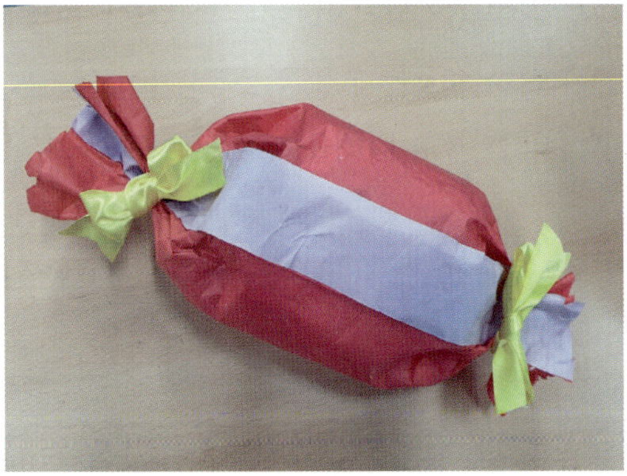

[그림 9-7] 감정꾸러미

6) 우드락 부수기

(1) 목표

신체적 움직임을 통해 심리적인 자유로움을 경험하고 감정분출과 스트레스 해소를 돕는다. 나아가 창의적 표현 경험은 긍정적 에너지의 전환을 가져온다.

(2) 준비물

우드락 전지, 유성 매직, 이쑤시개, 가위, 목공풀 등

(3) 내용

① 최근에 느낀 스트레스와 기분에 대해 생각해 본다.
② 우드락에 스트레스를 주는 사람, 상황에 대해 글과 그림으로 표현한 후 이야기를 나눈다.
③ ②를 격파하거나 부수거나 밟는 활동을 통해 감정을 분출한다.
④ 우드락 조각을 이용하여 각자 떠오르는 것을 자유롭게 만든다.
⑤ 제목을 정하고 작품을 소개한다.

(4) 적용

우드락을 부술 때 많은 내담자들이 후련함을 느끼긴 하지만 소리에 민감한 내담자는 우드락을 격파할 때 두려움을 느낄 수 있으므로 주의를 기울인다.

조각난 우드락을 이쑤시개로 연결하여 탑이나 성 쌓기 게임으로 진행할 수도 있다.

3 실천 단계

치료가 진행되면서 내담자는 자신에 관하여 보다 깊은 인식과 이해를 하게 된다. 이는 내담자의 자아가 강화되는 중요한 단계로서 내담자가 자신의 문제를 깊이 탐색하고 본격적으로 문제의 해결로 나아갈 수 있다. 내담자는 자기 이해를 통해 자신의 시각과 태도가 자신의 문제와 어떤 관련이 있는지 분명히 인식하게 되고, 문제 해결을 위한 행동 변화를 가져오게 된다. 이 단계에서는 내담자의 작품에 대한 해석이 중요하며, 작품 과정, 형태, 내용에 대한 해석이 이루어진다.

1) 내 인생의 중요한 세 사람

(1) 목표

① 내담자의 대인관계를 살펴보고, 삶에 중요한 영향을 미치는 사람에 대한 이해를 돕는다.

② 내면의 긍정적, 부정적인 감정을 표현함으로써 자신의 대인관계에서의 패턴을 객관화해서 이해하게 한다.

(2) 준비물

도화지, 크레파스, 색연필, 사인펜 등

(3) 내용

① 이 기법은 대인관계 속에서 자신의 모습을 객관화 시켜 보고, 내담자 자신의

삶에 긍정적, 부정적 영향을 미친 사람에 대해 살펴봄으로써 내담자가 가지고 있는 내면의 감정을 정화할 수 있는 계기가 된다.

"마음을 편안하게 이완해보세요. 조용히 눈을 감고 잠시 생각해도 좋습니다. 당신은 살아오면서 많은 사람을 만났을 것입니다. 그 많은 사람 중에 나에게 긍정적인 영향을 준 사람도 있고 나를 힘들게 하거나 방해를 한 사람도 있었을 것입니다. 어떤 사람들이 생각나는지요? 자 그중 세 사람만 떠올려 보세요. 그 사람들은 나에게 어떤 사람이었나요?(2~3분 정도 생각할 수 있도록 시간을 준다) 내 마음에 떠오르는 그 사람들에 대한 이미지를 그림으로 표현해보세요."

(4) 적용

① 자신의 인생에 영향을 미친 사람을 선택하는 과정은 미술치료 과정에서 중요한 자기 노출의 과정이 될 수 있다. 때로는 내담자가 쉽게 이미지를 그리고 표현하지만, 표현이 힘든 내담자도 있다. 그리고 작품으로 완성은 하였지만, 언어화를 힘들어하는 경우도 있다. 이럴 때는 그림을 그리거나 이야기를 하도록 강요하지 말고 내담자가 작업 과정 속에서의 느낌을 깊이 경험해 볼 수 있도록 그 시간을 중요하게 다루는 것이 더 중요하다.

② 상담자는 여유 있게 기다려 주고 표현이 끝나면 내담자와 함께 작품에 관하여 이야기하도록 한다.

③ 내담자가 꼭 세 사람만 표현해야 하는지 질문할 때는 더 많은 사람을 표현하고 싶으면 표현해도 된다고 대답해 준다.

[그림 9-8] 내 인생의 중요한 세 사람

2) 나의 자랑거리

(1) 목표

자신의 장점을 찾아봄으로써 내담자가 자존감을 향상시키고 자신감을 갖도록 한다.

(2) 준비물

도화지, 사인펜, 색연필, 색종이, 가위, 풀 등

(3) 내용

① '나의 자랑거리'를 생각해보도록 한다.
② 색종이를 원하는 모양으로 오려서 도화지에 구성한다.
③ 자신이 좋아하는 것, 잘하는 것, 외모, 환경적인 자원 중에서 장점을 색종이에 써서 붙인다.
④ 작품이 완성되면 자신의 좋은 점, 자랑거리에 대해 이야기를 나눈다.

(4) 적용

① 내담자가 자신은 장점이 하나도 없다고 말하는 경우도 있다. 이 경우 상담자는 내담자가 할 수 있는 것에는 어떤 것이 있는지, 잘하는 것은 무엇인지 등에 관한 질문을 하나씩 하면서 자신의 좋은 점을 많이 찾아낼 수 있도록 도움을 주어야 한다.

② 내담자가 자신의 장점을 인식하고 수용할 수 있도록 도와주는 데 초점을 맞추고 이러한 점을 지속시킬 수 있도록, 그리고 이러한 장점을 최대한 활용하는 삶을 살아가도록 내담자를 도와주는 것이 상담자의 중요한 역할이다.

③ 내담자가 자신의 장점을 자랑하는 시간을 가진다. 부끄러워하고 수줍어하는 내담자에게 용기와 힘을 주며 듣는 사람은 아주 부러운 마음으로 박수와 칭찬을 함께 보내준다.

④ 집단에서는 자신이 갖고 싶은 장점을 가진 다른 사람에게 가서 손을 얹어 표시하고 그 이유를 설명한다. 아무도 손을 얹지 않은 집단원이 있다면 다른 집단원들과 상담자가 장점을 찾아주고, 자신이 갖고 싶은 장점을 표현할 기회를 준다.

⑤ 마칠 무렵에는 내담자의 좋은 점이 얼마나 많은지 또한 얼마나 특별한 사람인지에 관해 이야기를 해 주고 내담자가 자신에 관해 좋은 감정을 더 많이 가질 수 있도록 한다.

⑥ 이 프로그램은 실물 크기로 신체 본뜨기를 한 다음 자신의 장점을 찾아 그 안에 꾸며주는 것으로 응용하는 것도 좋다.

3) 삶의 여정

(1) 목표

자신의 과거, 현재의 모습을 표현하도록 하여 삶의 여정을 돌아보고 자신을 이해하며 미래를 향해 나아가는 긍정적인 자아상을 갖도록 한다.

(2) 준비물

다양한 크기의 도화지, 색연필, 사인펜, 크레파스 등

(3) 내용

* 지시문: "출생해서 현재까지 살아오면서 했던 경험 중에서 긍정적인 사건은 수평선 위에 표시하고, 부정적이고 힘들다고 생각했던 사건은 수평선 아래에 표시하도록 합니다."

① 종이를 반으로 나누어 위에는 +, 아래에는 -를 표시한다.
② 눈을 감고 과거부터 현재까지의 자신의 모습을 생각한다.
③ 내담자의 연령에 따라 10대, 20대, 30대, 40대, 50대, 60대 순으로 나누어 표시하거나 자신이 기억나는 일 또는 이루고 싶은 일을 중심으로 표시하도록 한다.
④ 표시한 생활선을 서로 연결하도록 한다.
⑤ 각 사건을 어떻게 선택을 했는지 이야기하도록 한다.

(4) 적용

내담자에게 자신의 삶의 과정을 살펴볼 수 있는 기회를 제공하게 된다. 자신의 삶 속에서 긍정적인 부분과 부정적인 부분, 상처에 대해 그리고 과거와 현재, 원하는 미래의 모습에 대해 살펴볼 수 있다.

4) 석고 손 본뜨기

(1) 목표

석고라는 새로운 매체를 통해 흥미와 동기를 유발시키고 내면의 자아를 이해하고자 한다. 또한 긍정적인 미래상을 부각시켜 자긍심을 높이고자 한다.

(2) 준비물

석고 붕대, 가위, 종이컵, 물, 핸드크림, 아크릴 물감, 붓 등

(3) 내용

① 핸드크림으로 내담자의 손을 마사지해주며 심리적 이완과 친밀감을 형성한다.
② 내담자로 하여금 원하는 모양의 손 포즈를 취하게 한다.
③ 석고 붕대를 잘라 미지근한 물에 적셔 겉면이 위로 올라오게 손등과 손가락에 올려놓고 가볍게 문지른다.
④ ③과 같은 방법으로 3~4겹을 반복한 후 석고가 굳을 때까지 기다린다.
⑤ 석고 붕대 손끝을 조심스럽게 들어 올리며 하나씩 분리시킨 후 손에서 완전히 빼낸다.
⑥ 석고 붕대 손 주변을 가위로 정리한다.
⑦ 석고 붕대가 완전히 마르기를 기다려 아크릴 물감으로 채색한다.
⑧ 자신의 손을 소개하고 이야기를 나눈다.

(4) 적용

① 아크릴 물감을 사용하기 어려운 경우에는 유성 매직과 반짝이 풀을 사용하여 표현하도록 할 수 있다.
② 영구적으로 보관이 가능하므로 내담자의 자존감 향상에 효과적인 매체이다.

5) 데칼코마니

(1) 목표

자신의 내면의 감정에 대한 깊은 자각을 할 수 있게 한다.

(2) 준비물

도화지, 물감, 스카치테이프

(3) 내용

① 도화지를 4장씩 가지고 물감을 이용하여 기쁨, 슬픔, 행복, 분노의 4가지 감정을 데칼코마니의 기법을 사용하여 표현한다(물감을 짜서 모양을 만들고 반으로 접었다 펼치는 기법).

② 완성된 작품을 벽에 붙인다.

③ 작업이 끝나면 내담자에게 자신의 작품에 대해 설명하도록 한다(어떨 때 기쁜지, 슬픈지, 행복한지, 화가 나는지 그리고 그럴 땐 어떻게 하는지 등). 그리고 자신의 작품에서 새롭게 보이는 것이나 자신의 감정의 특징을 설명할 수 있는지에 관해 이야기를 나눈다.

④ 집단의 경우에는 다른 사람의 작품에서 보이는 것도 함께 나누어 본다.

(4) 적용

① 내담자는 이 작업을 통해 자신의 감정에 대해 생각하게 되고, 특히 작품을 완성하고 나서 자신의 모습을 객관화하여 살펴보는 계기를 가지게 된다.

[그림 9-9] 데칼코마니

6) 자아상

(1) 목표

① 자신이 지각하고 있는 자아상이나 자아개념을 파악한다.

② 자신의 내면의 심리적 상황을 파악한다.

(2) 준비물

다양한 크기의 종이, 색연필, 크레파스

(3) 방법

① 어린 시절부터 현재까지의 생활을 회상하며 자신이 어떤 모습으로 살아오고 있는지 생각하거나 미래에 어떤 모습으로 살아가고 싶은지 생각하게 한다.

② 이 과정에서 떠오르는 자신의 모습을 이미지화한다.

③ 자신의 이미지를 상징적이나 사실적으로 표현하게 한다.

④ 그림에 관련된 질문을 하고 내담자의 반응에 대해 서로 이야기를 한다.

(4) 적용

① 표현된 그림을 보고 어떤 느낌인지?

② 이 모습이 현재의 생활에 어떠한 영향을 미치는지?

③ 바라는 자신의 자아상은 어떤 모습인지?

④ 원하는 모습으로 되기 위해서 필요한 것은 무엇이며, 자신이 할 수 있는 것은 어떤 것이 있는지 등에 관해 이야기를 나눈다.

[그림 9-10] 자아상

4 종결 단계

내담자는 자신의 문제를 해결하는 과정을 경험하고 자신을 수용하며, 현실에 대한 적응과 자존감이 향상되어 종결을 맞이하게 된다. 대부분의 종결은 치료 목표가 달성되었을 때 이루어지고 성취감을 경험하는 경우가 많으며, 때로 상담자와의 분리감, 상실감 등의 복합적 감정이 나타나기도 한다. 상담자와 선물을 주고받거나 작품 파일을 만드는 작업이 이루어지면 내담자에게 안정감을 줄 수 있다.

1) 희망나무

(1) 목표

자신의 바람과 욕구를 표현하고 미래의 방향을 설정하여 희망을 고취시킨다.

(2) 준비물

우드락(또는 골판지), 우드락 커터, 색종이, 풀, 가위, 사인펜, 스티커, 풍선, 다양한 장식재료, 접착제, 글루건 등

(3) 내용

① 내담자에게 자신의 진로와 희망에 대해 생각해 보도록 한다.
② 우드락을 잘라서 바닥에 깔고, 우드락이나 골판지를 나무 형태, 혹은 원하는 형태로 잘라 그 위에 세운다.
③ 세워진 나무(혹은 다른 형태) 위에 색종이로 예쁜 모양을 만들어 자신의

소망을 써서 붙인다.

④ 그 밖에 다양한 재료를 이용하여 자신만의 희망나무를 만들어 본다.

⑤ 작업을 마친 후 질문과 이야기를 통하여 자신의 희망과 꿈을 구체화 시킬 수 있도록 한다.

(4) 적용

① 내담자의 장점을 적어서 나무에 붙이며 작업하는 방법도 효과적이다.

② 자신의 흥미, 능력, 관심 분야 등을 고려하여 희망과 꿈을 구체화시킨다.

③ 구체화 된 꿈을 실현시키기 위해 자신이 할 수 있는 실행 방법에 대해 이야기하고 실천할 수 있도록 한다.

④ 집단 안에서는 자신의 나무를 꾸미고 난 후 다른 집단원들의 장점을 찾아서 서로의 나무에 붙여주면서 상호작용을 하도록 하여도 좋다.

⑤ 골판지나 도화지에 평면으로 작업을 할 수도 있다.

(4) 적용

① 연말이나 새해를 앞두고 새해 소망을 생각해 보는 기회를 가져볼 수 있다.

② 현재는 어렵고 힘든 현실이라도 미래를 꿈꾸는 시간을 가짐으로써 희망을 고취시킬 수 있다.

[그림 9-11] 희망나무

2) 유토로 선물 만들기

(1) 목표

① 자신에게 용기를 주고 욕구를 재확인하며 자신을 격려하도록 한다.

② 중요한 타인을 생각하며 그에게 필요한 선물을 만들어서 사랑의 마음을 전달하도록 한다.

(2) 준비물

밀가루, 식용유, 포스터컬러(혹은 수채화 물감), 종이컵, 물, 반죽용 볼

(3) 내용

① 자신이 갖고 싶은 선물이나 자신에게 필요한 선물을 만든다. 특히 물질적인 것이 아니라 자신의 성격이나 마음이 필요로 하는 것이 무엇인가를 생각해 봐도 좋다.

② 밀가루 2컵에 식용유 1/5컵, 물 1/4컵 정도를 넣고 반죽을 한다.

③ 어느 정도 반죽이 되면 포스터컬러(혹은 수채화 물감)를 넣고 컬러 유토를 만든다.

④ 집단일 경우 한 사람이 한 가지색으로 반죽을 하고 각자 필요한 색을 서로 나누어 주면서 교환한다.

⑤ 컬러 유토로 자신을 위한 선물을 만들도록 한다. 혹은 소중한 사람에게 주고 싶은 선물을 만들어 본다.

⑥ 선물이 완성되면 선물을 받은 뒤의 느낌, 선물을 주고 나서의 느낌에 관하여 이야기를 한다.

(4) 적용

① 미술치료에서 사용하는 매체 중 점토는 내담자에게 가장 이완을 줄 수 있는 매체이다. 주물러보고 만져 보는 것만으로도 치유의 효과가 있다.

② 밀가루 점토를 만들기 어려운 경우 컬러 점토나 아이클레이 등을 적용해도 된다.

[그림 9-12] 유토로 선물 만들기

3) 인생계단

(1) 목표

현재 자신의 모습을 인식하고 미래의 목표를 명확하게 하여 그것을 향해 한 걸음 나아갈 수 있도록 도와준다.

(2) 준비물

도화지, 색연필, 사인펜, 크레파스 등

(3) 내용

① 내담자에게 미래에 가장 바라는 것이 무엇인지에 대해 생각하게 한다.
② 피라미드 형태의 계단을 그려서 가장 위 칸에 미래의 자신의 목표를 그림이나 글로 표현하게 한다.
③ 목표를 실현하기 위해 제일 아래 칸에는 지금 할 수 있는 것, 그다음 칸에는 다음 단계에서 할 수 있는 것, 그다음 칸에는 그다음 단계에서 할 수 있는 것을 그리거나 글로 쓰게 한다.
④ 내담자가 그린 그림이나 글에 관하여 상담자와 서로 이야기를 나눈다.

(4) 적용

① 미래에 가장 바라는 것을 한 가지만 선택하도록 하는 것에 유의해야 한다. 한 가지에 초점을 맞출 때 구체적인 계획을 세울 수가 있기 때문이다.
② 구체적이고 실현 가능한 목표를 세울 수 있도록 도움을 주어야 하며, 내담자가 설정한 목표에 대해서 중요하고 소중한 것임을 인식 시켜 주어야 한다.
③ 상담 과정에서 내담자가 설정한 목표에 따라 실행이 잘 되고 있는지 점검하는 것도 필요하다.

④ 목표달성은 힘든 일임을 알려주어야 힘든 목표를 달성했을 때 성취감이 두 배로 증진되며, 혹 목표를 달성하지 못했다고 하더라도 실망이 덜 할 것이다.

⑤ 종이를 4 등분하여 첫 칸에는 미래의 목표 그리고 그다음 세 칸에는 목표달성을 위한 한걸음, 두 걸음, 세 걸음을 쓰게 한 후 글이나 그림으로 표현할 수도 있다.

4) 자신에게 주는 상

(1) 목표

변화된 자신을 인정하고 자신에게 칭찬과 격려를 해주는 활동을 통해 자존감을 향상시킨다.

(2) 준비물

상장 용지(도화지), 스티커, 색연필, 사인펜, 크레파스, 유성 매직 등

(3) 내용

① 상담 회기를 돌아보며 자신의 긍정적인 변화에 관하여 이야기를 나눈다.

② 자신에게 주고 싶은 상장명을 생각해 본다.

③ 상장 용지(도화지)에 상장명과 상장의 내용을 작성한다. 그림을 그리거나 예쁘게 꾸며주어도 좋다.

④ 완성된 상장을 상담자가 내담자에게 수여 한다.

(4) 적용

① 상담자가 상장을 미리 만들어 준비해 두었다가 종결 회기에 내담자에게 주는 것도 좋다.

② 구체적인 상장명과 내용을 작성하면 내담자가 칭찬과 격려를 구체적으로 인식하고 수여 받게 되므로 자신의 장점을 인식하고 강화시키는 데 도움이 된다.

5) 작품 파일 만들기

(1) 목표

상담을 통해 변화된 자신을 인식하고 자신감을 얻는다.

(2) 준비물

게시판 혹은 파일철, 압핀이나 스카치테이프

(3) 내용

① 마지막 회기에 그동안의 상담 회기를 돌아보며 자신의 긍정적인 변화에 대해 인식한다.

② 치료 기간 동안 만든 작품사진을 압핀이나 스카치테이프로 게시판에 붙이거나, 파일철에 넣어 배치 한다.

③ 상담자와 내담자가 첫 회기부터 종결 회기까지의 상담 기간 중 인상 깊었던 시간에 관하여 이야기를 나눈다.

(4) 적용

① 게시판을 상담실 벽에 붙이거나 이젤 위에 올려놓고 함께 보도록 하고, 여의치 않은 경우는 파일철을 구입하여 사진을 순서대로 배치한다.

② 연말이나 연초에 상담을 종결하는 경우, 책상 달력 틀에 사진을 붙여서 내담자에게 선물로 주면 한 해 동안 자신의 작품을 보며 자존감을 향상시킬 수 있다.

제10장

임상사례보고 및 슈퍼비전

미술치료 현장에서 상담자가 만날 수 있는 사례 중심의 대상별 미술치료와 미술치료의 단계별 치료기법을 1장에서 9장까지 살펴보았다. 상담자는 대상에게 맞는 단계별 미술치료를 진행하기 위해서 전문적인 지식과 기술을 갖추고 임상경험을 쌓아야 하는데 이 과정 중 슈퍼바이저에게 슈퍼비전을 받는 것이 필요하다. 슈퍼비전의 내용은 상담자가 내담자의 주 호소 문제에 대해 정확히 파악했는지, 심리진단을 맞게 선택했는지, 적절한 심리치료 이론을 적용하여 사례개념화를 하였는지, 내담자의 증상과 매체의 특성을 고려하여 미술치료 기법을 사용하였는지, 회기별 미술치료를 목표와 전략에 맞게 진행했는지, 미술치료 효과를 적절하게 파악했는지 등이다. 이 장에서는 상담자가 슈퍼바이저에게 슈퍼비전을 받기 위해서 작성하는 임상사례보고와 슈퍼비전에 대해서 소개하고자 한다. 임상사례보고(김은영, 2013)는 임상사례보고서 작성 순서와 방법, 양식에 대해서 알아보고, 슈퍼비전은 슈퍼비전의 의미, 필요성과 목적, 기능, 미술치료 슈퍼비전의 독특성, 슈퍼바이지의 권리와 슈퍼바이저의 의무, 슈퍼바이지의 애로사항에 대해서 알아보고자 한다.

1 임상사례보고

1) 임상사례보고서 작성 순서

임상사례보고서 작성 순서는 아래 〈표 10-1〉과 같다.

〈표 10-1〉 임상사례보고서 작성 순서

전체 순서	세부 순서
1. 내담자 인적사항 및 특성	1. 내담자 인적사항 및 특성 1) 인적사항 2) 특성
2. 의뢰 경위 및 상담 배경	2. 의뢰 경위 및 상담 배경
3. 내담자 주 호소 문제	3. 내담자 주 호소 문제 1) 내담자의 주 호소 문제 2) 보호자가 본 주 호소 문제 3) 상담자가 본 주 호소 문제
4. 내담자 발달사	4. 내담자 발달사
5. 내담자 가족력	5. 내담자 가족력
6. 심리검사	6. 심리검사 1) 질적 검사 2) 양적 검사
7. 사례개념화	7. 사례개념화
8. 치료 목표 및 전략	8. 치료 목표 및 전략 1) 치료 목표 2) 치료 전략
9. 치료 진행(회기별 프로그램)	9. 치료 진행(회기별 프로그램) 1) 연구대상 2) 회기별 프로그램
10. 회기별 치료과정	10. 회기별 치료과정 1) 단계 2) 회기와 프로그램명 3) 프로그램 전 분위기 4) 활동내용 5) 평가 6) 보호자 상담
11. 치료결과 및 제언	11. 치료결과 및 제언 1) 치료결과 2) 제언
12. 참고문헌	12. 참고문헌
13. 부록	13. 부록 1) 축어록 2) 설문지

출처: 김은영(2013). 대상별미술치료 & 임상사례분석.

2) 임상사례보고서 작성방법

임상사례보고서는 '개인미술치료' 작성 방법이며 '집단미술치료'는 '개인미술치료 임상사례보고서'를 기준으로 (1) 내담자 인적사항 및 특성, (2) 의뢰 경위 및 상담 배경, (3) 내담자 주 호소 문제, (4) 내담자 발달사, (5) 내담자 가족력, (7) 사례 개념화, (9) 치료 진행(회기별 프로그램) ① 연구대상, (10) 회기별 치료과정, (11) 치료결과 (13) 부록(축어록) 작성 시 집단구성원의 인원수에 맞게 내담자를 추가하여 작성한다.

(1) 내담자 인적사항 및 특성

① 인적사항

내담자의 인적사항은 이름, 성별, 생년월일, 만 나이, 학력을 작성한다. 이름은 이○○, 김○○, 박○○ 등으로 작성하고 가명을 작성할 때는 '이름(가명)'으로 작성한다. 학력은 최종학력을 작성하며, 특성화 고등학교와 대학은 전공을 추가로 작성해주면 내담자를 이해하는 데 도움이 된다.

② 특성

내담자의 특성은 내담자에 대한 성향, 증상, 미술치료에 대한 이해도를 간단하게 작성한다.

(2) 의뢰 경위 및 상담 배경

내담자의 의뢰 경위 및 상담 배경은 내담자가 미술치료를 오게 된 의뢰 경위와 상담 배경을 2~3줄로 간단하게 작성한다.

(3) 내담자 주 호소 문제

① 내담자의 주 호소 문제

내담자의 주 호소 문제는 내담자가 호소하는 문제 중 미술치료를 통해서 변화하기를 바라는 핵심 주 호소 문제를 작성한다.

② 보호자가 본 주 호소 문제

보호자가 본 주 호소 문제는 내담자의 보호자가 누구인지 title 옆 괄호 안에 '모, 부, 지역아동센터 담당 w'er' 등으로 작성한다. 보호자가 본 주 호소 문제는 내담자가 미성년자(유·아동, 청소년), 보호자의 보호가 필요한 성인(지적장애, 조현병, 자폐성 장애 등)일 경우 작성한다.

③ 상담자가 본 주 호소 문제

상담자가 본 주 호소 문제는 내담자의 주 호소 문제와 보호자의 주 호소 문제를 고려하여 내담자의 주 호소 문제에 대한 원인과 증상에 대해서 통합적으로 작성한다. 상담자가 본 주 호소 문제는 미술치료의 목표와 전략 및 회기별 미술치료 프로그램의 목표와도 연계될 수 있게 작성한다.

(4) 내담자 발달사

내담자 발달사는 내담자와 내담자 보호자와의 초기면접에서 얻은 구체적인 정보를 작성한다. 초기면접은 미성년자(유·아동, 청소년)보호자와 성인의 초기면접 질문내용에 차이가 있으므로 각 대상의 초기면접 특성에 맞게 작성한다.

(5) 내담자 가족력

내담자의 가족력은 내담자의 부모와 형제를 비롯하여 현재 동거하고 있는 가족, 동거하고 있지 않아도 내담자가 성장하면서 영향을 받은 가족을 나이순으로 모두 작성한다. 각 가족원에 대해서 내담자와의 관계 호칭, 만 나이, 학력, 직업, 종교, 동거 여부, 성격, 내담자와의 관계에 대해서 작성한다. 내담자와의 관계는 내담자를 대하는 각 가족원의 태도와 내담자가 각 가족원에게 느끼는 감정과 행동에 대해서 쌍방향 관계를 작성한다.

(6) 심리검사(내담자의 진단과 사정)

심리검사는 내담자의 진단과 사정으로 질적 검사와 양적 검사로 구분한다.

① 질적 검사

질적 검사는 사례연구와 그림투사 검사를 구분하여 작성한다. 그림투사 검사는 반응의 독특성, 방어의 어려움, 반응의 풍부함이 장점이고, 검사의 신뢰도 문제, 해석의 객관성 문제, 상황의 영향이 단점이다.

- **사례연구**

사례연구의 예시문은 '사례연구는 ○○○○년 ○○월 ○○일 때부터 ○○○○년 ○○월 ○○일 까지 주 1회 총 ○○회기 개인(집단) 미술치료에서 내담자의 언어적, 비언어적 관찰을 통한 사례연구를 하였다'라고 작성한다.

- **그림투사 검사**

그림투사 검사는 미술치료 진단기법 중 미술치료를 통해서 변화될 내담자의 주 호소 문제를 확인할 수 있는 진단기법을 2개 정도 작성한다. 그림투사 검사의 의미와 진행 및 해석방법에 대한 소개를 간단하게 작성한다.

② 양적 검사

양적 검사는 객관적 검사인 질문지검사로 검사 실시의 간편성, 검사의 신뢰도 및 타당도, 객관성이 장점이고, 사회적 바람작성, 반응 경향성, 문항 내용 제한이 단점이다. 양적 검사는 미술치료를 통해서 변화될 내담자의 주 호소 문제를 확인할 수 있는 설문지 검사에 대한 소개를 2개 정도 작성한다. 예를 들어 치료사가 본 내담자의 주 호소 문제가 낮은 자아존중감과 사회성이라면 자아존중감 척도와 사회성 척도 설문지에 대한 소개를 작성한다.

(7) 사례개념화

사례개념화는 내담자와 관련된 정보를 근거로 문제의 원인과 촉발 계기 및 유지요인에 대해서 핵심가설을 세우는 것이다. 미술치료 사례개념화는 내담자로부터 정보를 수집하여 문제의 원인에 대한 핵심가설을 세우고 미술 활동과 작품을 종합하여 치료계획을 세우는 데 기본방향을 제공해 준다(정현희, 2018 재인용). 미술치료 사례개념화를 작성할 때는 아래의 〈표 10-2〉를 참조하여 작성한다.

〈표 10-2〉 미술치료 사례개념화 핵심 내용

미술치료 사례개념화
1. 면담에서의 정보
1) 내담자의 현재 문제
2) 내담자의 양육환경 및 가족관계
3) 내담자의 의학적 진단 및 결과
4) 내담자의 사회적 관계
5) 내담자의 사회문화적 요인
6) 면담에서의 내담자 행동관찰
2. 미술 활동과 작품
1) 미술 활동의 평가와 이해
3. 심리검사의 활용
1) 배터리 검사의 구성(질문지검사, 투사검사, 그림진단검사)
(1) 미술치료사의 이론적 배경, 임상경험을 근거로 문제 성격과 원인에 대한 가설수립
(2) 내담자의 강점 파악
(3) 미술치료의 목표, 전략, 기법, 미술 매체 및 미술 활동의 계획
(4) 종결 시 미술치료의 평가, 내담자에 대한 제언

출처: 정현희(2018). 실제적용중심의 미술치료 2판. 재인용.

(8) 치료 목표 및 전략

① 치료 목표

치료 목표는 분명하고 구체적이며 객관적인 평가가 될 수 있어야 하며 현재의 문제해결, 심리적인 적응을 돕는 것, 행복한 삶을 느끼게 해주도록 하는 것 등을 작성해야 한다. 목표는 세네 개를 작성하며 회기별 프로그램의 단계를 초기 단계, 중기 단계, 후기 단계로 나눌 수 있다. 첫 번째 치료 목표는 초기 단계 목표를 의미하며 내담자가 상담자와 미술치료 환경에 적응하기 위한 목표로 관계 형성과 안정감 경험 등을 목표로 작성한다. 두 번째 치료 목표는 중기 단계 목표를 의미하며 내담자가 해결해야 할 핵심 내용으로 욕구 표출, 자기인식, 문제와 자신에 대한 탐색과 해석 등을 작성한다. 세 번째 치료 목표는 후기 단계 목표를 의미하며 자신에 대한 통찰과 성취, 변화 등을 작성한다.

② 치료전략

치료전략은 치료 목표의 구체적인 방법으로 치료 목표의 개수에 맞게 작성한다. 치료 목표가 세 개일 경우, 첫 번째 치료전략은 첫 번째 치료 목표의 구체적인 방법, 두 번째 치료전략은 두 번째 치료 목표의 구체적인 방법, 세 번째 치료전략은 세 번째 치료 목표의 구체적인 방법으로 작성한다.

(9) 치료 진행(회기별 프로그램)

① 연구대상

연구대상에는 특징, 진행, 장소를 작성한다. 특징은 내담자의 성향과 미술 활동에 대한 강점과 약점에 대해서 작성한다. 진행은 미술치료 진행 기간과 주 횟수, 회기 시간을 작성한다. 장소는 개인과 집단에 맞는 적절한 크기로 외부에 노출되지 않고 방음이 잘 되는 조용한 공간이어야 한다. 창문이 있으면 빛을 조절할 수 있는 커튼이나 블라인드가 설치된 것이 좋고 싱크대가 없으면 물을 편안하게 사용할 수 있는 화장실과 가까운 장소가 좋다.

② 회기별 프로그램

회기별 프로그램은 단계, 회기, 프로그램명, 목표, 활동내용, 미술 매체로 구분하여 〈표 10-3〉을 참조하여 작성한다. 개인은 12회기 이상, 집단은 8회기 이상 작성한다.

〈표 10-3〉 회기별 프로그램 예시

단계	회기	프로그램명	목표	활동내용	미술 매체
초기	1	① 프로그램 소개 ② 사전검사	① 프로그램 및 규칙 이해 ② 현재 상태 파악	① 비밀보장과 자료공개 동의서, 서약서 작성 ② 질적 검사(KHTP, KSD) 양적 검사(자아존중감 척도, 사회성 척도)	비밀보장과 자료공개 동의서, 서약서, A4용지 4장, 4B연필, 지우개, 자아존중감 척도지, 사회성 척도지
~	~	~	~	~	~
종결	12	① 작품전달식 ② 사후검사	① 성장한 나 인식 통한 자아존중감 향상 ② 변화된 상태 파악	① 진열된 작품을 내담자가 보고 느낀 점을 이야기한 후 상담자가 내담자에게 작품을 전달하기 ② 질적 검사(KHTP, KSD) 양적 검사(자아존중감 척도, 사회성 척도)	내담자 작품, 쇼핑백, A4용지 4장, 4B연필, 지우개, 자아존중감 척도지, 사회성 척도지

- 단계: 일반적으로 초기 단계, 중기 단계, 후기 단계 또는 초기 단계, 표출 단계, 실천 단계, 종결 단계로 구분하여 작성한다.
- 회기: 첫 회기 프로그램 소개에서 '비밀보장과 자료공개 동의서'를 작성하고 자살 내담자, 정신장애 내담자(조현병) 등이 프로그램에 참여할 경우, 참여하는 동안 자살 시도하지 않기, 지속해서 약물 복용하기 등의 내용이 담긴 '프로그램 서약서'를 작성한다. 집단미술치료에서는 집단의 특성에 맞는 '집단서약서'를 작성한다. 첫 회기 프로그램 소개 후 사전검사(질적 검사, 양적 검사)를 실시하고 마지막 회기에는 사전검사에서 시행했던 같은 검사 도구로 사후검사(질적 검사, 양적 검사)를 실시한다. 내담자의 현재 상태와 변화된 상태를 정확하게 파악하기 위해서는 사전검사 전과 사후검사 후 치료기법을 사용하지 않는다. 단, 검사에 대한 거부감이 심한 내담자에게는 사전검사 전 간단한 치료기법을 진행할 수 있다.

- 프로그램명: 목표와 전략을 효과적으로 달성하기 위해서 사용하는 미술치료 기법이나 주제를 프로그램명으로 작성한다. 회기별 프로그램 작성 순서는 목표와 전략의 순서와 연계하여 작성한다. 프로그램명은 (10) 회기별 치료과정에서 작성하는 회기별 프로그램명과 같아야 한다. 한 회기 한 개 이상의 프로그램을 진행할 경우 번호를 붙여 진행 순서대로 프로그램명을 작성한다.
- 목표: 목표와 전략을 적용한 회기별 프로그램 목표를 간단하게 작성한다. 한 회기 한 개 이상의 프로그램을 진행할 경우 번호를 붙여 진행 순서대로 목표를 작성한다. 한 개 이상의 프로그램이 같은 목표일 경우 목표는 한 개만 작성한다.
- 활동내용: 회기별 프로그램을 어떻게 미술 활동할 것인지 구체적으로 작성한다. 한 회기에 한 개 이상 프로그램을 진행할 경우 번호를 붙여 진행 순서대로 활동내용을 작성한다.
- 미술 매체: 회기별 미술 활동에 사용되는 미술 매체를 모두 작성한다. 미술 매체는 내담자의 연령, 증상, 인지 정도에 맞는 적절한 매체를 사용한다.

(10) 회기별 치료과정

회기별 치료과정은 상담자가 매회기 미술치료를 진행하고 작성한 치료 회기 기록지의 내용을 기준으로 ① 단계 ② 회기와 프로그램명(프로그램명은 〈표 10-3〉에서 작성한 프로그램명과 동일), ③ 프로그램 전 분위기, ④ 활동내용(치료 회기 기록지의 치료과정과 동일), ⑤ 평가(치료 회기기록지의 내담자 평가와 동일), ⑥ 보호자 상담으로 구분하여 작성한다. 보호자 상담은 내담자가 미성년자(유·아동, 청소년)이거나 보호가 필요한 성인일 경우에만 작성한다. 작품사진(크기: 7×5cm 또는 5×7cm)은 매회기 활동내용 아래에 첨부한다. 단계가 끝났을 때 단계별 평가도 작성한다.

(11) 치료결과 및 제언

① 치료결과

치료결과는 (6)심리검사에서 소개한 질적 검사와 양적 검사의 사전검사와 사후검사 내용 및 해석을 작성한다. 예시로 초등학교 4학년 남아의 주 호소 문제가 낮은 자아존중감과 사회성이라면 질적 검사와 양적 검사에 대한 치료결과 작성방법은 다음과 같다(〈표 10-4〉, 〈표 10-5〉, 〈표 10-6〉 참조).

- 질적 검사

☞ **개인행동 변화**

〈표 10-4〉 개인행동 사전 · 사후 변화

항목	사전	사후
자아존중감	미술치료 프로그램에 참여하기 전 내담자의 자아존중감과 관련된 언어적, 비언어적 내용을 작성한다.	미술치료 프로그램에 참여 후 변화된 내담자의 자아존중감과 관련된 언어적, 비언어적 내용을 작성한다.
사회성	미술치료 프로그램에 참여하기 전 내담자의 사회성과 관련된 언어적, 비언어적 내용을 작성한다.	미술치료 프로그램에 참여 후 변화된 내담자의 사회성과 관련된 언어적, 비언어적 내용을 작성한다.

☞ **그림투사 변화**

〈표 10-5〉 그림투사 사전 · 사후 변화

항목	사전	사후
동적 집 나무 사람 (KHTP)	KHTP 그림 (크기: 7×5cm 또는 5×7cm) (사진을 그린 방향대로 삽입)	KHTP 그림 (크기: 7×5cm 또는 5×7cm) (사진을 그린 방향대로 삽입)
	그림 그린 순서를 작성한다 (예) 집→나무→사람) 사전에 검사한 KHTP 해석을 자아존중감과 연계하여 작성한다.	그림 그린 순서를 작성한다. (예) 나무→집→사람) 사후에 검사한 KHTP 해석을 자아존중감과 연계하여 작성하고 사전에 비하여 사후에 변화된 부분을 작성한다.

<table>
<tr><td rowspan="2">동적 학교 생활화 (KSD)</td><td>KSD 그림
(크기: 7×5cm 또는 5×7cm)
(사진을 그린 방향대로 삽입)</td><td>KSD 그림
(크기: 7×5cm 또는 5×7cm)
(사진을 그린 방향대로 삽입)</td></tr>
<tr><td>사람 그린 순서와 제목을 작성한다.
(예) 담임선생님→나)
사전에 검사한 KSD 해석을 사회성과 연계하여 작성한다.</td><td>사람 그린 순서와 제목을 작성한다.
(예) 나→친구 김 ○ ○→담임선생님)
사후에 검사한 KSD 해석을 사회성과 연계하여 작성하고 사전보다 사후에 변화된 부분을 작성한다.</td></tr>
</table>

- 양적 검사

☞ **자아존중감·사회성 변화**

〈표 10-6〉 양적 검사 사전 · 사후 변화

항목	사전	사후
자아존중감	자아존중감 사전점수 작성	자아존중감 사후점수 작성
사회성	사회성 사전점수 작성	사회성 사후점수 작성

자아존중감과 사회성 척도지의 양적 검사 결과로 나온 사전점수와 사후점수를 표 안에 작성 후 표 아래에는 자아존중감과 사회성 척도지의 사전점수와 사후점수를 비교하여 변화된 내용을 작성한다.

② 제언

제언은 상담자가 진행한 미술치료 사례연구에서 의미 있었던 점, 아쉬운 점, 보완해야 할 점과 상담자의 사례연구를 참고하여 다음에 진행될 다른 상담자의 연구에서 수정 및 보완해야 할 점 등에 대한 상담자의 의견을 작성한다.

(12) 참고문헌

참고문헌은 상담자가 사례보고서를 작성하면서 본문에 작성한 출처와 참고한 문헌을 모두 작성한다.

(13) 부록

① 축어록

축어록은 총 회기별 미술치료 진행 과정 중 의미 있는 한 회기의 내용을 작성하는데 축약을 사용해서 중요하고 의미 있는 부분의 내용 위주로 작성한다.

② 설문지

설문지는 양적 검사에서 내담자에게 사용한 설문지 양식을 첨부한다. 설문지는 내담자가 작성하지 않은 설문지 양식을 첨부한다.

3) 임상사례보고서 양식

(1) 비밀보장과 자료공개 동의서

비밀보장과 자료공개 동의서는 상담자가 내담자 또는 내담자 보호자를 초기면접할 때 사용하는 양식으로 내담자 또는 내담자 보호자에게 '비밀보장과 자료공개 동의서'의 내용을 설명한 후 서명을 받아 상담자와 내담자 모두 보관한다(〈표 10-7〉 참조).

(2) 초기면접지

① 유 · 아동, 청소년 보호자 초기면접지

유·아동, 청소년 보호자 초기면접지는 내담자가 미성년자(유·아동, 청소년)로 내담자의 보호자에게 내담자에 대한 생육사, 발달사, 교육사, 가족사, 양육사의 특기 사항 등을 질문하여 상담자가 작성한다. 보호자의 사정으로 초기면접을 하지 못하면 온라인(이메일, 홈페이지 작성, SNS 등)을 통해 보호자가 작성할 수 있다(〈표 10-8〉 참조).

② 성인 초기면접지

성인 초기면접지는 상담자가 성인 내담자와의 초기면접에서 상담자가 작성한다. 성인 내담자의 개인 사정으로 초기면접을 하지 못하면 온라인(이메일, 홈페이지 작성, SNS 등)을 통해 성인 내담자가 작성할 수 있다〈표 10-9 참조〉.

(3) 그림투사 검사지

그림투사 검사지는 상담자가 내담자에게 그림투사 검사를 진행할 때 내담자에 대한 질의응답을 작성하는 데 도움이 된다. 이 장에서는 미술치료 진단기법 중 주로 많이 사용하는 집, 나무, 사람(HTP: House-Tree-Person)검사의 검사지를 소개한다(〈표 10-10〉 참조).

(4) 사례개념화 요소 목록표

사례개념화 요소 목록표는 상담자가 작성하는 사례개념화의 기본 틀이 되며 내담자에 대한 초기면접, 심리검사, 행동관찰 등을 통해 파악된 정보를 근거로 작성하는 것이다. 사례개념화는 사례개념화 요소 목록표에 작성한 핵심적인 내용을 반영하여 이론적 근거를 바탕으로 주 호소 문제의 원인과 증상 파악, 내담자의 강점 반영, 치료 목표를 계획하고 치료의 효과를 평가할 때 성과의 기본 틀로 사용한다(정현희, 2018 재인용)(〈표 10-11〉 참조).

(5) 치료 회기기록지

치료 회기기록지는 상담자가 미술치료를 진행하는 매회기 치료내용에 대해서 작성하는 양식으로 매회기 치료 도중 또는 치료 후 작성한다. 내담자가 치료 도중 상담자가 작성하는 것을 원하지 않으면 치료 후 작성한다. 상담자는 '프로그램 전 분위기', '치료과정'에 대해서 의미 있고 핵심적인 내용을 중심으로 객관적 기술을 하고 '내담자 평가'는 '프로그램 전 분위기'와 '치료과정'에서 기술한 내용을 근거로 객관적으로 평가한다. '보호자 상담'은 내담자가 미성년자(유·아동, 청소년)이거나 보호가 필요한 성인 내담자일 경우 보호자 상담 내용을 작성한다. 집단을 작성할 경우 '치료 회기기록지' 양식에 따라 한 회기의 내용을 기록하는 데 집단원 개인과 집단역동성에 대하여 '프로그램 전 분위기', '치료과정', '내담자 평가'를 작성하고 '보호자 상담'은 개인별로 작성한다(〈표 10-12〉 참조).

〈표 10-7〉 비밀보장과 자료공개 동의서 양식

비밀보장과 자료공개 동의서

상담자 _______________ 은 미술치료를 진행하는 동안 알게 되는 내담자의 신상과 미술 작업 활동에 대해서 **비밀보장의 원칙**을 지킬 것을 **약속합니다.**
단, 비상업적인 연구목적으로 학회 세미나, 학술대회, 저서, 슈퍼비전 등의 자료공개가 필요할 경우는 아래와 같이 약속합니다.

상담자는 내담자와 연관된 자료공개가 필요할 경우, 연구목적 외의 상업적인 개인 이익을 추구하지 않습니다.

내담자에 대한 공개는 반드시 가명을 사용하고 미술작품 및 활동사진에서 내담자의 이름과 얼굴은 모자이크 처리하거나 삭제합니다.

법정 치료 명령에 따른 치료, 아동폭력이 의심되는 경우, 치료사나 타인을 해칠 수 있는 심각한 위험이 있다고 판단되는 경우에는 동의 없이 공개될 수 있습니다.
위와 같은 내용에 동의하신다면 다음의 동의서에 서명해 주시기 바랍니다.

동의서

본인 _______________ 은 (내담자의 _______________ 의 _______________ 관계로서)
위의 조건을 충족하는 자료공개에 대해서는 사후에 이의를 제기하지 않음을 동의하여 서약합니다.

일 시: 년 월 일
동의자: ____________________ (인)

기관명: __________________________

출처: 김은영(2013). 대상별 미술치료 & 임상사례분석.

〈표 10-8〉 유 · 아동, 청소년 보호자 초기면접지 양식

보호자 초기면접지

접수자: ____________

접수번호		접수일자	. . .	구 분	지원 · 감면 · 일반

내담자	성명		성별	남 여	나이	만 세
	주소				생년월일	
	학력		종교		전화번호	

가족사항	관계	성명	연령	학력	직업	종교	동거여부	비고

주 호소 문제

오게 된 경위

과거 상담 및 치료 사항	시기	기관명	진단	교육 및 치료여부	기타

Ⅰ. 생육사

구분	항목	내용	항목	내용
결혼시	결혼년도	년 (당시 부연령: 모연령:)		
	교제유형	중매, 연애, 중매+연애	교제기간	년 개월
	결혼동기			
출생전 (임신시)	약복용	무 · 유(개월) 내용:	입덧	무 · 유(개월) 정도:
	질환	무 · 유(개월) 내용:	충격	무 · 유(개월) 내용:
	원하는 임신	예 · 아니오 심리상태:	임신에 대한 반응	
	유산	무 · 유 임신순위( ) 자연 · 인공 (이유:)	사산	무 · 유 임신순위( ) (이유:)
출생시	산모연령		임신기간	정상예정일: 일전 일후
	분만상태	순산 난산 제왕절개	신생아체중	Kg
	산소호흡기	무 · 유	인큐베이터	무 · 유 기간:
	황달	무 · 유 치료방법 및 기간:		
	기타			
출생후	수유방법	모유( )개월, 분유( )개월, 모유+분유( )개월, 젖병뗀시기( )		
	식습관 (3세이전)		식 습 관 (3세이후)	
	대변	• 시작시기: • 가린시기:	• 아이반응: • 방 법:	
	소변	• 시작시기: • 가린시기:	• 아이반응: • 방 법:	
	보챘음	무 · 유 언제까지: 정도:	잠버릇	
	활동량	(3세이전) 과소 · 보통 · 과다	기타	
	고열	무 · 유 시기: 최고:		
	질환	(시기, 병명, 입원유무, 치료기간)		
	현재 건강			

II. 발달사

구분	항목	내용	항목	내용
신체 발달 및 신변 처리	목가누기(2)	개월	기타	개월
	기 기(6)	개월	숟가락질하기(24)	개월
	옷벗기(24)	개월	옷입기(36)	개월
언어 발달	옹알이(2–3)	개월 양: 많음 · 보통 적음 · 없음	첫 말단어 (8–14)	개월 내용:
	질문에 대한 대답	가능 불가능	지시수행	가능 불가능
인지 발달	까궁놀이(1)	세	도형모양구별(2)	세
	신체부위인식(3)	세	방향 구분(5)	세
	질문에 대한 대답	세	10까지 숫자세기(4)	세
사회 및 정서 발달	눈 맞 춤	무 · 유	낯 가 림	없음 · 적음 보통 · 많음
	엄 마 를 알아본 시기	개월	엄마 없이도 놀 았 나 요	예 · 아니오
	좋아하는 놀이		좋아하는 장난감	
	놀이시 태도	경쟁적( ), 협동적( ), 고립적( )	놀이시 어울리는 상대	어른( ), 또래( ), 나이많은아동( ), 어린아동( )
	성 격	* 다음에서 해당하는 곳에 표시하세요 • 혼자논다, 수줍어한다, 슬퍼한다, 남들과 어울리지 못한다(위축) • 피곤을 쉽게느낀다, 자주 아프다(신체) • 외로워한다, 걱정이나 겁이 많다, 피해의식이 있다(불안) • 어린 행동을 많이한다, 어른에게 의지한다(미성숙) • 계속 같은 행동을 한다, 이상한 생각을 많아 한다(사고) • 안절부절못한다, 충동적이다, 학습부진, 공상한다(주의집중) • 거짓말을 한다, 가출, 도벽, 약물사용(문제) • 말다툼을 한다, 괴롭힌다, 집에서 반항한다, 남을 놀린다(공격성)		
	부모와의 관계			
	형제와의 관계			
	또래와의 관계			
	기 타 관 계			

Ⅲ. 교육사

학령전	(연령, 내용, 아이반응, 교사의 평가)			
초등학교	잘하는 과목		못하는 과목	
	학년별 성적		공 부 태 도 (숙제포함)	
	과외활동(시기, 내용, 아이반응, 교사의 평가)			
중학교	잘하는 과목		못하는 과목	
	학년별 성적		공 부 태 도 (숙제포함)	
	과외활동(시기, 내용, 아이반응, 교사의 평가)			
고등학교	잘하는 과목		못하는 과목	
	학년별 성적		공 부 태 도 (숙제포함)	
	과외활동(시기, 내용, 아이반응, 교사의 평가)			

Ⅳ. 가족사

가족 및 친척의 병력	성인	알콜중독(　　) 약 물 중 독(　　) 우 울 증(　　) 조 현 병 (　　) 반사회적행동(　　) 지체장애(　　) 기타(　　)
	아동	지적장애 (　　) 자 폐 증 (　　) 비행 (　　) 지체장애 (　　) 정서장애 (　　) 틱 (　　) 기타 (　　)
가족 관계	부	출생 순위: 남, 녀 중 째
	부의 성격	
	모	출생 순위: 남, 녀 중 째
	모의 성격	
	부부관계	(서로에 대한 감정, 양육관, 함께 보낸 시간 등)
	주양육자와의 관계	(아동에 대한 감정, 양육태도, 아동과 보내는 시간 등)
	부와 아동의 관계	(아동에 대한 감정, 양육태도, 아동과 보내는 시간 등)
	모와 아동의 관계	(아동에 대한 감정, 양육태도, 아동과 보내는 시간 등)
	형제와 아동의 관계	

V. 생활상의 특기 사항

(양육자, 형제관계, 친구, 이사, 전학, 충격적 사건, 집착물건 등에 대한 연령과 반응 등)

연령	내 용	특기사항 (양육자, 교육사등)
0~1세		
1~3세		
3~학령전		
저학년		
고학년		
중학교		
고등학교		

Ⅵ. 가계도

〈내담자〉

〈친가〉 〈외가〉

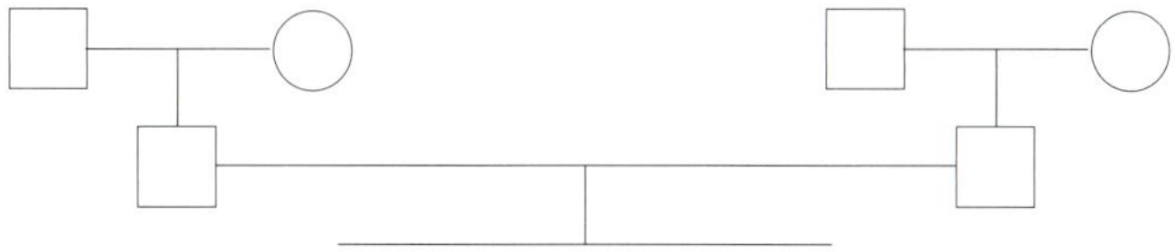

〈부〉	〈모〉
성격:	성격:
건강:	건강:
양육태도:	양육태도:

출처: 김은영(2013). 대상별 미술치료 & 임상사례분석.
최성숙 외(2006). 대상별 미술치료와 미술치료 이론.

〈표 10-9〉 성인 초기면접지 양식

성인 초기면접지

접수자:

접수번호		접수일자	. . .	구 분	지원 · 감면 · 일반

내담자						
성 명		성별	남 여	나이	만 세
주 소				생년월일	
학 력		종교		전화번호	

가족사항								
	관 계	성 명	연 령	학 력	직 업	종 교	동거여부	비 고

과거치료사항					
	시 기	기 관 명	진 단	교육 및 치료 여부	기 타

본인을 이해하는데 도움이 되고자 하오니 다음 문항을 읽어보신 후 솔직하고 자세하게 답해 주시기 바라며 비밀보장을 원칙으로 하고 있음을 알려 드립니다.

Ⅰ. 주 호소 문제

1. 상담을 하게 된 이유는 무엇입니까?(문제 또는 증상을 구체적으로 적어 주세요)

2. 문제는 언제부터 나타났으며, 어떻게 알게 되었습니까?

3. 위의 문제로 인해 일상생활에 미치는 영향은 무엇입니까?

4. 문제를 알고 어떻게 대처하셨나요?

5. 왜 이러한 어려움을 경험하게 되었다고 생각하십니까?

II. 과거 발달력

1. 출생 시 특이사항이 있었나요? (예 / 아니오) (예, 라면 어떤 특이사항이 있었는지요?)

2. 학창시절은 어떠했나요?

시기	성격/성향	대인관계	학교성적
어린이집/유치원			
초등학교		상– 중– 하	상– 중– 하
중학교		상– 중– 하	상– 중– 하
고등학교		상– 중– 하	상– 중– 하
대학교		상– 중– 하	상– 중– 하

3. 어린 시절 정서적으로 상처가 될 만한 떠오르는 기억이나 장면을 적어 주세요.

III. 신체적 건강상태

1. 현재 건강상태는 어떠합니까?(상 – 중 – 하)
2. 식욕은 어떠합니까?(상 – 중 – 하)
3. 수면상태는 어떠합니까?(상 – 중 – 하)
4. 만성적인 건강문제가 있습니까? (예 / 아니오) (예, 라면, 발병시기, 기간, 치료과정 등 구체적으로 적어 주세요.

___

Ⅳ. 사회성 영역

1. 개인적으로 연락하고 지내는 친구는 몇 명 정도 있나요? 대략 　　　 명

2. 사람을 대할 때 자신의 성향은? (해당되는 것은 모두 표시 하세요.)

① 낯가림이 심함. ② 눈치를 많이 봄 ③ 내향적임 ④ 긴장됨
⑤ 사교적임 ⑥ 주도적임 ⑦ 욱할 때가 있음 ⑧ 고집스러움
⑨ 개방적임 ⑩ 기타________________________

3. 주변사람들이 자신을 어떻게 평가하나요?

___

4. 현재 가장 친밀한 사람은 누구인가요? (가족포함)______________

5. 현재 이성친구가 있나요? 예 / 아니오

6. 과거 이성친구를 사귀어 본 경험은?

① 없음. ② 1번 ③ 2번 ④ 3~4번 ⑤ 5번 이상

7. 최근 한 달 동안 지인들과의 만남 회수는?

① 없음. ② 1번 ③ 2번 ④ 3~4번 ⑤ 5번 이상

Ⅴ. 정서 및 인지 영역

1. 최근 주된 기분은 무엇입니까?________________________________
2. 본인의 성격은 어떠하다고 생각합니까?______________________________
3. 최근 기억력은 어떠합니까?(상 – 중 – 하)
4. 최근 주의 집중력은 어떠합니까? (상 – 중 – 하)
5. 학창시절 잘 하거나 좋아했던 과목 vs 싫어했던 과목 _________vs________
6. 현재까지의 직업을 적어 주세요.________________________________
7. 현재 직업(전공)에 대한 만족도(상 – 중 – 하)
8. 진로와 관련해 새로운 계획이 있으신가요? (예 / 아니오) (예, 라면, 어떤 계획인지?)

Ⅵ. 가족관계

1. 원가족과의 관계

관계	성격(부모의 양육방식)	자신과의 관계
아버지		상 – 중 – 하
어머니		상 – 중 – 하
조부/조모		상 – 중 – 하
형제 /자매		상 – 중 – 하

2. 기혼자만 답해 주세요.

(1) 현재 배우자와의 관계(상 – 중 – 하)

(2) 성관계에 대한 만족도(상 – 중 – 하)

(3) 배우자의 성격:

(4) 배우자를 만나게 된 계기

① 연애 ② 중매 ③ 지인소개 ④ 가족소개 ⑤ 국제결혼

(5) 배우자에게 바라는 점:

(6) 자녀와의 관계(상 – 중 – 하)

(7) 자녀에게 바라는 점:

Ⅶ. 상담자 및 기관에 요청사항

1. 심리평가를 통해 알고 싶거나 기대하는 점을 적어 주세요.
2. 심리치료를 통해 변화되기 기대하는 점을 구체적으로 적어 주세요.
3. 상담자나 본 기관에 당부하고 싶거나 궁금한 점이 있다면 적어 주세요.

Ⅷ. 생활상의 특기 사항

(양육자, 친구, 애인, 형제관계, 이사, 전학, 충격적인 사건, 집착물건 등에 대한 연령과 반응)

연령	내용	특기사항 (양육자, 교육사등)
0–10세		
11–20세		
21–30세		
31–40세		
41–50세		
51–60세		
60세 이후		

Ⅸ. 가계도

〈내담자〉

〈친가〉 〈외가〉

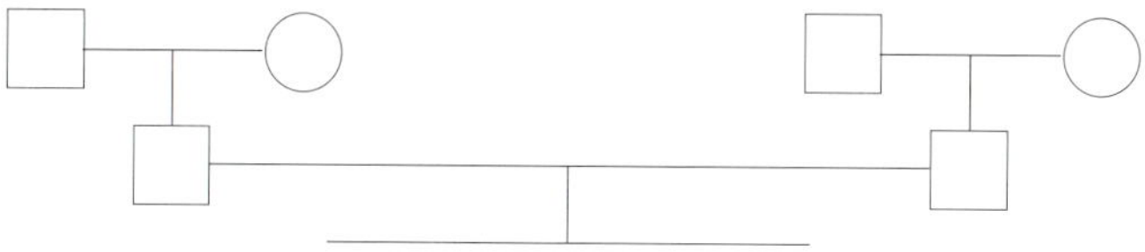

〈부〉	〈모〉
성격:	성격:
건강:	건강:
양육태도:	양육태도:

* 결혼시

결혼년도	년 (당시 부연령: 모연령:)		
교제유형	중매, 연애, 중매+연애	교제기간	년 개월
결혼동기			

출처: 김은영(2013). 대상별 미술치료 & 임상사례분석.

〈표 10-10〉 집, 나무, 사람(HTP)검사지

집, 나무, 사람(House-Tree-Person) 검사지

• 검사일: ________년______월______일 · 내담자: 만______세 · 검사자: _________

1. 집(House)그림 검사

번호	집(House)그림 질문	내담자 답변
1	이 집은 어디에 있으며 당신이 가려면 얼마나 걸리나요?	
2	이 집은 누구의 집인가요?	
3	이 집에서 누가 삽니까?	
4	이 집의 분위기는 어떤가요?	
5	이 집은 무엇으로 만들어졌나요?	
6	나중에 이 집은 어떻게 될 것 같나요?	
7	이 집에 가장 필요로 하는 것은 뭔가요? 왜 그런가요?	
8	특수한 집인 경우, 이 집에 대해 조금 더 설명해 주세요.	
9	부가적으로 그려진 것에 대해 말해 주세요.	

2. 나무(Tree)그림 검사

번호	집(H)그림 질문	내담자 답변
1	이 나무는 어떤 종류의 나무인가요?	
2	이 나무는 몇 살인가요?	
3	이 나무는 살아 있나요, 죽었나요?	
4	이 나무의 건강은 어떤가요?	
5	이 나무 주변에는 어떤 것들이 있나요?	
6	이 나무의 소원은 무엇인가요?	
7	나중에 이 나무는 어떻게 될 것 같나요?	
8	이 나무를 그리면서 생각나는 사람은 누군가요?	
9	부가적으로 그려진 것에 대해 말해 주세요.	

3. 사람(Person)그림 검사(남, 녀 각각 사람검사에 대하여 작성)

번호	집(H)그림 질문	내담자 답변	
		사람1(Person1)	사람2(Person2)
1	이 사람은 누구죠? (여자 or 남자)		
2	이 사람은 몇 살이지요?		
3	이 사람은 지금 어디에서 뭘 하고 있나요?		
4	이 사람은 어떤 생각을 하고 있죠?		
5	이 사람의 기분은 어떤가요?		
6	이 사람의 소원이 있다면 뭘까요?		
7	가족들은 이 사람을 어떻게 생각할까요?		
8	나중에 이 사람은 어떻게 될 것 같나요?		

출처: 조영숙 외(2012). 미술심리지도사. 재인용.

〈표 10-11〉 사례개념화 요소 목록표 양식

<table>
<tr><th>유목</th><th>사례개념화 요소 목록</th></tr>
<tr><td rowspan="5">(1) 현재 문제
및
관련 증상</td><td>지금 상담에 오게 된 계기(바로 지금 상담에 오게 된 이유, 원인이 되는 사건 혹은 문제)
→</td></tr>
<tr><td>구체적 호소(내담자가 호소하는 제반 문제, 호소 증상)
→</td></tr>
<tr><td>증상(신체적, 행동적, 심리적 및 기타 증상, 현재의 문제 특징 등)
→</td></tr>
<tr><td>핵심문제 및 정서(문제의 핵심 역동, 내담자의 핵심문제와 관련된 핵심감정)
→</td></tr>
<tr><td>객관적 정보(지능검사, 심리검사 결과 및 진단, 객관적 기록에 근거한 정보)
→</td></tr>
<tr><td rowspan="3">(2) 문제관련
역사적 배경</td><td>발달적 역사(가정환경, 가족 역사 등 내담자의 문제와 관련된 발달 및 역사적 배경)
→</td></tr>
<tr><td>문제의 기원(문제 및 증상이 시작된 시점, 문제의 원인이라고 할 수 있는 사건과 그 당시 상황, 문제의 지속과 역사, 외상, 문제와 관련된 최근의 변화 상황 등)
→</td></tr>
<tr><td>과거문제력 및 당시 환경상황(문제와 관련된 과거 역사 중 가족환경 이외의 것, 당시 상황)
→</td></tr>
<tr><td rowspan="6">(3) 문제와 관련된
내담자의 개인적
요인</td><td>자아개념(자신에 대해 어떠어떠한 사람이라고 보는 개념)
→</td></tr>
<tr><td>통찰내용 및 수준(문제와 자신, 자신의 환경에 대해 가지는 통찰내용 및 수준)
→</td></tr>
<tr><td>인지적 스타일 및 특징(문제의 핵심 역동, 내담자의 핵심문제와 관련된 핵심인지)
→</td></tr>
<tr><td>정서적 스타일 및 특징(문제의 핵심 역동, 내담자의 핵심문제와 관련된 핵심감정)
→</td></tr>
<tr><td>신체, 생리, 행동적 특징(행동, 섭식, 수면 패턴, 성적 기능 등)
→</td></tr>
<tr><td>원함(want)(내담자가 상담 및 변화에 대해 갖는 바람과 해결방향 등)
→</td></tr>
</table>

(4) 문제와 관련된 내담자의 외적(상황적) 요인	문제와 관련된 현재의 생활여건(문제에 영향을 주는 거주환경, 여가활동, 재정, 직업, 결혼 상황 등) →
	문제를 지속시키는 상황적 요인(문제를 지속, 촉발, 강화하는 요인들과 그 근거 등) →
(5) 내담자의 대인 관계 특성	대인관계 양상(상담자를 포함한 타인들과의 관계 패턴) →
	대인관계 문제 영역(문제 관련 대인관계 영역, 현재 문제가 되는 대상) →
(6) 내담자의 자원 및 취약성	긍정적 상황 및 강점(외모, 타인에게 주는 호감도, 지지적인 경험, 대처능력, 의사소통 능력) →
	부적정 상황 및 약점(고민, 문제, 증상, 대인관계 기술, 문제해결 기술, 결핍, 장애요소 등) →
	대처전략(내담자가 문제 및 해결에 대해 갖는 대처 전략) →
(7) 내담자의 문제에 대한 종합적 이해 및 평가	핵심문제에 대한 이론적 설명(상담자의 이론적 배경에 근거한 문제 전체, 문제의 원인과 과정 등에 대한 종합적 설명을 한 것) →
	내담자와 문제에 대한 종합적 이해 및 평가(원인)(문제를 촉발, 강화하는 요인과 조건, 내담자에 대한 종합적 이해, 문제와 그 원인과 관계기술 등) →
(8) 상담 목표 및 계획	최종목표(치료 종결 시점 혹은 그 이후를 시점으로 하는 목표) →
	과정목표(치료 중에 도달하게 될 목표, 회기 목표, 중간 목표) →
	상담전략(치료 목표를 얻기 위한 탐색 방향 설정, 초기상담계획, 치료 유형, 치료의 빈도와 기간, 집단상담 등 병행할 방법 등) →
	상담목표달성에 장애로 예상되는 요소들(상담목표 달성에 장애로 상담사가 예상하는 요소) →

출처: 이윤주(2001). 상담사례 개념화 요소목록 개발 및 타당성 검증 연구.

〈표 10-12〉 치료 회기기록지

치료 회기기록지 (　　) 회

<table>
<tr><td>날 짜</td><td>년 월 일</td><td>소요시간</td><td>–</td></tr>
<tr><td>내 담 자 명</td><td></td><td>상담자명</td><td></td></tr>
<tr><td>프로그램명</td><td colspan="3"></td></tr>
<tr><td>목 표</td><td colspan="3"></td></tr>
<tr><td>준 비 물</td><td colspan="3"></td></tr>
<tr><td>프로그램전
분위기</td><td colspan="3"></td></tr>
<tr><td rowspan="2">치료과정</td><td>상담자의 언어 및 행동</td><td colspan="2">내담자의 언어 및 행동</td></tr>
<tr><td></td><td colspan="2"></td></tr>
<tr><td>내담자 평가</td><td colspan="3"></td></tr>
<tr><td>보호자상담</td><td colspan="3"></td></tr>
<tr><td>다음 회기
계획</td><td colspan="3"></td></tr>
</table>

출처: 김은영(2013). 대상별미술치료 & 임상사례분석.

2 슈퍼비전

1) 슈퍼비전의 의미

(1) 슈퍼비전의 개념

슈퍼비전의 사전적 의미는 교육 활동의 전반에 걸쳐 교육 목표를 효과적으로 달성하기 위하여 이루어지는 전문적이고 기술적인 봉사활동을 의미한다. 슈퍼비전(Super + vision)의 어원을 보면 '위에서 내려다본다'인데, 슈퍼비전을 비평적인 관찰과 지도를 하는 작업, 과정, 행위라고 뉴펠트(Neufeldt, 1988)는 정의했다. 슈퍼비전은 협력적인 대인관계를 통해 교육과 훈련을 촉진하는 전문적인 활동으로 관찰, 평가, 교육, 모델링, 문제해결을 통한 지식과 기술의 습득을 포함한다(유미숙 외 역, 2015). 상담에서 슈퍼비전은 슈퍼바이지가 내담자에게 제공한 서비스의 적절성을 슈퍼바이저가 평가하고 자문하여 훈련하는 행위를 말한다.

(2) 슈퍼바이저와 슈퍼바이지

슈퍼바이저는 업무의 질을 위해 책임을 지고 다른 사람의 업무를 위에서 지켜보는 사람으로 정의되는데, 슈퍼바이저는 상급자, 슈퍼바이지는 하급자의 개념으로 슈퍼비전 어원의 의미에서는 슈퍼바이저의 책임을 강조한다. 슈퍼바이저와 슈퍼바이지의 관계는 신뢰감을 바탕으로 한 동맹 관계일 때 교육, 관찰, 역할 연습을 통해 슈퍼바이지의 역량을 발전시킬 수 있다.

2) 슈퍼비전의 필요성과 목적

상담자는 내담자에게 최선의 서비스를 제공해야 하는데 이를 위해 교육과 수련의 슈퍼비전을 받게 된다. 그뿐만 아니라 전문가 능력을 유지하기 위해서는 훈련과 보수교육은 필수과정이다(Malchiodi & Riley, 1996). 슈퍼비전을 통해서 슈퍼바이지는 내담자에 대한 깊고 폭넓은 이해와 치료과정 중 자신의 역전이를 통찰하는 경험을 하여 치료의 질을 향상할 뿐만 아니라 슈퍼바이지의 내·외적인 성장에 도움을 준다. 슈퍼비전의 목적은 슈퍼바이지가 상담자로서 자의식과 정체성을 가질 수 있도록 치료 기술과 전문성을 발전시키도록 하는 것이다(이윤희 외 역, 2011).

3) 슈퍼비전의 기능

(1) 관리 기능

슈퍼비전의 관리 기능은 상담현장에서 슈퍼바이지가 내담자에게 효과적인 치료를 수행하고 있는지, 치료 이외에 필요한 업무를 질적과 양적으로 적절하게 수행하고 있는지를 슈퍼바이저가 감독, 감찰하는 것이다.

(2) 교육적 기능

슈퍼비전을 통해서 슈퍼바이저는 자신의 전문지식을 발전시키고, 풍부한 임상경험과 지식을 슈퍼바이지에게 도움을 줄 수 있도록 사용해야 한다. 슈퍼바이지가 자신이 가진 전문적인 지식과 기술을 미술치료 임상에서 적절하게 잘 사용하고 있는지를 통찰할 수 있도록 슈퍼바이저가 도움을 주어 상담자로서 성장시키는 것이 교육적 기능이다.

(3) 역할모델의 기능

슈퍼비전은 슈퍼바이저가 슈퍼바이지에게 전문가로서 긍정적인 역할모델을 보이는 것인데, 슈퍼바이지의 전문성과 정체성, 윤리적인 도덕성을 향상하기 위해서 슈퍼바이저는 격려와 지지를 통한 슈퍼비전을 제공해 주도록 노력해야 한다. 슈퍼바이저는 미술 심리치료이론과 매체 특성을 활용한 미술치료 진행의 전문성을 슈퍼바이지에게 직접 보여 주어야 하며 이를 통해 슈퍼바이지가 상담자의 자긍심과 자부심을 가질 수 있도록 지도해야 한다.

4) 미술치료 슈퍼비전의 독특성

미술치료 슈퍼비전은 다른 상담 슈퍼비전과 치료철학, 접근방식, 치료윤리 등에 대해서 공통점도 있지만, 치료과정에서 미술 활동을 하는 예술성의 차이점이 있다. 예술성을 기반으로 한 미술치료 슈퍼비전의 독특성을 소개하고자 한다 (Malchiodi & Riley, 1996; 이윤희 외 역, 2011).

(1) 미술치료사의 정체성

미술치료사는 미술 활동을 하면서 자신이 미술치료사인지 예술가인지에 대한 고민을 하게 된다. 이러한 혼란은 수퍼바이지에게 부정적인 영향을 줄 수 있으므로 슈퍼바이지는 미술치료사의 역할을 인식하고 내담자에게 어떤 심리치료이론을 적용하여 미술치료 기법을 활용할 것인지를 집중하고 고민해야 한다.

(2) 미술치료사의 치료철학

미술치료사의 치료철학에 따라 임상적 접근방법이 달라질 수 있는데, 미술에 집중하는 경우 미술 활동과 작품에 대한 예술적인 면을 중요시하며, 치료에 집중하는 경우 언어를 이미지로 표현하여 내담자의 통찰을 돕는 면을 중요시한다. 슈퍼바이지의 치료철학과 이론적인 배경은 슈퍼비전에 큰 영향을 주는데, 말키오디와 라일리(1996)는 슈퍼바이지가 자신의 철학과 화목하게 하나가 되는 슈퍼바이저를 선택할 때 성공적인 슈퍼비전이 될 수 있다고 하였다. 또한, 슈퍼바이저가 자신과 다른 이론적 접근을 하는 슈퍼바이지를 포용할 수 있다면 발전할 수 있는 슈퍼비전이 된다고 하였다.

(3) 미술치료사의 대인관계 기술

미술치료사는 다른 전문가들에게 자신이 진행한 미술치료 활동에 관해서 설명해야 하는 경우가 발생하는데, 주로 각 분야 전문가들이 모여서 진행하는 통합사례발표 등의 경우이다. 이와 같은 상황에서 미술치료는 언어적 작업이 아닌 미술활동이므로 미술 활동과정, 미술치료 기법, 작품 등에 대해서 다른 전문가들에게 언어적으로 설명할 줄 알아야 한다.

(4) 미술치료사의 다양성

미술치료 슈퍼바이지는 나이, 개인력, 학력, 임상의 경험 등이 모두 다르므로 슈퍼바이저는 슈퍼바이지의 다양한 상황들을 고려해야 한다. 슈퍼바이지는 20대 초반의 학생부터 중년까지, 대학생부터 대학원생까지, 초보 미술치료사부터 임상 경력이 많은 미술치료사까지 다양하므로 슈퍼바이지의 교육적 배경과 환경의 차이점을 슈퍼바이저는 인정하고 수용해야 한다.

(5) 슈퍼비전에서의 미술 작업

미술치료 슈퍼바이저는 심리치료와 관련된 전문적인 지식과 기술뿐만 아니라 미술 활동의 경험이 있으므로 슈퍼비전에서 미술 작업은 필요한 요소이다. 슈퍼바이저와 슈퍼바이지는 내담자의 미술 활동, 미술작품, 미술 매체 등에 대해서 논의를 하는 데 슈퍼비전 작업 중 슈퍼바이지의 미술 활동은 내담자에 대한 자신의 미술치료에 대해 무의식적 내용을 이미지로 표현하고 해석할 수 있어 슈퍼바이지의 통찰과 성장에 도움이 될 수 있다.

5) 슈퍼바이지의 권리와 슈퍼바이저의 의무

(1) 슈퍼바이지의 권리

미술치료 슈퍼바이저와 슈퍼바이지는 신뢰감 있고 협력적인 동맹 관계를 맺어야 슈퍼바이지의 성장에 도움이 된다. 미술치료 슈퍼비전에서 슈퍼바이지의 권리는 슈퍼비전의 윤리적인 측면에서 중요하다. 타일러와 타일러(Tyler & Tyler, 1997)의 슈퍼바이지 '권리장전' 내용을 포함한 '슈퍼바이지의 권리' 내용은 다음의 〈표 10-13〉과 같다.

〈표 10-13〉 슈퍼바이지의 권리

- 슈퍼바이지는 슈퍼비전 받는 동안 시간의 방해를 받지 않고 산만하지 않아야 하며 집중력 있게 해야 한다.
- 슈퍼바이저는 법에 의거 된 바가 아닌 이상 슈퍼바이지와 내담자의 비밀을 보장해야한다.
  비밀 보장 예외)
  법정 치료 명령에 따른 치료, 내담자가 아동폭력이 의심되는 경우, 슈퍼바이지와 내담자가 슈퍼바이저와 주변인을 해칠 수 있는 심각한 위험이 있다고 판단되어 그들에게 도움을 주려는 경우
- 슈퍼바이지는 슈퍼바이저의 슈퍼비전 접근방법을 정확하게 이해하지 않아도 된다.
- 슈퍼바이지는 슈퍼비전을 받는 동안 작성된 자료를 지속해서 이용할 수 있다.
- 슈퍼바이지는 슈퍼바이저에게 슈퍼비전에 대한 평가와 피드백을 할 윤리적·법적 의무가 있으므로 피드백과 평가를 해야 한다.
- 슈퍼바이지는 필요한 경우에 다른 전문가에게 자문한다.

출처: 이윤희 외 역(2011). 미술치료 윤리와 실제.

(2) 슈퍼바이저의 의무

① 슈퍼바이저의 역량 강화

슈퍼바이저는 전문적인 슈퍼비전을 위해서 지식을 쌓고 연구를 하는 데 소홀해서는 안된다. 슈퍼바이저의 역량을 강화하기 위한 세부 내용을 다음의 〈표 10-14〉와 같이 제시한다(유미숙 외 역, 2015).

〈표 10-14〉 슈퍼바이저 역량 강화 요소

- 슈퍼바이저가 개방된 사고를 갖고 융통성과 유연함을 갖는 것
- 슈퍼바이저가 위기에 직면했을 때 유머 감각이나 평정심을 유지하는 것
- 슈퍼바이지와 신뢰감 있는 동맹 관계를 유지하고 발달시켜 강력한 동맹 관계를 맺는 모델이 되는 능력
- 슈퍼바이지에게 지지와 격려 및 자율성을 인정해줌으로써 자기 확신을 강화하는 능력
- 슈퍼비전의 다양한 형식을 알고 각 형식에 필요한 기술에 대한 전문지식을 갖는 것
- 슈퍼바이저의 전문적 지식으로 슈퍼바이지에게 심리치료이론을 적용한 사례개념화를 잘 설명하는 것
- 슈퍼바이지에게 치료과정의 전반사항에 대해서 피드백과 비평을 하고 형성평가와 총괄평가를 하는 능력
- 슈퍼바이저가 슈퍼바이지와 동료들의 평가에 개방적인 것

② 슈퍼바이저의 책임

미술치료 슈퍼바이저는 슈퍼바이지에게 관리, 교육, 역할모델의 기능을 해야 한다. 슈퍼바이지를 위한 슈퍼바이저의 책임을 미국미술치료협회(AATA)의 윤리원칙 강령 윤리규정 조항 '7.0 학생과 슈퍼바이지에 대한 책임'을 기준으로 살펴보려 한다(〈표 10-15〉 참조).

〈표 10-15〉 슈퍼바이지에 대한 슈퍼바이저의 책임

1. 슈퍼바이저는 교육자, 연구자로서 고도의 학문 능력을 갖추고 정확한 최신 정보를 제공한다.
2. 슈퍼바이저는 학생과 슈퍼바이지에게 영향을 미칠 수 있는 자신의 위치를 인식하고 그들의 신뢰와 의존성을 이용하지 않도록 한다. 그러므로 슈퍼바이저는 자신의 학생이나 슈퍼바이지와 치료 관계를 맺지 않는다.
3. 슈퍼바이저는 슈퍼바이지, 학생, 고용인에게 그들의 교육, 수련, 경험 수준을 넘어서는 전문적인 치료를 하지 않는다.
4. 슈퍼바이저는 자신의 슈퍼비전 능력을 유지하고 슈퍼비전에 대한 적절한 자문과 감독을 받는다.
5. 슈퍼바이저는 학생과 슈퍼바이지에게 수업이나 교육 활동 과정 중에 구두나 서면으로 그들의 성적 경험, 학대와 방임의 경험, 심리치료, 가족 및 주변인들과의 관계 등 개인적인 정보를 요구하지 않는다.

슈퍼바이저는 다음과 같은 상황에서는 슈퍼바이지의 개인적인 정보를 요구할 수 있다.

(1) 프로그램과 수련 기관에서 입학 당시 이를 명확하게 요구할 때, (2) 자신의 슈퍼비전과 전문적인 활동에 지장을 주거나 자신과 그 주변인에게 위협이 된다고 판단되는 개인적 문제를 가진 슈퍼바이지를 평가하고 도움을 주기 위해 정보가 필요할 때.

출처: 이윤희 외 역(2011). 미술치료 윤리와 실제. 재인용.

③ 슈퍼바이저의 법적 원칙

미술치료 슈퍼바이저가 슈퍼비전을 진행하면서 필요한 법적인 원칙은 슈퍼비전 동의서, 비밀보장, 배임(Corey, Corey, & Callanan, 1998; 이윤희 외 역, 2011) 등이다. 구체적인 내용을 살펴보면, 첫째, 슈퍼바이지는 내담자에게 슈퍼비전을 받는다는 것을 반드시 알려주어야 하며, 슈퍼바이저는 슈퍼바이지가 슈퍼비전 받는 것을 내담자에게 알려주었는지 확인해야 한다(McCathy etc, Sugden, Koker, Lamendola, Mauer & Renninger, 1995; 이윤희 외 역, 2011). 둘째, 미술치료 슈퍼바이저는 슈퍼비전으로 알게 되는 내담자에 대한 정보를 비밀유지해야 할 법적 책임이 있다. 하지만 내담자가 법정 치료 명령에 따른 치료, 내담자가 아동폭력이 의심되는 경우, 슈퍼바이지와 내담자가 주변인을 해칠 수 있는 위험한 소지가 있는 경우에는 비밀유지가 예외이다. 슈퍼바이저는 슈퍼바이지가 내담자에게 비밀보장과 비밀보장의 예외에 대해서 명확하게 전달했는지 확인해야 한다. 셋째, 미술치료 슈퍼바이저는 슈퍼바이지와 내담자의 복지에 책임을 지고 있다. 슈퍼바이저는 슈퍼바이지의 행동에 대한 직접 책임과 대리 책임을 지는데 슈퍼바이저가 슈퍼바이지에게 비전문적인 지도를 하거나 배임적인 태도를 보이고 미술치료 분야 이외의 것을 지도 감독하는 경우 직접적인 책임을 져야 한다. 또한, 슈퍼바이저는 슈퍼바이지의 부적절한 행동에 대해서 대리 책임을 져야 한다.

6) 슈퍼바이지의 애로사항

미술치료를 공부하고 있는 학생이나 임상에서 치료를 하는 미술치료사는 모두 개인적인, 환경적인 이유로 다양한 어려움을 경험하고 이런 어려움들이 쌓이면 번아웃(burn out)으로 이어져 미술치료를 그만두게 되는 경우가 발생하게 된다. 이 장에서는 슈퍼바이지들이 경험하는 여러 어려움 중 대표적인 고민에 대해서 알아보고 슈퍼비전을 통한 해결책을 제시하고자 한다.

(1) 자신의 직업에 대한 정체성의 혼란

현재 우리나라에서 미술치료사는 대부분 비정규직으로 근무하고 있기 때문에 미술치료 학생과 미술치료사들은 직업이 자신의 미래를 보장해 줄 수 있는지에 대해서 불안해하고 이로인해 정체성의 혼란까지 경험하고 있다. 미술치료사가 미술 작업을 통해 자신을 되돌아보고 보살피는 시간을 갖는 것은 미술치료사의 정체성을 유지하는데 필요한 작업임에도 불구하고 쉼 없는 임상경험과 일상생활의 바쁨으로 미술 전시회조차 방문하는 것이 어려운 실정이다. 그러므로 슈퍼비전 시간에 진행되는 슈퍼바이지의 미술 작업은 직업에 대한 정체성을 확립하고 자기 탐색과 성찰을 경험시켜 정체성의 혼란을 겪는 슈퍼바이지에게 큰 힘이 될 것이다.

(2) 자기 일에 대한 에너지 소진

미술치료 학생과 미술치료사들은 미술치료 공부와 일 그리고 가정생활에 많은 시간을 할애하기 때문에 자신을 위한 개인적인 시간을 갖기가 어렵다. 특히, 공부하면서 자녀를 키우는 미술치료 학생은 공부, 일, 자녀 양육, 가정 살림까지 모두 해야 하기에 에너지가 더 빨리 소진된다. 자기 일에 대한 에너지 소진을 경험하는 슈퍼바이지는 슈퍼비전을 통해 전문적인 치료사와 개인적인 삶을 균형 있게 사는 슈퍼바이저의 역할을 모델 삼아 자신을 돌보는 훈련을 하고, 에너지 소진에서 벗어나 새로운 에너지를 얻게 되는 경험을 할 수 있다.

(3) 심리 정서적인 불안감

슈퍼바이지는 미술치료를 진행할 때 자신의 방법이 맞는지 항상 불안해한다. 자신의 선택과 판단으로 인하여 내담자의 인생이 잘못될 수도 있다는 불안감과 내담자의 치료를 성공적으로 이루어야 한다는 강박적 책임감에 의한 불안감 등이 항상 존재한다. 이런 불안감은 슈퍼비전을 통해서 감소하게 되는데, 슈퍼바이저는 심리치료이론, 매체특성, 미술치료 기법, 미술치료 진행의 전반적인 부분에 대해서 슈퍼비전을 해줄 수 있으므로 슈퍼바이지가 궁금했던 문제를 해결하게 되어 안정감을 경험하게 된다. 또한, 슈퍼바이지가 선택했던 방법에 대해 슈퍼바이저로부터 칭찬, 격려, 지지, 공감을 받게 되면 슈퍼바이지는 미술치료에 대한 자부심을 느끼게 되고, 미술치료에서 놓쳤던 부분, 잘못했던 부분, 역전이 등을 탐색하게 되어 자신을 통찰하고 성장할 기회를 얻게 된다.

참고문헌

〈국내도서〉

국미경(1994). 시각적 기기를 이용한 발음훈련이 청각장애 유아의 자음 발음 안정에 미치는 효과. 난청과 언어장애, 17(2), 63-92.

권기덕 · 김동연 · 최외선(2000). 가족미술치료. 대구: 동아문화사.

권석만(2013). 현대이상심리학 2판. 서울: 학지사.

권석만(2014). 이상심리학의 기초(이상행동과 정신장애의 이해). 서울: 학지사.

김동연 · 최외선(2000). 성인미술치료. 대구: 동아문화사.

김동연 · 최외선(2002). 아동미술치료. 대구: 중문.

김선현(2006). 임상미술치료의 이해. 서울: 학지사.

김순초(2018). 부부미술치료의 실제. 서울: 만남과 치유.

김순혜(2004). 현대 아동상담. 서울: 학지사.

김영미(2001). 치매노인에 대한 미술치료의 효과성 연구. 목원대학교 산업정보대학원 석사학위논문.

김은영(2013). 대상별 미술치료 & 임상사례분석. 서울: 사)마음그림문화예술협회.

김은영(2019). 미술치료의 임상실습 사례연구와 이상심리(미술심리지도사 1급 교재). 서울: 가톨릭대학교 평생교육원.

김인선 · 김설화 · 전은청 · 오승주(2018). 임상적용을 위한 미술치료 기법. 서울: 학지사.

김청송(2015). 사례중심의 이상심리학. 수원: 싸이북스.

김파근(1998). 노인의 자기표현능력과 우울간의 관계연구. 한양대학교 대학원 석사학위논문.

김혜정 · 김동연(2002). 미술치료가 우울증 청소년의 우울과 학교생활 적응 및 태도에 미치는 효과. 미술치료연구, 9(3), 71-90.

박우철(2016). 부부상담 임상연구에서 모델중심 성과연구와 공통요인 연구에 대한 개관. 상남학연구, 17(2), 327-348.

박윤미 · 박신자(2011). 최신 미술치료 핸드북, 파주: 한국학술정보(주).

박혜경(2005). 현실요법 집단미술치료가 비행청소년의 인성에 미치는 영향. 영남대학교 환경보건대학원. 석사학위논문.

브리테인(2002). 인간을 위한 미술교육. 서울: 미진사.

서국희(2016). 알츠하이머형 치매. 대한 노인병학회 저, 노인병학(3판). 서울: 범문에듀케이션.

석승한(2016). 뇌혈관질환. 대한노인병학회 저, 노인병학(3판). 서울: 범문에듀케이션.

석승한 · 이용석(2010). 뇌졸중. 대한노인병학회 저, 노인병학(개정판). 서울: 의학출판사.

송미순 · 하양숙(1998). 노인간호학. 서울: 서울대학교 출판부.

신동열 · 한상희(2016). 미술심리치료 이론과 실제. 서울: 양서원.

신현옥(2005). 치매예방 그리고 미술치료. 서울: 미술세계.

옥금자(2005). 청소년 임상 미술치료 방법론. 서울: 하나의학사.

옥금자(2007). 미술치료 평가방법의 이론과 실제. 서울: 하나의학사.

은옥주(2000). 중년여성 우울증에 대한 미술치료 사례연구. 연세대학교 연합신학대학원 석사학위논문.

이근매(1995). 언어훈련을 병행한 미술치료가 유아의 언어발달 및 사회성 향상에 미치는 효과. 미술치료연구, 2(1), 95-110.

이근매(2005). 정서 · 행동장애 아동을 위한 미술치료의 실제. 서울: 교육과학사.

이근매 · 조용태(2014). 장애아동미술치료. 서울: 학지사.

이근매 · 최외선(2003). 유 · 아동의 발달을 돕는 미술치료의 실제. 서울: 교육과학사.

이순희(2000). 우울을 지닌 결손가정 아동의 미술치료 효과. 한국미술치료학회 제27회 미술치료연수회 자료집, 293-314.

이용교(2004). 청소년복지지원법의 한계와 과제에 관한 연구. 청소년복지연구, 6(2), 15-24.

이윤주(2001). 상담사례 개념화 요소목록 개발 및 타당성 검증 연구. 서울대학교 대학원 박사학위논문.

이윤희 · 주리애 역(2003). 상처입은 마음의 성형. 서울: KATC.

이정미 · 박미혜(2005). 집단미술치료 프로그램이 발달장애 아동 어머니의 자기발견에 미치는 효과. 초등특수교육연구, 7(1), 85-104.

전수현 · 장연집(2004). 산후 우울을 경험한 초산모의 미술치료 체험연구. 여성건강, 5(1), 211-225.

정남희 · 최외선(2003). 만다라를 활용한 집단미술치료가 가정폭력 피해여성의 자아정체감에 미치는 효과. 미술치료연구, 10(2), 201-230.

정명주 · 전현주 · 안태희(2002). 아동미술치료 이렇게 하세요-표현에서 치유로. 파주: 형설출판사.

정여주(2004). 미술치료의 이해: 이론과 실제. 서울: 학지사.

정여주(2006). 노인미술치료. 서울: 학지사.

정여주(2013). 만다라 미술치료 이론과 실제. 서울: 학지사.

정여주(2018). 노인미술치료: 이론과 실제(2판). 서울: 학지사.

정현희(2006). 실제적용중심의 미술치료. 서울: 학지사.

정현희(2018). 실제 적용 중심의 미술치료(2판). 서울: 학지사.

정현희·이은지(2017). 실제적용중심의 노인 미술치료(2판). 서울: 학지사.

정현희·한정혜·홍순영(1999). 집단미술프로그램이 성인의 자기개방에 미치는 효과. 미술치료연구, 6(2), 57-83.

조미영(2011). 미술심리치료의 이해와 실제. 서울: 파란마음.

조영숙·이혜숙·여동원·반주영(2012). 미술심리지도사. 파주: 양서원.

주리애·김소연·김재훈·김지연·김태은·김현진·박윤미·오미영·이윤희·임정혁·정경림(2021). 미술 치료사 11인의 정신장애별 미술치료. 서울: 학지사.

최규련(2015). 부부문제와 부부상담. 서울: 신정.

최선남(1995). 청소년 우울성향과 동적가족화에 나타난 반응 특성과의 관계. 미술치료연구, 2(1), 19-35.

최선남·김갑숙(2002), 모녀의 우울수준 감소를 위한 가족미술치료 사례연구, 미술치료연구, 9(2), 93-110.

최선남·김갑숙·전종국(2007). 집단미술치료. 서울: 학지사.

최성숙·이종숙·이혜미·김지현·김은영(2006). 대상별 미술치료와 미술치료 이론. 서울: 한국사회복지미술치료사협회.

최외선·김갑숙·정은주·정광석(2013). 미술치료 기법 Ⅱ. 서울: 학지사.

최외선·김갑숙·최선남·이미옥(2006). 미술치료 기법. 서울: 학지사.

최외선·이근매·김갑숙·최선남·이미옥(2006). 마음을 나누는 미술치료. 서울: 학지사

최현진(2005). 집단미술치료가 정신분열증 입원환자의 사회기술과 증상에 미치는 효과, 미술치료연구, 12(1), 281-305.

최형천(2001). 집단미술치료가 뇌졸중어르신의 대인관계에 미치는 영향. 강남대학교 사회복지대학원 석사학위논문.

한국미술치료학회(2000). 미술치료의 이론과 실제. 대구: 동아문화사.

허재택(1998). 뇌혈관질환. 부산: 동아대학교 출판부.

〈번역저서〉

American Psychiatric Association. (1995). 정신장애의 진단 및 통계 편람(DSM-IV)(이근후 역). 서울: 하나의학사.

Falender, C.A. & Shafranske, E.P. (2015). 임상 슈퍼비전 -단계별 효과적인 슈퍼비전이란 무엇인가-(유미숙·전성희·정윤경 공역). 서울: 학지사.

Fincher, S.F. (1998). 만다라를 통한 미술치료(김진순 역). 서울: 학지사

Gottman, J.M. (2003). 부부치료의 과학적 접근: Gottman의 부부치료 모델(한국결혼지능연구소 역). 서울: 한국결혼지능연구소.

Gottman, J. M. (2014). 결혼클리닉(정동섭 · 안철정 · 유재성 · 이성옥 공역). 서울: 창지사.

Gottman, J. M., & Gottman, J. S. (2010). 가트맨 부부치료 초급 매뉴얼(가트맨 연구소 역). 서울: 가트맨 연구소.

Luquet, W. (2004). 이마고 부부치료(송정아 역). 서울: 학지사.

Malchildi, C.A. (2001). 아동미술심리이해(김동연 · 이재연 · 홍은주 공역). 서울: 학지사.

Malchildi, C.A. (2014). 미술치료입문(임호찬 역). 서울: 학지사.

Moon, B.L. (2011). 미술치료 윤리와 실제(이윤희 · 오종은 · 임나영 · 홍윤선 · 권민경 공역). 서울: 학지사.

Perls, F. (2013). 펄스의 게슈탈트 심리치료(최한나 · 변상조 역). 서울: 학지사.

Riedel, I. (2000). 융의 분석심리학에 기초한 미술치료(정여주 역). 서울: 학지사.

Rogers, C. (2006). 칼 로저스의 카운슬링의 이론과 실제(한승호 · 한성렬 공역). 서울: 학지사.

〈해외도서〉

Adler, A. (1934). *Understanding human nature: a key to self-knowledge*. New York: A Premier Book.

Barth, R. J. & Kinder, B. N. (1985). The use of art therapy in marital and sex therapy. *Journal of Sex & Marital Therapy*, *11*(3), 192−198.

Beck, A. (1976). *Cognitive therapy and emotonol disorders*. New York: International Universities Press.

Bell, J. E. (1948). *Projective techniques: a dynamic approach to the study of the personality*: New York: Longamans Green.

Bing, E. (1970). The conjoint family drawing. *Family Process*, 9, 173−194.

Burns, R. C., & Kaufman, S. H. (1970). *Kinetic family drawing: An introduction to understanding children through kinetic family drawing*. NY: Brunner/Mazel.

Collins, D., Jordan, C., & Coleman, H. (1999). *An introduction to family social work*, Illinois : Peacock Publishers.

Corey, G., Corey, M., & Callanan, P. (1998). *Issues and ethics in the helping professions*. Pacific Grove, CA: Brooks/Cole.

Corn, A. L. (1983). Visual thinking. Berkeley: University of California Press.

Crowl, N. (1980). Art therapy in patients suffering from anorexia nervosa. *Journal of the Arts in*

Psychotherapy, *7*, 141–151.

Dobson, K. S., & Block, L. (1988). Historical and philosophical bases of cognitive–behavioral therapies, In K, S, Dobson (Ed.), *Handbook of cognitive-behavioral therapies* (pp. 3–38), New York: Guilford.

Duvall, E. (1957). *Family development*, Philadelphia : Lippincott.

Freud, S. (1922). Introductory Lectures on Psycho–analysis: a course of 28 lectures delivered at the Univ. of Vienna. London: George Allen & Unwin.

Glick, I. D., Berman, E. M., Clarkin, J. F., & Rait, D. S. (2000). *Marital and family therapy (4th Ed.)*. American Psychiatric Press, Inc, Washington, DC.

Hammond, L. C., & Gant, L. (1998). Using art in counseling: Ethical considerations. *Journal of Counseling and Development*, *76*(3), 271–276.

Hendrix, H. (1988). *Getting the love you want.* A guide for couples. New York, N.Y.: Harper Perennial.

Jacobson, N. S., & Gurman, A. A.(Eds.) (1986). *Clinical handbook of marital therapy*, NY Guilford.

Johnson, S. M. & Greenberg, L. S. (1988). Relating process to outcome in marital therapy. *Journal of Marital and Family Therapy*, *14*(2), 175–183.

Jung, C. G. (1964). *Man and his symbols*. New York: Doubleday.

Kwiatkowska, H. Y. (1962). Family art therapy: Experiments with a new technique. *Bulletin of Art Therapy*, *1*(3), 3–15

Landgarten, H. (1987). *Family art psychotherapy: A clinical guide and casebook*. New York: Brunner/Mazzel.

Lewinsohn, P. H. (1974). *A behavioral approach to depression*. Washinton. D. C.: Winston–Wiley.

Lowenfeld, V. (1947). *Creative and mental growth*. New York: Macmillan.

Mahoney, M. J., & Arnkoff, D. B. (1978). Cognitive and self–control therapies. In S. L. Garfield & A. E. Bergin (Eds.), *Handbook of psychotherapy and behavior change: An empirical analysis*. New York: Wiley.

Malchiodi, C., & Riley, S. (1996). *Supervision and related issues: A handbook for professionals*, Chicago: Magnolia Street.

McCathy, P., Sugden, S., Koker, M., Lamendola, F., Mauer, S., & Renninger, S.(1995). A practical guide to informed consent in clinical supervision. *Counselor Education and Supervision, 35*, 130–138.

Meichenbaum, D. H. (1977). *Cognitive behavior modification*. New York: Plenum.

Menniger, K. A. (1938). *Man Against Himself*. New York: Harcourt Brace.

Menzen, K. H. (2001). *Grundlagen der Kunsttherapie*. München: Reinhardt.

Menzen, K. H. (2004). *Kunsttherapie mit altersverwirrten Menschen*. München: Reinhardt.

Mitchell, D. (1980). Anorexia nervosa. *Arts in Psychotherapy*, *7*, 53-60.

Murphy, J. (1986). Die Rolle der Kunsttherapie bei der Behandlung der Anorexia nervosa (Magersucht). In T. Dalley (Hrsg), *Kunst als Therapie*. Rheda-Wiedenbrück: Deadalus

Naumburg, M. (1966). *Dynamically oriented art therapy: its principles and practices*. New York: Grune & Stratton.

Navratil, L. (1966). *Kunst und Schizophrenie - ein Beitrag zur Psychologie des Gestaltens*. München: dtv.

Neufeldt, V.(Ed.). (1988). *Webster's new world dictionary* (3rd ed.). New York: Simon & Schuster.

Petzold, H. (1985). Mit alten Menschen arbeiten. *Bildungsarbeit, Psychotherapie, Soziotherapie*. München: Pfeiffer.

Pick, H. L. (1981). Tactual and haptic perception. In R. L. Welsh, & B. B. Blash, *Foundation of orientation mobility*. New York: AFB.

Prinzhorn, H. (1994). *Bildnerei der Geisteskranken(4th ed.)*. Wien, New York: Springer.

Riley, S. & Malchiodi, C. A. (1994). *Integrative approaches to family art therapy*. Chicago IL: Magnolia Street Publishers.

Rubin, J. A. (1973). *A diagnostic art interview. Art Psychotheapy*, *1*, 31-43

Tyler, J. M., & Tyler, C. L. (1997). Ethics in supervision: Managing supervisee rights and supervisor responsibilities. *In Hatherleigh guide to ethics in therapy* (pp. 75-95). New York: Hatherleigh press.

Wadeson, H. (1980). *Art psychotherapy*. New York: John Wiley & Sons.

Welfel, E. R. (2009). *Ethics in counseling and psychotherapy*: Standards, research, and emerging issues. Belmont, CA: Brooks/Cole.

Wenge, I. (1993). Kunsttherapie in der Geriatirie. In Domma, W., *Praxisfelder Kunsttherapie*. Koln: Maternus, 109-123.

Winnicott, D. W. (1971). *Therapeutic consultations in child psychiatry*. New York: Basic Books.

〈사이트〉

장애인 등에 대한 특수교육법(2021.9.30). 국가법령정보센터. https://www.law.go.kr/LSW/lsInfoP.do?lsiSeq=238231&efYd=20211228&ancYnChk=0#0000

장애인복지법(2021.9.30). 국가법령정보센터. https://www.law.go.kr/LSW/lsInfoP.do?efYd=20220128&lsiSeq=234307#0000

장애정도판정기준(2021.9.30). 국가법령정보센터. https://www.law.go.kr/admRulSc.do?menuId=5&subMenuId=41&tabMenuId=183&query=%EC%9E%A5%EC%95%A0%EC%A0%95%EB%8F%84%ED%8C%90%EC%A0%95%EA%B8%B0%EC%A4%80#

헬스조선(2022.2.9). 코로나만큼 무서운 우울증…이 증상 확인해야

저자소개

김은영

명지대학교 대학원 아동학(아동가족심리치료 전공) 박사(PH.D.)
가톨릭대학교 사회복지대학원 사회복지학 석사
경복대학교 아동상담보육과 겸임교수
명지대학교 아동학과 객원조교수, 디지털서울문화예술대학교 사회복지학과 외래교수
경인여자대학교 강사, 가톨릭대학교 평생교육원 강사, 총신대학교 평생교육원 교수
숭실대학교 사회복지대학원 미술심리상담사과정 강사
사단법인 마음그림문화예술협회 대표이사 · 슈퍼바이저
사단법인 청소년행복세상 경기중부연맹 회장
미술심리지도사 1급 종목 출제위원 (사)한국대학평생교육원협의회)

양지원

경기대학교 일반대학원 사회복지학 박사(PH.D.)
숭실대학교 사회복지대학원 사회복지학 석사
경기대학교 사회복지학과 겸임교수
명지대학교 미래교육원 외래교수
숭실대학교 사회복지대학원, 명지대학교 미래교육원 미술심리상담사과정 강사
사단법인 마음그림문화예술협회 이사 · 슈퍼바이저
하음심리상담센터 소장
한국백혈병소아암협회 소아청소년암 통합치료센터 미술상담 전문가
웅진또또사랑, 농심세계소아암의날 전국 그림공모전 심사위원

이영희

숭실대학교 사회복지대학원 사회복지학과 박사수료
숭실대학교 사회복지대학원 사회사업학과 석사
연세대학교 문과대학 영어영문학과 학사
숭실대학교 사회복지대학원 겸임교수
숙명여자대학교 미래교육원, 총신대학교 평생교육원, 가톨릭대학교 평생교육원 외래교수
숭실대학교 사회복지대학원 미술심리상담사과정 강사
사단법인 마음그림문화예술협회 이사 · 슈퍼바이저
미술심리지도사 1급 종목 출제위원 (사)한국대학평생교육원협의회

사례 중심 **대상별 미술치료**

초판 1쇄 인쇄 2022년 1월 28일
초판 1쇄 발행 2022년 2월 4일

지 은 이 | 김은영 · 양지원 · 이영희
펴 낸 이 | 김기섭
책임편집 | 이현남
펴 낸 곳 | www.changjisa.com
08589 서울시 금천구 가산디지털 1로 83 파트너스타워1차 9층
전화 (02) 719-2211~3
팩스 (02) 701-9386
등 록 | 1977년 4월 28일 · 제1-421호

ISBN 978-89-426-1500-1 (93370)

값 25,000원